युगद्रष्टा विवेकानंद

युगद्रष्टा विवेकानंद

राजीव रंजन

प्रकाशक

प्रभात पेपरबैक्स

4/19 आसफ अली रोड, नई दिल्ली–110002

फोन : 23289777 • हेल्पलाइन नं. : 7827007777

इ–मेल : prabhatbooks@gmail.com ❖ वेब ठिकाना : www.prabhatbooks.com

संस्करण

2021

मूल्य

दो सौ रुपए

अ.मा.पु.स. 978-81-7315-632-8

मुद्रक

नरुला प्रिंटर्स, दिल्ली

———— ★ ————

YUGDRASHTA VIVEKANAND
biography by Mahesh Sharma

Published by **PRABHAT PAPERBACKS**
4/19 Asaf Ali Road, New Delhi-110002

ISBN 978-81-7315-632-8

₹ 200.00

अनुक्रम

1. स्वामी विवेकानंद : महत्त्वपूर्ण तिथियाँ 9
2. स्वामी विवेकानंद : जन्म 12
3. बचपन 16
4. आरंभिक शिक्षा 20
5. परमहंस और ब्राह्मसमाज 26
6. विवाह से इनकार 31
7. दक्षिणेश्वर में परमहंस से भेंट 33
8. दिव्य स्पर्श 40
9. पिता का निधन : परिवार संकट में 43
10. परमहंस की बीमारी 48
11. आध्यात्मिक जागरण और परमहंस द्वारा महासमाधि 54
12. वराहनगर मठ की स्थापना 58
13. परिव्राजक विवेकानंद 67
14. भारत-भ्रमण 83
15. अमेरिका यात्रा और विश्व धर्म सम्मेलन 95
16. स्वदेश वापसी 104
17. पुनः विदेश यात्रा 107
18. अंतिम कुछ माह 109
19. महासमाधि 115

कुछ प्रेरक प्रसंग 120

विवेकानंद की अमर वाणी 134

1

स्वामी विवेकानंद : महत्त्वपूर्ण तिथियाँ

विचार बहुत महत्त्वपूर्ण होता है, क्योंकि जो कुछ हम सोचते हैं, वही हम हो जाते हैं।

—स्वामी विवेकानंद

12 जनवरी, 1863	:	कलकत्ता में जन्म
सन् 1879	:	प्रेसिडेंसी कॉलेज में प्रवेश
सन् 1880	:	जनरल असेंबली इंस्टीट्यूशन में प्रवेश
नवंबर 1881	:	श्रीरामकृष्ण परमहंस से प्रथम भेंट
सन् 1882-1886	:	श्रीरामकृष्ण परमहंस से संबद्ध
सन् 1884	:	स्नातक परीक्षा उत्तीर्ण; पिता का स्वर्गवास
सन् 1885	:	श्रीरामकृष्ण परमहंस की अंतिम बीमारी
16 अगस्त, 1886	:	श्रीरामकृष्ण परमहंस का निधन
सन् 1886	:	वराह नगर मठ की स्थापना
जनवरी 1887	:	वराह नगर मठ में संन्यास की औपचारिक प्रतिज्ञा
सन् 1890-1893	:	परिव्राजक के रूप में भारत-भ्रमण
24 दिसंबर, 1892	:	कन्याकुमारी में
13 फरवरी, 1893	:	प्रथम सार्वजनिक व्याख्यान सिकंदराबाद में
31 मई, 1893	:	बंबई से अमेरिका रवाना
25 जुलाई, 1893	:	वैंकूवर, कनाडा पहुँचे
30 जुलाई, 1893	:	शिकागो आगमन
अगस्त 1893	:	हार्वर्ड विश्वविद्यालय के प्रो. जॉन राइट से भेंट

11 सितंबर, 1893	:	विश्व धर्म सम्मेलन, शिकागो में प्रथम व्याख्यान
27 सितंबर, 1893	:	विश्व धर्म सम्मेलन, शिकागो में अंतिम व्याख्यान
16 मई, 1894	:	हार्वर्ड विश्वविद्यालय में संभाषण
नवंबर 1894	:	न्यूयॉर्क में वेदांत समिति की स्थापना
जनवरी 1895	:	न्यूयॉर्क में धार्मिक कक्षाओं का संचालन आरंभ
अगस्त 1895	:	पेरिस में
अक्तूबर 1895	:	लंदन में व्याख्यान
6 दिसंबर, 1895	:	वापस न्यूयॉर्क
22–25 मार्च, 1896	:	हार्वर्ड विश्वविद्यालय में व्याख्यान
15 अप्रैल, 1896	:	वापस लंदन
मई–जुलाई 1896	:	लंदन में धार्मिक कक्षाएँ
28 मई, 1896	:	ऑक्सफोर्ड में मैक्समूलर से भेंट
30 दिसंबर, 1896	:	नेपल्स से भारत की ओर रवाना
15 जनवरी, 1897	:	कोलंबो, श्रीलंका आगमन
6–15 फरवरी, 1897	:	मद्रास में
19 फरवरी, 1897	:	कलकत्ता आगमन
1 मई, 1897	:	रामकृष्ण मिशन की स्थापना
मई–दिसंबर 1897	:	उत्तर भारत की यात्रा
जनवरी 1898	:	कलकत्ता वापसी
19 मार्च, 1899	:	मायावती में अद्वैत आश्रम की स्थापना
20 जून, 1899	:	पश्चिमी देशों की दूसरी यात्रा
31 जुलाई, 1899	:	लंदन आगमन
28 अगस्त, 1899	:	न्यूयॉर्क आगमन
22 फरवरी, 1900	:	सैन फ्रांसिस्को में
14 अप्रैल, 1900	:	सैन फ्रांसिस्को में वेदांत समिति की स्थापना
जून 1900	:	न्यूयॉर्क में अंतिम कक्षा
26 जुलाई, 1900	:	यूरोप रवाना
24 अक्तूबर, 1900	:	विएना, हंगरी, कुस्तुनतुनिया, ग्रीस, मिस्र आदि देशों की यात्रा

26 नवंबर, 1900	:	भारत रवाना
9 दिसंबर, 1900	:	बेलूर मठ आगमन
जनवरी 1901	:	मायावती की यात्रा
मार्च-मई 1901	:	पूर्वी बंगाल और असम की तीर्थयात्रा
जनवरी-फरवरी 1902	:	बोधगया और वाराणसी की यात्रा
मार्च 1902	:	बेलूर मठ में वापसी
4 जुलाई, 1902	:	महासमाधि।

2

स्वामी विवेकानंद : जन्म

''जितने ऊँचे चढ़ोगे उतने ही नीचे गिरने का भय बराबर बना रहता है।''

—स्वामी विवेकानंद

प्रकाश हमारे लिए आवश्यक ही नहीं प्रत्युत अनिवार्य भी है। दिवस के अवसान अर्थात् अतिशय विशाल सूर्य के अस्त होने के पश्चात् अतिशय लघुकाय दीपक से ही प्रकाश की अपेक्षा तो हमें होती ही है। दीपक से हमारा काम भले ही चल जाए, पूर्ण प्रकाशमय परिवेश हमें प्राप्त नहीं हो पाता। वह तो किसी दिव्य प्रकाश-पुंज से ही संभव होता है; परंतु हाँ, यह एक अकाट्य तथ्य है कि ये दिव्य प्रकाश-पुंज कहीं भी, कभी भी हमें नहीं मिल जाते। ये तो एक दीर्घ कालखंड में एक व्यापक भूखंड पर सौभाग्यवश कभी-कभी मिल जाते हैं।

ऐसे ही प्रकाश-पुंज थे स्वामी विवेकानंद, जिनका जीवन हमारे वर्तमान और भविष्य के लिए प्रेरणास्रोत रहेगा।

कलकत्ता महानगर के उत्तरी भाग में एक पुराना मोहल्ला है—सिमुलिया। यहाँ की एक प्रमुख सड़क का नाम है—गौरमोहन मुखर्जी स्ट्रीट। इसी सड़क के एक ओर दत्त परिवार का एक पुराना विशाल मकान आज भी अपने गौरवमय अतीत की गाथा गाता हुआ प्रतीत होता है। कलकत्ता के कुलीन वर्ग में दत्त परिवार को एक विशिष्ट स्थान प्राप्त था—इस स्तर तक कि 'बारह महीने में तेरह उत्सव' की उक्ति उस परिवार पर लागू होती थी। इन्हीं कारणों से उस परिवार का वैभव और ऐश्वर्य कई परिवारों के लिए ईर्ष्या का कारण था। उस परिवार के मुखिया थे कलकत्ता सुप्रीम कोर्ट के लब्धप्रतिष्ठ अधिवक्ता एवं नगर के प्रभावशाली व्यक्तित्व श्री राममोहन दत्त। ऐश्वर्य-लिप्सा एवं धनोपार्जन-प्रवृत्ति उनमें सदैव हिलोरें लेती रहती थी। वे जितना अधिक अर्जित करते थे उतना ही विलासी जीवन व्यतीत करते थे।

राममोहन दत्त के सुपुत्र दुर्गाचरण दत्त ने तत्कालीन प्रथा के अनुसार संस्कृत एवं फारसी भाषा में शिक्षा प्राप्त की। उन्हें हिंदी का भी यथेष्ट ज्ञान था एवं कामचलाऊ अंग्रेजी भी आती थी, क्योंकि तब देश पर अंग्रेजों का शासन होने के कारण राजभाषा अंग्रेजी ही थी। कहना न होगा कि उनकी बुद्धि प्रखर थी। लिहाजा उनके पिता ने उन्हें अपने ही नक्शेकदम पर चलाकर वकालत शुरू कराई। इस प्रकार युवावस्था में ही उन्होंने भी यथेष्ट द्रव्योपार्जन करने के मार्ग पर चलना शुरू तो कर दिया, किंतु तत्कालीन कुलीन समाज के सदस्यों की भाँति उनमें भोग-विलास की प्रवृत्ति नहीं थी। वे धर्मानुरागी थे और यथावसर शास्त्रों-पुराणों पर वार्त्तालाप व सत्संग कर लिया करते थे। अन्य प्रांतों से बंगाल पधारनेवाले हिंदीभाषी वेदांती साधुओं का भी सान्निध्य प्राप्त करने लगे।

उनके पिता राममोहन दत्त को यह सब बहुत सुखद नहीं लगता था। उन्होंने अपने सुपुत्र दुर्गाचरण को इस संबंध में प्रत्यक्ष-अप्रत्यक्ष रूप से समझाया; मगर दुर्गाचरण तो दूसरी ही मिट्टी के बने थे। उन्हें न तो पिता की बातों ने प्रभावित किया, न संसार और समाज की चमक-दमक ने। मात्र पच्चीस वर्ष की आयु में उन्होंने संन्यास ग्रहण कर गृह-त्याग कर दिया। भगवान् बुद्ध की तरह वे अपने घर में छोड़ गए अपनी धर्मपत्नी तथा अपने पुत्र विश्वनाथ को।

कहा जाता है कि कुछ वर्षों के बाद काशी में विश्वनाथ मंदिर के द्वार पर संन्यासी दुर्गाचरण की पत्नी को उनका दर्शन अकस्मात् हो गया था। उसके बाद दोनों ने एक-दूसरे को कभी नहीं देखा। दुर्गाचरण के संन्यास-ग्रहण करने के ग्यारह वर्ष पश्चात् उनकी पत्नी का स्वर्गवास हो गया। उसके एक वर्ष पश्चात्, अर्थात् संन्यास ग्रहण करने के बारह वर्ष पश्चात्, संन्यासियों के नियमानुसार दुर्गाचरण अपने जन्म-स्थान का दर्शन करने आए और उसी समय अपने पुत्र विश्वनाथ को आशीर्वाद दिया। तदुपरांत उन्हें किसी भी परिजन, इष्टमित्र, संबंधी आदि ने नहीं देखा।

दुर्गाचरण दत्त के सुपुत्र विश्वनाथ दत्त प्रतिभाशाली एवं प्रबल विद्यानुरागी निकले। उन्होंने फारसी, हिंदी और अंग्रेजी भाषा का अच्छा ज्ञान अर्जित किया। अंग्रेजी साहित्य और इतिहास में तो उनकी विशेष अभिरुचि थी। प्रतिष्ठित मुसलिम परिवारों के निकट संपर्क में रहने के कारण मुसलमानों के रीति-रिवाज से तो वे भलीभाँति अवगत थे ही, बाइबिल का अध्ययन अच्छी तरह करने के कारण उन्हें

ईसाई धर्म की भी अच्छी जानकारी थी। परंतु धर्म के मामले में वे बहुत कट्टर नहीं थे।

विश्वनाथ दत्त ने भी राममोहन का अनुसरण करते हुए वकालत करनी शुरू की। कहना न होगा कि उनकी वकालत चल निकली। वे भरपूर धन अर्जित करते तो भरपूर धन खर्च भी करते। अपने तथा घर-परिवार के सुख-साधनों का तो खयाल रखते ही, बंधु-बांधवों और आत्मीय जनों के स्वागत-सत्कार में भी विशेष रुचि रखते। गाड़ी-घोड़े और नौकर-चाकर तो पर्याप्त थे ही। लिहाजा वे विलासी जीवन व्यतीत करते थे। काफी ठाट-बाट से रहते थे। विश्वनाथ दत्तजी की धर्मपत्नी श्रीमती भुवनेश्वरी देवीजी का स्वभाव उनसे भिन्न था। अपने धार्मिक ग्रंथों, यथा—रामचरितमानस, महाभारत, श्रीमद्‌भागवत आदि का पाठ तो वे नियमित करती थीं, अपने पति से विभिन्न विषयों पर बातचीत भी करतीं। एक ओर वे एक कुशल गृहिणी की भाँति पूरे घर-परिवार की देखरेख अच्छी तरह करतीं तो दूसरी ओर अपने व्यवहार एवं आचरण द्वारा पड़ोस की स्त्रियों की श्रद्धा की पात्रा भी बनतीं। वे अच्छी तरह बँगला लिखना और पढ़ना जानती थीं। उनके व्यक्तित्व की एक प्रमुख विशेषता यह भी थी कि वे प्रतिदिन पूरे भक्तिभाव से भगवान् शिव की अर्चना-अभ्यर्थना करती थीं।

भुवनेश्वरी देवीजी के हृदय में थोड़ी टीस भी थी। इसका कारण यह था कि उन्हें कोई पुत्र नहीं था। वस्तुतः पुत्र-मुख देखने की प्रत्याशा पूर्ण न होने के कारण उनका अंतर्मन व्याकुल एवं व्यथित रहता था। अपनी इसी अभिलाषा-पूर्ति हेतु वे प्रतिदिन प्रातःकाल एवं संध्याकाल शिव मंदिर में प्रार्थना करतीं, साथ ही कठोर व्रत भी रखतीं।

एक दिन प्रातःकाल भुवनेश्वरी देवीजी भगवान् शिव की पूजा करने बैठीं। ध्यानमग्न होकर उन्हें बैठे हुए दोपहर हुई, शाम हुई, रात हुई; परंतु उनका ध्यान टूटा ही नहीं। अधिक रात व्यतीत होने पर वे थककर वहीं सो गईं। कुछ देर बाद उन्होंने स्वप्न में देखा कि भगवान् शिव उनके समक्ष खड़े हैं। धीरे-धीरे उन्होंने एक शिशु का रूप धारण किया और भुवनेश्वरी देवी की गोद में बैठ गए।

जब भुवनेश्वरी देवीजी की निद्रा भंग हुई, तब बाल-रवि की स्वर्णिम रश्मियाँ चतुर्दिक् बिखर रही थीं। 'हे शिव, हे शंकर, हे करुणामय!' कहते हुए वे वहीं साष्टांग लेट गईं और भगवान् शिव को बारंबार प्रणाम करने लगीं।

समय व्यतीत होता गया। एक वर्ष पूर्ण होने के पूर्व ही 12 जनवरी, 1863 (सोमवार) को सूर्योदय से 6 मिनट पूर्व ही, अर्थात् 6.33 मिनट पर भुवनेश्वरी देवीजी ने भगवान् भुवन-भास्कर के समान तेजोद्दीप्त भालवाले एक सुपुत्र को जन्म दिया। तब उस सौभाग्यशालिनी माता की खुशियों की कोई सीमा नहीं थी। दत्त भवन का कोना-कोना हर सदस्य की मुखरित हर्ष-ध्वनियों से गुंजायमान हो गया। नर-नारी शंखध्वनि कर उस मांगलिक वेला का मानो अभिषेक करने लगे।

कुछ दिनों के पश्चात् नवजात शिशु के नामकरण समारोह का आयोजन किया गया। परिजनों को अनुभूति हुई कि शिशु की मुखाकृति काफी हद तक उसके संन्यासी पितामह की भाँति है। अत: उन्हीं के नाम (दुर्गाचरण) का एक अंश लेकर उक्त शिशु का नाम 'दुर्गादास' रखने का निर्णय लिया गया। इस संदर्भ में जब माता भुवनेश्वरी देवीजी को अपना अभिमत प्रकट करने के लिए कहा गया तो उन्होंने नम्रतापूर्वक अपने उस स्वप्न का, जिसमें भगवान् शंकर ने दर्शन दिया था और फिर शिशु रूप में गोद में स्थान पाया था, का उल्लेख किया और अपनी यह अभिलाषा प्रकट की कि उनके नवजात शिशु का नाम 'वीरेश्वर' रखा जाए। परिजनों ने उस नाम में थोड़ा संक्षेपण और संशोधन करके शिशु का नाम 'बिले' रखा। बाद में अन्नप्राशन के अवसर पर निर्णायक तौर पर उस शिशु का नाम 'नरेंद्रनाथ' रखा गया। लोगों के बीच यही नाम प्रचलन में रहा।

3

बचपन

मात्र बातों से कुछ होने–जाने का नहीं है। जिसके मन में साहस तथा हृदय में प्यार है, वही मेरा साथी बने—मुझे और किसी की आवश्यकता नहीं है। जगन्माता की कृपा से मैं अकेला ही एक लाख के बराबर हूँ तथा स्वयं ही बीस लाख बन जाऊँगा।

—स्वामी विवेकानंद

नरेंद्रनाथ का लालन-पालन बड़े ही प्यार-दुलार और ध्यान से किया जाने लगा। कुछ तो अपने स्वभाववश और कुछ अधिक दुलार-प्यार के कारण नरेंद्रनाथ अधिक चंचल, नटखट और स्वेच्छाचारी होने लगे। जब उन्हें स्वेच्छानुसार कोई कार्य करने का अवसर प्राप्त नहीं होता अथवा उन्हें कोई वस्तु प्राप्त नहीं होती तो वे इस तरह जोर-जोर से रोने लगते कि पूरा घर अशांत हो उठता और प्रियजन उद्विग्न हो जाते। उनके इस हठ से चिढ़कर जब उनकी बहनें उनकी पिटाई करने के लिए उनका पीछा करतीं तब वे दौड़कर नाली में उतर जाते और अपने शरीर पर कीचड़ पोतकर ताली पीटते हुए कहने लगते, "आओ, पकड़ो न मुझे।"

ऐसी स्थिति में उन्हें भला कौन पकड़ता और पीटता! आखिरकार माँ उन्हें पकड़कर लातीं और नहला-धुलाकर पवित्र करतीं। जब नरेंद्रनाथ अधिक ज़िद या शोर करते तब माँ यह मानकर कि यह बालक भगवान् शिव का ही एक रूप है और यह (शिव) जलाभिषेक से ही संतुष्ट होते हैं, 'शिव', 'शिव' कहते हुए उनपर थोड़ा जल डाल देती थीं। आश्चर्य की बात यह थी कि तब वे (नरेंद्रनाथ) सचमुच शांत, विनम्र और आज्ञाकारी बन जाते।

बालक नरेंद्रनाथ को किसी सवारी पर घूमने में अतिशय आनंद की अनुभूति होती थी। इसीलिए वे प्राय: किसी गाड़ी पर सवार होने और घूमने की जिद कभी-कभी करने लगते। उन्हें गाड़ी किस हद तक अच्छी लगती थी—इस बात का

अनुमान इसी से लगाया जा सकता है कि एक बार उनके पिताजी ने उनसे पूछा, ''नरेंद्र, तू बड़ा होकर क्या बनेगा?''

तब बालक नरेंद्र ने सहज स्वर में तत्काल उत्तर दिया, ''घोड़े का सईस या कोचवान बनूँगा।'' यह अभिलाषा उनके अंतर्मन में रची-बसी हुई थी, संभवत: इसीलिए उन्होंने अपने पिताजी के कोचवान से न सिर्फ मित्रता कर ली बल्कि उसके कार्यों को ध्यानपूर्वक देखना भी शुरू कर दिया।

बालक नरेंद्रनाथ ने कोचवान से निकटता अपनी इस भावना के कारण भी स्थापित की कि किसी भी तरह का भेदभाव अनुचित है—चाहे वह जाति के मामले में हो या धर्म के मामले में। यही कारण था कि अपने पिता विश्वनाथ बाबू के एक मुसलमान मित्र से भी उन्होंने विशेष निकटता बना ली। वे न सिर्फ उसकी गोद में बैठ जाते बल्कि मिठाई, फल आदि खाने में भी आगे रहते। वे प्राय: पूछते रहते कि यदि कोई व्यक्ति किसी अन्य जाति-बिरादरी के हाथों से कोई चीज खा लेता है तो क्या होता है? उसपर संकट का पहाड़ टूट पड़ता है या वह मर जाता है? अपने इन्हीं विचारों के कारण एक दिन उन्होंने अपने बैठक (दालान) में अलग-अलग वर्गों के लिए रखे हुक्कों को बारी-बारी से अपने मुँह से लगा लिया। उनके पिता ने जब ऐसा करने का कारण उनसे पूछा तो उन्होंने उत्तर दिया, ''मैं इस बात की परीक्षा कर रहा था कि यदि मैं जातिभेद न मानूँ तो मेरा क्या होगा?''

उनकी इस बात पर पिता हँसकर रह गए, लेकिन उनके परिवार के लोग ऐसे व्यवहार का तीव्र विरोध करते थे; कई बार तो घर में इन मुद्दों पर बवाल खड़ा हो जाता था।

अपने उन्मुक्त विचारों के बावजूद बालक नरेंद्रनाथ को रामायण और महाभारत के प्रसंगों को सुनना बहुत भाता था। माँ भुवनेश्वरी देवी उन्हें अपनी गोद में बैठाकर प्राय: ऐसे प्रसंग सुनाया करती थीं। निश्चित रूप से इन सबका गहन प्रभाव उनके आचरण और चरित्र पर पड़ता था। यही कारण था कि अपनी चंचलता को स्थगित रखकर वे घंटों उन प्रसंगों को चुपचाप सुना करते थे।

एक दिन बात-बात में नरेंद्रनाथ ने अपनी बाल-सुलभ चंचलता में अपने विवाह की बात छेड़ दी। चूँकि कोचवान विवाह का कट्टर विरोधी था, इसलिए उसने विवाह के विरोध में ऐसे जीवंत और सटीक तर्क दिए कि नरेंद्रनाथ भी उसी विचारों में

पूरी तरह से ढल जाएँ। तत्काल वे अपनी माँ के पास पहुँचे और भगवान् राम तथा सीता की मूर्ति, जिसे वे कुछ ही दिन पहले खरीदकर लाए थे और एक कमरे में प्रतिदिन उसके सामने देर तक ध्यानमग्न बैठे रहते, की चर्चा करते हुए रुआँसे होकर पूछा, ''माँ, अब मैं सीताराम की पूजा कैसे करूँ, रामचंद्रजी ने तो विवाह कर लिया था।''

माँ ने उन्हें पुचकारते हुए कहा, ''तुम उन दोनों की पूजा नहीं करना चाहते तो न सही, कल से शिवजी की पूजा किया करो।''

बालक नरेंद्रनाथ उठे, उस कमरे में पहुँचे, सीताराम की प्रतिमा को उठाकर छत पर ले गए और उसे नीचे फेंक दिया। प्रतिमा चूर-चूर हो गई।

अगले दिन उन्होंने उस प्रतिमा के स्थान पर भगवान् शिव की एक प्रतिमा स्थापित कर दी। माँ के कथनानुसार वे प्रतिदिन उसकी पूजा करने लगे।

एक दिन शाम को वे अपने मित्रों के साथ उस कमरे में ध्यानमग्न होकर पूजा कर रहे थे। अचानक मित्रों ने चिल्लाना प्रारंभ किया, ''साँप, साँप!'' सभी लड़के चिल्लाते हुए बाहर निकल गए, लेकिन नरेंद्रनाथ उन सबसे अनभिज्ञ वहीं बैठे रहे—ध्यानमग्न। जब लड़कों की चीख और शोर सुनकर नरेंद्रनाथ के माता-पिता तथा अन्य लोग कमरे में आए तो देखा कि नरेंद्रनाथ ध्यान लगाकर अविचल बैठे हैं और उनके सामने एक विषधर फन फैलाए बैठा था। यह दृश्य देखकर तो लोगों को काठ मार गया। वैसी अवस्था में लाख चाहकर भी वे कुछ कर नहीं सकते थे, क्योंकि साँप और नरेंद्रनाथ के मध्य मात्र दो-तीन हाथ की दूरी थी। वे सभी चुपचाप खड़े रहे—किंकर्तव्यविमूढ़। कुछ पल बाद वह भुजंग रेंगते हुए न जाने कहाँ चला गया, किसी को पता नहीं चला—काफी ढूँढ़ने पर भी नहीं मिला। थोड़ी देर बाद जब नरेंद्रनाथ का ध्यान टूटा तो सर्प के बारे में पूछने पर उन्होंने विस्मित भाव से कहा, ''मैं तो सर्प के बारे में कुछ नहीं जानता। मैं तो एक अपूर्ण आनंद में डूबा हुआ था।''

इस अद्भुत घटना के बाद भी कई बार ऐसा हुआ कि नरेंद्रनाथ अपने आस-पास के परिवेश से पूरी तरह से अनभिज्ञ, आँखें मूँदकर ध्यानमग्न बैठ जाते थे। कहा जा सकता है कि तभी से नरेंद्रनाथ के रूप में एक 'योगी', अर्थात् स्वामी विवेकानंद अपना रूप विकसित करने लगे थे। इसके लक्षण यदा-कदा उनके व्यवहार में दिखते थे। कभी-कभी तो कौपीन पहनकर वे अपने निवास-स्थान के प्रांगण में तालियाँ

बजा-बजाकर 'शिव, शिव' कहते हुए नृत्य करने लगते। माँ भुवनेश्वरी देवी उन्हें ऐसा करने से रोकना चाहतीं; किंतु ऐसा करते समय उन (नरेंद्रनाथ) के भव्य मुखमंडल पर दृष्टि पड़ते ही वे उन्हें आत्मविमुग्ध होकर अपलक देखती रह जातीं। हाँ, संन्यासियों के प्रति उत्पन्न अपनी अंत:स्फूर्त आत्मीयता के फलस्वरूप जब नरेंद्रनाथ उन संन्यासियों को उनकी आवश्यकता की विभिन्न वस्तुएँ—यहाँ तक कि अपने पहने हुए वस्त्र तक—दान करने लगते तब माँ ऐसा करने से उन्हें अवश्य रोकतीं और मीठी झिड़की लगातीं; परिवार के अन्य सदस्य तो ऐसे कार्यों के लिए उन्हें (नरेंद्रनाथ को) बुरी तरह फटकारते थे।

4

आरंभिक शिक्षा

प्रत्येक व्यक्ति को अपना उद्धार स्वयं करना होगा—उसका कार्य उसी को करना होगा। मैं किसी से सहायता की भीख नहीं माँगता, न किसी की दी हुई सहायता की उपेक्षा करता हूँ—न तो संसार में किसी से सहायता लेने का कोई अधिकार मुझको है। जिस किसी ने मेरी सहायता की है या जो कोई भविष्य में ऐसा करेगा, यह मुझ पर उसकी उदारता है, मेरा अधिकार नहीं; और इस प्रकार मैं उसका सतत आभारी हूँ।

—स्वामी विवेकानंद

जब नरेंद्रनाथ पाँच वर्ष के हो गए तो विधि-विधान के साथ उनका विद्यारंभ किया गया। प्रारंभ में एक शिक्षक उन्हें पढ़ाने के लिए घर पर ही आते थे। जैसा आमतौर पर हुआ करता है, शिक्षक उनकी गलतियों पर उन्हें मार-पीटकर सिखाना-पढ़ाना चाहते थे, लेकिन उनके समक्ष उक्त शिक्षक की एक नहीं चलती थी। जैसे ही शिक्षक उनपर गुस्सा करते, वे अड़ जाते। तब शिक्षक को विवश होकर उन्हें प्यार-मनुहार करके ही पढ़ाना पड़ता।

बाद में उनका नामांकन मेट्रोपोलियम इंस्टीट्यूशन में करवाया गया। वहाँ प्रारंभ में तो वे प्रसन्न हुए, परंतु कुछ दिनों के पश्चात् उन्हें वहाँ घुटन होने लगी। वे अपनी कक्षा में देर तक बैठ नहीं पाते—कभी खड़े हो जाते और कभी अकारण कक्षा से बाहर निकल जाते। कभी-कभी तो वे अपने वस्त्र अथवा पुस्तक को ही फाड़ डालते थे। ऐसे असाधारण आचरण से परिजनों के साथ-साथ शिक्षक भी काफी विचलित और चिंतित होते थे; लेकिन उनके साथ कठोरता से पेश आने की बजाय मृदु वाणी में ही उन्हें समझाते थे, क्योंकि उन सभी को यह बात अच्छी तरह से मालूम थी कि सख्ती से पेश आने पर वे वश में आनेवाले नहीं हैं।

बालक नरेंद्रनाथ की निर्भीकता और निडरता कुछ अलग तरह की ही थी। दूसरों की किसी भी बात पर वे बिना प्रमाण के आँखें मूँदकर विश्वास नहीं करते थे।

उनके व्यक्तित्व के इस पक्ष को प्रतिबिंबित करने के लिए यहाँ एक घटना का उल्लेख करना समीचीन होगा।

बालक नरेंद्रनाथ के एक मित्र, जो पड़ोस में ही रहता था, के निवास-स्थान के परिसर में चंपक का एक वृक्ष था, जिसपर झूलना उन्हें खूब भाता था। उनके बाल-सखा के दादाजी जब उन्हें इस तरह ऊँची टहनी पर झूलते हुए देखते तो सशंकित हो उठते। वे जानते थे कि इन्हें डाँटने से प्रतिकूल प्रभाव ही पड़ेगा। अत: दूसरी नीति अपनाते हुए उन्होंने उनसे कहा, "बेटा, तुम इस वृक्ष पर मत झूलो।"

"क्यों?" नरेंद्रनाथ ने सहज भाव से पूछा।

"इस वृक्ष पर ब्रह्मराक्षस रहता है।"

"यह ब्रह्मराक्षस क्या होता है?"

नरेंद्रनाथ द्वारा इस प्रश्न के पूछे जाने का पूर्वाभास उन्हें था, क्योंकि वे जानते थे कि यह बालक औरों की तरह ऐसे ही किसी बात को तुरंत यों ही मान लेनेवाला नहीं है। उन्होंने ब्रह्मराक्षस के विकराल रूप और बीभत्स कर्मों का वर्णन किया तथा यह बताया कि जिस वृक्ष पर वह रहता है, उसपर किसी का बैठना या चढ़ना अथवा झूलना उससे बरदाश्त नहीं होता।

नरेंद्रनाथ ने उन्हें हलकी झिड़की लगाते हुए कहा, "हुँह! अगर सचमुच इसपर ब्रह्मराक्षस रहता तो अब तक वह हमारी गरदन मरोड़ चुका होता।"

नरेंद्रनाथ तन के साथ-साथ मन से भी सबल थे, उचित-अनुचित का आकलन करके किसी काम को तत्काल कर डालते थे—चाहे उस काम में जोखिम ही क्यों न हो। ऐसा ही एक कार्य उन्होंने तब किया था जब वे मात्र छह वर्ष के थे। तब एक दिन वे अपने मित्रों के साथ मेला देखने गए। वे भगवान् शिव की मिट्टी से निर्मित कुछ मूर्तियाँ खरीदकर घर लौट रहे थे। तभी उन्होंने देखा कि एक बालक फुटपाथ पर से उतरकर सड़क पर चला गया है और उधर से आ रही एक बग्घीगाड़ी उसके एकदम पास पहुँच गई है। पल भर बाद वह बालक घोड़े के पैरों के नीचे आता—इससे पूर्व ही उन्होंने झट उन मूर्तियों को परे फेंका और अपनी जान की परवाह किए बिना फुरती से उस बालक को एक ओर खींच लिया।

जब माता भुवनेश्वरी देवी को यह बात मालूम हुई तो बालक नरेंद्रनाथ को अपनी गोद में बैठाकर दुलारते और अपने हर्षाश्रु पोंछते हुए उन्होंने कहा, "बेटा, तुम

इसी तरह सदैव मनुष्यता के काम करना।''

बालक नरेंद्रनाथ अपनी माँ से प्राय: 'रामायण' और 'महाभारत' के प्रसंगों को सुना करते थे। भगवान् राम की सेवा में सदैव तत्पर रहनेवाले हनुमान के अलौकिक कार्यों के बारे में सुनना उन्हें बहुत भाता था। जब उन्होंने अपनी माँ से सुना कि हनुमानजी अभी भी इस पृथ्वी पर हैं और उन्हें देखा जा सकता है, तो वे उन्हें (हनुमानजी को) देखने के लिए व्याकुल हो गए।

कालांतर में स्वामी विवेकानंद बनने के बाद वे युवकों को हनुमान के चरित्र को आदर्श मानने का परामर्श प्राय: दिया करते थे। वे गर्जना करते हुए कहते थे, ''शरीर में शक्ति नहीं, हृदय में साहस नहीं, क्या होगा मांस के इन लोंदों का? इस दुर्बल हिंदू जाति के सामने इस महावीर के आदर्श को रखो। मैं चाहता हूँ कि घर-घर में महावीर की पूजा हो।''

नरेंद्रनाथ के पिता विश्वनाथजी ने अपने निवास-स्थान 'दत्त भवन' में ऐसे कई लोगों को आश्रय दे रखा था, जो उनके निकट या दूर के रिश्तेदार थे। कुछ लोग तो ऐसे भी थे, जो दूर के भी रिश्तेदार नहीं थे; बस, आकर रहने लगे थे। दानी प्रकृति के विश्वनाथ बाबू उन सभी के भोजन-वस्त्र आदि की आवश्यकताओं की पूर्ति तो करते ही थे, नशीली वस्तुओं का भी प्रबंध करते थे। विश्वनाथ बाबू उनके इस व्यसन-व्यय का भी भार वहन करते थे। उन व्यक्तियों द्वारा यों नशीली वस्तुओं का सेवन बालक नरेंद्रनाथ को अप्रिय लगता था। साथ ही अपने पिता द्वारा धन देना भी अनुचित लगता था। एक दिन उन्होंने अपनी यह व्यथा अपने पिता के समक्ष रखी और व्यसनों के लिए धन देने पर आपत्ति प्रकट की। तब उनके पिता ने उन्हें सस्नेह अपनी गोद में बैठाया और मीठे शब्दों में कहा, ''बेटा, जीवन में कितने दु:ख होते हैं, यह तुम अभी क्या समझोगे! बड़ा होने पर तुम जानोगे कि जीवन के खोखलेपन और गहरे दु:ख के पंजे से क्षणिक छुटकारा पाने के लिए वे लोग नशा करते हैं। जब तुम्हें उनकी सारी बातें मालूम होंगी तब तुम्हें भी उनपर दया आएगी।''

अपने पिता की इन ज्ञानपरक एवं शिक्षाप्रद बातों से बालक नरेंद्रनाथ के हृदय में उनके प्रति असीम आदर का भाव उत्पन्न हो गया। बाद में वे यदा-कदा अपने मित्रों के बीच सगर्व कहने लगे थे, ''मैं एक महान् पिता का पुत्र हूँ।''

सन् 1877 की बात है। तब नरेंद्रनाथ चौदह वर्ष के थे। एक दिन उनके पेट में दर्द हुआ। फिर तो वह दर्द निरंतर रहने लगा। इससे उनका स्वास्थ्य भी दुष्प्रभावित

हुआ; वे काफी दुर्बल हो गए। उन दिनों उनके पिता अपने व्यवसाय के सिलसिले में रायपुर (आज के छत्तीसगढ़ की राजधानी) में रहते थे। हवा-पानी बदलने के उद्देश्य से उन्होंने अपने परिवारजनों को वहीं बुलवा लिया। सभी लोग वहाँ के लिए प्रस्थान कर गए।

उन दिनों देश के अन्य भागों की तरह मध्य प्रदेश में भी रेलमार्ग बहुत कम स्थानों पर था। रायपुर जाने के लिए तब नागपुर तक रेलगाड़ी से और नागपुर से रायपुर तक बैलगाड़ी से जाना पड़ता था। नागपुर से रायपुर तक की दूरी (बैलगाड़ी द्वारा) पंद्रह दिनों में तय हो पाती थी। इतने लंबे मार्ग पर यों भ्रमण करने से किशोर नरेंद्रनाथ को सर्वथा अभिनव अनुभव प्राप्त हुआ। उन अद्भुत दृश्यों का वर्णन करते हुए उनके गुरुभ्राता स्वामी शारदानंदजी ने एक स्थान पर लिखा है—"वे (नरेंद्रनाथ, अर्थात् स्वामी विवेकानंदजी) कहा करते थे कि वन के बीच से जाते समय मैंने जो कुछ देखकर अनुभव किया, वह मेरे स्मृति-पटल पर दृढ़ रूप से अंकित हो गया। विशेष रूप से एक दिन की बात उल्लेखनीय है। उस दिन हम उन्नत शिखर विंध्य पर्वत के निम्न भाग की राह से होकर जा रहे थे। मार्ग के दोनों ओर पहाड़ की बीहड़ चोटियाँ आकाश को चूमती हुई खड़ी थीं। चारों ओर तरह-तरह के फूल और फल अपूर्व शोभा प्रदान कर रहे थे। मंथर गति से चलती हुई बैलगाड़ियाँ एक ऐसे स्थान पर आ पहुँचीं, जहाँ पहाड़ की चोटियाँ मानो प्रेमवश आकृष्ट हो आपस में स्पर्श कर रही थीं। उस समय उन श्रृंगों का विशेष रूप से निरीक्षण करते हुए मैंने देखा कि पासवाले पहाड़ के निचले भाग से लेकर चोटी तक एक बड़ा सूराख है और उस रिक्त स्थान को पूर्ण कर मधुमक्खियों के युग-युगांतर के परिश्रम से बना मधुचक्र लटक रहा है। उसे देखकर थोड़ी देर के लिए मेरा संपूर्ण ब्रह्मज्ञान लुप्त हो गया। काफी समय बाद जब मैं पुन: होश में आया तो देखा कि उस स्थान को छोड़कर मैं काफी आगे बढ़ गया हूँ।"

नरेंद्रनाथ अपने परिवार के साथ रायपुर में ही रहने लगे। उन दिनों वहाँ कोई विद्यालय नहीं था। तब उनके पिता के पास पर्याप्त समय भी था। अपने पुत्र की प्रतिभा से वे अनभिज्ञ नहीं थे, अत: वे उन्हें स्वयं ही शिक्षा देने लगे। इस क्रम में वे पाठ्य-पुस्तकों के अतिरिक्त दर्शन तथा साहित्य की भी पुस्तकें पढ़ाने लगे। इतना ही नहीं, वे उनके साथ विभिन्न विषयों पर वाद-विवाद भी करते थे और उन्हें प्रोत्साहित किया करते थे।

किशोर नरेंद्रनाथ दो वर्षों तक अपने पिता के साथ रायपुर में रहे। इस अवधि में उन्होंने स्वास्थ्य-लाभ तो किया ही, यथेष्ट ज्ञान-अर्जन भी किया। इतना ही नहीं, अपने पिता की तेजस्विता, परदुःखकातरता, दयालुता आदि से प्रभावित भी हुए। पिता विश्वनाथ बाबू चूँकि दूसरों के लिए मुक्तहस्त से खर्च किया करते थे, अतः वे काफी द्रव्योपार्जन करने के बावजूद धनराशि संगृहीत करके नहीं रख सके थे। उन्हीं दिनों किसी के द्वारा सिखा-पढ़ा देने पर नरेंद्रनाथ ने अपने पिता से पूछ लिया, "पिताजी, आप हमारे लिए क्या छोड़ रहे हैं ?"

उनके पिता स्वयं एक विद्वान् थे। उन्होंने इस प्रश्न का आड़ा-तिरछा उत्तर देने के बजाय सामने दीवार पर लटकरहे आईने की तरफ संकेत करते हुए सिर्फ इतना ही कहा, "जा, आईने में अपना चेहरा देख, तभी समझेगा कि मैंने तुझे क्या दिया है।"

प्रखर मस्तिष्क के धनी किशोर नरेंद्रनाथ बात को समझ गए। उन्होंने फिर कभी अपने पिता से कोई शिकायत नहीं की।

सन् 1879 तक नरेंद्रनाथ का दौर्बल्य चला गया और वे पहले से अधिक हृष्ट-पुष्ट दिखने लगे—इस प्रकार कि तब वे मात्र सोलह वर्ष के थे, मगर लोग प्रायः उन्हें उन्नीस-बीस वर्ष का समझते थे। वे नियमित रूप से कुश्ती भी लड़ते थे। तत्कालीन 'हिंदू मेला' के प्रवर्तक नव गोपाल मिश्रजी द्वारा कार्नवालिस स्ट्रीट के पास स्थापित एक व्यायामशाला में वे नियमित रूप से जाकर व्यायाम करते थे। उन्हीं दिनों घूँसेबाजी में प्रथम स्थान प्राप्त करने पर उन्हें पुरस्कारस्वरूप चाँदी की एक तितली मिली थी। इतना ही नहीं, उन दिनों क्रिकेट का प्रचार-प्रसार काफी कम था, तब भी उन्होंने क्रिकेट के एक अच्छे खिलाड़ी के रूप में अपनी पहचान बनाई थी।

गुणों के धनी नरेंद्रनाथ में एक गुण यह भी था कि वे पाक-कला में भी निपुण थे। उन्होंने यह कला अपने पिता से रायपुर-प्रवास के दौरान सीखी। अपने छात्र-जीवन में वे अपने मित्रों को घर बुलाते और स्वयं पकाकर भोजन कराते थे। कालांतर में 'स्वामी विवेकानंद' बनने के बाद भी वे सुस्वादु भोजन यदा-कदा बनाकर अपने शिष्यों को खिलाते और आनंद का अनुभव करते थे।

दो वर्षों के रायपुर-प्रवास से लौटकर जब नरेंद्रनाथ कलकत्ता लौटे, तब उनके इष्ट मित्रों में हर्ष व्याप्त हो गया। स्वयं नरेंद्रनाथ ने चाहा कि अब पढ़ाई को पुनः पटरी पर लाया जाए; किंतु इसमें अड़चन आती-सी दिखी। वस्तुतः दो वर्षों तक अनुपस्थित

रहने के कारण प्रवेशिका श्रेणी में उनका नामांकन होने में काफी दिक्कत होने लगी। अंततः उनके व्यक्तित्व एवं प्रखर मस्तिष्क से प्रभावित गुरुजनों ने अधिकारियों से विशेष अनुमति प्राप्त कर उनका नामांकन कर लिया। वे लगन एवं परिश्रम से अध्ययन करने लगे—दो वर्षों की पाठ्य-पुस्तकों को एक ही वर्ष में समाप्त करके उन्होंने प्रवेशिका की परीक्षा के लिए स्वयं को तैयार कर लिया। जब उनका परीक्षाफल निकला तो उनके परिजनों, मित्रों और गुरुजनों की प्रसन्नता की कोई सीमा नहीं रही। वे (नरेंद्रनाथ) प्रथम श्रेणी में उत्तीर्ण हुए थे। एक विशेष बात यह भी थी कि उस वर्ष उक्त विद्यालय से प्रथम श्रेणी से उत्तीर्ण होनेवाले एकमात्र छात्र वही थे।

5

परमहंस और ब्राह्मसमाज

यदि तुम किसी मनुष्य की सहायता करना चाहते हो तो इस बात की कभी चिंता न करो कि उस आदमी का व्यवहार तुम्हारे प्रति कैसा होना चाहिए। यदि तुम एक श्रेष्ठ एवं उत्तम कार्य करना चाहते हो तो यह सोचने का कष्ट मत करो कि उसका फल क्या होगा।

—स्वामी विवेकानंद

बंगाल के हुगली जिले के एक गाँव कामारपुकुर में एक निर्धन ब्राह्मण परिवार में 17 फरवरी, 1836 को एक बालक ने जन्म लिया, जो बाद में एक आध्यात्मिक महापुरुष के रूप में विख्यात हुआ। वे थे—श्री रामकृष्ण परमहंस। जब वे छोटे थे, तभी उनके पिता का स्वर्गवास हो गया। तब वह शिक्षा ग्रहण करके जीविकोपार्जन के उद्‌देश्य से अपने अग्रज, जो एक विद्वान् और उदार ब्राह्मण थे तथा कलकत्ता में जिनकी एक संस्कृत पाठशाला थी, के पास चले आए। वहाँ शिक्षा ग्रहण करते हुए एक दिन वे सोचने लगे—'इस लौकिक शिक्षा की आवश्यकता आखिर क्यों है ? यह लौकिक शिक्षा कोई अमृत तो है नहीं। फिर इसे लेकर मैं क्या करूँगा ?'

इस प्रकार अल्प आयु में ही वे अध्यात्म की ओर उन्मुख होने लगे। उन्होंने शिक्षा ग्रहण करना छोड़ दिया और पारमार्थिक ज्ञान-प्राप्ति के संबंध में सोचना प्रारंभ कर दिया।

उन्हीं दिनों वहाँ (कलकत्ता) की एक धनाढ्य एवं धर्मनिष्ठ महिला रानी रासमणि ने महानगर के 'दक्षिणेश्वर' में धन देकर एक मंदिर का निर्माण करवाया। रामकृष्ण ने अपने अग्रज के परामर्श पर उक्त मंदिर के पुजारी का पद ग्रहण किया। तब वे तरुणावस्था में पहुँच चुके थे; लेकिन इसी अवस्था में वे एक परिपक्व एवं धर्मपरायण पुरोहित की भाँति प्रतिदिन नियमित रूप से पूजा-पाठ कराने लगे। साथ-साथ चिंतन-मनन में उत्तरोत्तर अधिक लीन रहने लगे। वे प्राय: सोचते रहते—क्या

वास्तव में कोई जगन्माता है ? क्या सचमुच वह विश्व और ब्रह्मांड को नियंत्रित कर रही है ? ये बातें सोचते समय और जगन्माता के प्रत्यक्ष दर्शन की कामना करते समय वे साधक बन ब्रह्म जगत् को भूल जाते। इस तरह दिन, सप्ताह, पक्ष, माह, वर्ष व्यतीत होते गए और उधर श्री रामकृष्ण दिव्य भाव में उत्तरोत्तर विभोर होते गए। जब सांध्य काल में सूर्य अस्ताचल की ओर जाने लगता, तब गंगातट पर बैठे रामकृष्ण कातर भाव से शून्य में देखते हुए कहते, ''माँ, एक और दिन व्यर्थ व्यतीत हो गया। तुम्हारा दर्शन नहीं हुआ।''

धीरे-धीरे उनकी आध्यात्मिक शक्ति की चर्चा आस-पास होने लगी। यह चर्चा क्रमश: अधिक व्यापक होती गई। एक दिन 'सुधार युग' के नेता केशवचंद्र सेन की भेंट रामकृष्ण से हुई। काफी देर तक दोनों में अध्यात्म पर बातचीत होती रही। उसके बाद तो केशवचंद्र, जो मूर्तिपूजा के विरोधी थे, मूर्तिपूजक श्री रामकृष्ण से काफी प्रभावित हुए। वे उनकी प्रशंसा करते हुए लोगों के पास पत्र लिखने लगे—''यदि शांति चाहते हो तो दक्षिणेश्वर के महापुरुष के चरणों के समीप बैठकर धन्य बनो।''

लोगों के लिए यह आश्चर्य का विषय था कि उन दिनों के बहुप्रचारित ब्रह्म धर्म के प्रमुख स्तंभों—प्रतापचंद्र मजूमदार, विनय कृष्ण आदि भी इस आध्यात्मिक पुरुष से न सिर्फ प्रभावित हुए, बल्कि उस नगर के शिक्षित लोगों के बीच उनके बारे में प्रचार किया।

ईसाई धर्म का बखान करनेवाले केशवचंद्र सेन सन् 1875 में श्री रामकृष्ण को देखते ही श्रद्धावनत हो गए थे। फलस्वरूप उनके विचारों और कर्मों में इस तरह परिवर्तन आ गया कि सन् 1878 में जब उन्होंने अपनी कन्या का विवाह किया, तब (अपने ही द्वारा बनाए गए) ब्राह्मसमाज के नियमों को दरकिनार कर हिंदू रीति-नीति के अनुसार कन्यादान किया। इससे ब्राह्मसमाज में एक उबाल-सा आ गया। उस समाज के एक वर्ग ने उन्हें (केशवचंद्र को) संचालक एवं आचार्य के पद से च्युत करने हेतु अभियान छेड़ दिया। परिणामस्वरूप ब्राह्मसमाज में एक बार फिर विभाजन हो गया।

एक खंड का नाम 'ब्राह्मसमाज' ही रहा, जबकि दूसरे का नाम 'साधारण ब्राह्मसमाज' पड़ा। यह उन दिनों के लिए एक बड़ी घटना थी। इससे श्री रामकृष्ण की ख्याति काफी बढ़ गई।

सत्य की उपलब्धि से प्रेरणा पाकर नरेंद्रनाथ ब्राह्मसमाज में गए थे। बाद में वे अपने कुछ मित्रों के साथ 'साधारण ब्राह्मसमाज' के सदस्य बने; परंतु इनसे उनकीआध्यात्मिक पिपासा शांत नहीं हुई।

ब्राह्मसमाज में सम्मिलित होने से पूर्व ही नरेंद्रनाथ राजा राममोहन राय की पुस्तकों तथा लेखों को पढ़ चुके थे। 'साधारण ब्राह्मसमाज' का सदस्य होने के उपरांत वे तत्त्व की आलोचना हेतु महर्षि देवेंद्रनाथ एवं केशवचंद्र के पास जाते रहते थे। असाधारण वक्तृत्व कला के धनी एवं प्रभावशाली पुरुष केशवचंद्र के अनुरागी होने के बावजूद वे साधारण ब्राह्मसमाज में क्यों सम्मिलित हुए? इसके मुख्यत: चार कारण थे—

(1) बाल्यावस्था से ही वे जातिभेद-प्रथा के विरोधी थे। इस प्रकार वे वैचारिक धरातल पर इस मामले में ब्राह्मसमाज के काफी निकट खड़े थे।

(2) केशवचंद्र को उनके लोग 'प्रेरणा-पुरुष' आदि कहा करते। यह उन्हें प्रिय नहीं लगता था।

(3) साधारण ब्राह्मसमाज सामाजिक जीवन में स्त्रियों को पुरुषों के समान अधिकार देकर सुशिक्षित बनाने का पक्षधर था और नरेंद्रनाथ भी इसी विचार के पोषक थे।

(4) ब्राह्मसमाज का न्यूनाधिक संबंध राजा राममोहन राय के आदर्शों से था। इसके बावजूद यह उन (राजा राममोहन राय) की अपेक्षाओं के अनुसार विकसित नहीं हुआ—इस तथ्य से अवगत होने के कारण उन्होंने किसी विशेष समाज का यथेष्ट अनुसरण नहीं किया।

सन् 1879 में अठारह वर्ष की अवस्था में प्रवेशिका परीक्षा उत्तीर्ण करने के उपरांत नरेंद्रनाथ ने महाविद्यालय (प्रेसीडेंसी कॉलेज) में अपना नामांकन कराया। वे अध्ययन करने लगे; परंतु मलेरिया ज्वर से पीड़ित होने के कारण उन्हें उस वर्ष कॉलेज छोड़ना पड़ा। दूसरे वर्ष में उन्होंने जनरल असेंबली इंस्टीट्यूशन में अपना नामांकन करवाया और एफ.ए. में अध्ययन करने लगे। अपनी प्रतिभा, तर्कशक्ति, प्रखर मस्तिष्क आदि के कारण सहपाठी एवं प्राध्यापक दोनों ही उनसे प्रभावित रहते थे। यदि कोई छात्र विलासिता की वस्तुओं का उपभोग करता तो वे उसपर कड़ी प्रतिक्रिया व्यक्त करते थे। अंतत: वह छात्र अपना सिर झुकाकर अपनी गलती मान

लेता था और अगर कोई व्यक्ति किसी बात पर उनका उपहास उड़ाता तो वे उसका प्रतिवाद करने के बजाय हँसकर उस बात की उपेक्षा कर देते थे।

नरेंद्रनाथ ने साहित्य का अध्ययन तो किया ही, दर्शनशास्त्र के भी कई प्रमुख ग्रंथों का अध्ययन किया। एफ.ए. की परीक्षा देने के पूर्व ही उन्होंने कई प्रमुख पाश्चात्य नैयायिकों, जैसे मिल के मतवाद, डेकार्ट के अहंवाद, डार्विन के विकासवाद, ह्यूम और बेन की नास्तिकता, स्पेंसर के अज्ञेयवाद आदि का भी गहन अध्ययन कर लिया था। उनके कॉलेज (जनरल असेंबली कॉलेज) के प्राचार्य विलियम हेस्टी स्वयं एक प्रकांड विद्वान् और दार्शनिक थे। नरेंद्र उनके प्रिय शिष्यों में एक थे। उन्होंने एक दिन कॉलेज के एक समारोह में उन (नरेंद्र) की भूरि-भूरि प्रशंसा करते हुए कहा था, ''ये दर्शनशास्त्र के अत्यंत उत्तम छात्र हैं। इनके समान एक भी मेधावी छात्र इंग्लैंड और जर्मनी के सारे विश्वविद्यालयों में नहीं है।''

इस जगत् को कौन संचालित करता है? इस मानव-जीवन का उद्देश्य क्या है? ये और ऐसे ही अनेक प्रश्न नरेंद्रनाथ के अंतर्मन में सदैव आलोड़ित-विलोड़ित होते रहते थे। इन प्रश्नों ने धीरे-धीरे उन्हें अशांत बना दिया। अंततः वे इस निष्कर्ष पर पहुँचे कि पाश्चात्य जगत् के दार्शनिकों द्वारा लिपिबद्ध ग्रंथों ने इन जटिलताओं को सुलझाने एवं मीमांसा करने के बजाय और अधिक उलझा दिया है। इसीलिए उन्होंने अपने मन को इन ग्रंथों की ओर से हटाकर जीवंत आदर्श की खोज करने में लगा दिया; लेकिन उससे भी उन्हें कोई विशेष लाभ नहीं हुआ। ईश्वर-विषयक व्याख्यान देते किसी धर्म-प्रचारक से वे प्रायः प्रश्न पूछते, ''क्या आपने कभी ईश्वर का दर्शन किया है?'' व्याख्यान देनेवाले महाशय से कोई संतोषजनक उत्तर उन्हें कभी नहीं मिला।

अपनी इन जिज्ञासाओं को शांत करने के प्रयास में ही वे ब्राह्मसमाज में गए थे। बाद में अपने कुछ मित्रों के साथ वे साधारण ब्राह्मसमाज के सदस्य बने थे।

ब्राह्मसमाज से जुड़ने के बावजूद वे अपने चित्त को शांत नहीं कर पाए। लोग उन्हें हर तरह से समझाते, अपना विचार उनपर थोपने का प्रयास करते; मगर वे अपने हृदय-सागर में मंथन करने के उपरांत पाते थे कि उक्त विचारों में कोई तथ्य नहीं है। और तब वे अपने अकाट्य तर्कों एवं प्रतिवादों से उस व्यक्ति के विचारों को ध्वस्त कर देते थे।

इस प्रकार ज्यों-ज्यों दिन व्यतीत होते गए त्यों-त्यों सत्यान्वेषी नरेंद्रनाथ की जिज्ञासा बढ़ती गई। धीरे-धीरे वे यह मानने लगे कि अब कोई अन्य उपाय नहीं है। अतींद्रिय सत्य से साक्षात्कार करने के लिए एक ऐसे ज्ञानी महापुरुष के श्रीचरणों के समीप बैठकर ज्ञानार्जन करना होगा, जिसने स्वयं सत्य का साक्षात्कार किया हो। वे दिन-रात सोचने लगे—भला वह व्यक्ति कौन होगा? वह कहाँ होगा? उससे उनकी भेंट कैसे होगी?

इस बीच नरेंद्रनाथ अपने निवास के निकट ही स्थित अपनी नानी के मकान के एक कमरे में अलग रहने लगे। अनावश्यक हस्तक्षेप नहीं करने के पक्षधर अभिभावकों ने ऐसा करने से उन्हें रोका नहीं, यह समझकर कि अपने घर में हमेशा आत्मीय जनों (अतिथियों) का आना-जाना लगा रहता है। इससे उनकी पढ़ाई-लिखाई में बाधा पड़ती होगी। अलग कमरे के एकांत वातावरण में अध्ययन-मनन ठीक से हो सकेगा। किंतु वास्तविकता यह थी कि एकांत स्थान में आध्यात्मिक चिंतन-मनन अबाध रूप से हो सकेगा—इसी प्रयोजन से उन्होंने वह कमरा लिया था।

नवंबर 1881 की बात है। एक दिन उन्हीं के पड़ोस के एक सज्जन सुरेंद्रनाथ मित्र ने अपने निवास-स्थान पर एक उत्सव का आयोजन किया। उसमें उन्होंने श्री रामकृष्ण देव, जिनकी प्रसिद्धि तब तक चतुर्दिक् फैल चुकी थी, को भी आमंत्रित किया। उक्त अवसर पर उपस्थित लोगों के समक्ष सुमधुर स्वरों में भगवद् भजन गा सकनेवाले एक अच्छे गायक की आवश्यकता सुरेंद्रजी ने महसूस की। उन्हें यह ज्ञात था कि उनके पड़ोसी नरेंद्रनाथ जब अपने सुकंठ स्वर में गाते हैं तो समाँ बँध जाता है। अत: उन्होंने नरेंद्रनाथ को भी बुला लिया। उसी आयोजन में रामकृष्ण से नरेंद्रनाथ का प्रथम साक्षात्कार हुआ। प्रारंभ में अधिक वार्त्तालाप नहीं हुआ। यहाँ नरेंद्रनाथ ने बड़े ही सुमधुर स्वर में कुछ गीत गाए । दक्षिणेश्वर के लिए प्रस्थान करते समय नरेंद्रनाथ से उन्होंने (रामकृष्ण देव ने) अनुरोध किया कि वह एक बार दक्षिणेश्वर आएँ। अपने स्वभाव के अनुसार नरेंद्रनाथ ने उनके अनुरोध को विनम्रतापूर्वक स्वीकार कर लिया।

6

विवाह से इनकार

अज्ञान से मुक्त होकर ही हम पाप से मुक्त हो सकते हैं। अज्ञान उसका कारण है, जिसका फल पाप है।

—स्वामी विवेकानंद

एफ.ए. की परीक्षा की तैयारी में अति व्यस्त रहने के कारण नरेंद्रनाथ दक्षिणेश्वर जाने की बात भूल गए। परीक्षा संपन्न हो जाने के पश्चात् भी उन्हें वह बात स्मरण नहीं आई, क्योंकि प्रसंग ही परिवर्तित हो गया था। वस्तुत: हुआ यों कि परीक्षा-समाप्ति के उपरांत उनके लिए विवाह-प्रस्ताव आने लगे थे। विवाह-प्रस्ताव रखनेवाले लोगों में एक सज्जन अधिक धनवान् थे। उन्होंने देखा कि नरेंद्रनाथ जैसा वर मिलना असंभव है—सौम्य, सुदर्शन, मेधावी, परिश्रमी, लगनशील, हृष्ट-पुष्ट, तेजस्वी, सुगायक, सुनायक, व्यसनों से दूर—अर्थात् सर्वगुण-संपन्न। अत: उन्होंने सोचा कि चाहे जैसे भी हो, उनकी कन्या का विवाह नरेंद्रनाथ के साथ हो जाए। संभवत: इसीलिए अपना पासा फेंकने की नीति के अंतर्गत उन्होंने तब 10 हजार रुपए (आज से लगभग सवा सौ वर्ष पूर्व, अर्थात् आज के अनुसार लगभग 10 लाख रुपए) दहेज के रूप में नकद (वस्तुएँ अतिरिक्त) देने का प्रस्ताव रखा। विश्वनाथजी वैभवशाली परिवार के होने के कारण स्वभावत: मुद्रा-प्रेमी भी थे। अत: उन्होंने नरेंद्रनाथ को समझाना आरंभ किया कि तुम विवाह योग्य हो ही गए हो (उन दिनों पढ़े-लिखे परिवारों में भी अठारह-बीस वर्ष की आयु में लड़कों का विवाह कर दिया जाता था), अत: विवाह कर लो।

नरेंद्रनाथ तो बाल्यावस्था से ही विवाह के विरोधी थे। वे भला अपने विवाह के प्रस्ताव को कैसे स्वीकार करते! उन्होंने नम्रतापूर्वक इनकार कर दिया। तब विश्वनाथजी ने उनपर दबाव नहीं डाला, क्योंकि किसी की व्यक्तिगत स्वाधीनता में

खलल डालने के वे विरोधी थे। हाँ, हर पिता चाहता है कि उसकी संतान के भी घर बसें, उनका वंश आगे बढ़े। इसी मनशा से उन्होंने अपने कुछ स्वजनों के द्वारा नरेंद्रनाथ को समझाने और उनके विचारों में परिवर्तन लाने का प्रयास किया। उनके ऐसे ही एक स्वजन थे—कलकत्ता के प्रसिद्ध चिकित्सक डॉ. रामचंद्र दत्त, जो श्री रामकृष्ण के अनन्य भक्त भी थे। वे विश्वनाथ बाबू के घर में ही पले-बढ़े थे, अत: वे और नरेंद्रनाथ एक-दूसरे को भलीभाँति जानते थे।

एक दिन उचित अवसर देखकर डॉ. रामचंद्र दत्त ने नरेंद्रनाथ के समक्ष उनके विवाह का प्रसंग छेड़ा। नरेंद्रनाथ ने अपना मंतव्य उन्हें बताते हुए यह स्पष्ट कर दिया कि वे विवाह नहीं करना चाहते, क्योंकि विवाहोपरांत उनकी शांति भंग हो जाएगी और वे सत्य की प्राप्ति में सफल नहीं हो पाएँगे।

यह सुनकर डॉ. रामचंद्र दत्त ने आगे कुछ समझाना और कहना छोड़कर उनके अभिमत से सहमत होते हुए उन्हें मार्ग दिखाते हुए कहा, ''यदि वस्तुत: सत्य की प्राप्ति ही तुम्हारा लक्ष्य है तो ब्राह्मसमाज में न भटककर दक्षिणेश्वर में श्री रामकृष्ण देव के पास चले जाओ।''

7

दक्षिणेश्वर में परमहंस से भेंट

जब तक हममें अहंकार का लेशमात्र भी रहेगा तब तक हमारे मन में सत्य धारणा कदापि नहीं हो सकती! तुम सबको यह अहंकार रूपी शैतान अपने हृदय से निकाल देना चाहिए। आध्यात्मिक अनुभूति के लिए संपूर्ण आत्मसमर्पण ही एकमात्र उपाय है!

—स्वामी विवेकानंद

नरेंद्रनाथ श्री रामकृष्ण से न सिर्फ मिल चुके थे, बल्कि उनके द्वारा आमंत्रित भी किए गए थे। अत: कुछ सोचकर वे उनकी बातों से सहमत हो गए। कुछ दिनों के पश्चात् वे (नरेंद्रनाथ) अपने कुछ मित्रों के साथ दक्षिणेश्वर जा पहुँचे। श्री रामकृष्ण उन्हें देखकर अत्यंत प्रसन्न हुए और उनसे इस तरह वार्त्तालाप करने लगे, मानो उनके चिरपरिचित हों। थोड़ी देर पश्चात् श्री रामकृष्ण उन्हें एकांत में ले गए और उनका हाथ पकड़कर भाव-विभोर हो स्नेहपूर्ण स्वर में बोले, ''तुम इतने दिनों तक मुझे विस्मृत करके कैसे रहे? मैं कब से तुम्हारे आगमन की प्रतीक्षा कर रहा था। विषयी लोगों से वार्त्तालाप करते-करते मेरा मुँह जल गया है। अब आज से तुमसे बात करके मुझे शांति मिलेगी।'' यह कहते हुए उनके नेत्रों से अश्रु झरने लगे। इस भाव-प्रवाह से विस्मित नरेंद्रनाथ उन्हें सिर्फ देखते रहे—अपलक, कुछ कह न सके।

श्री रामकृष्ण ने अपनी बात जारी रखी, ''मैं जानता हूँ कि तुम सप्तर्षिमंडल के ऋषि हो, नर रूपी नारायण हो, जीवों के कल्याण की कामना से तुमने इस शरीर को धारण किया है।''

नरेंद्रनाथ सोचने लगे—'कहाँ मैं और कहाँ इनकी ये लंबी-चौड़ी बातें। कहीं यह आदमी पागल तो नहीं है!' अपनी इसी शंका का निवारण करने के उद्‍देश्य से वे वहाँ काफी देर तक बैठे रहे। उस अवधि में श्री रामकृष्ण पुन: अपने शिष्यों के बीच चले आए और बातचीत करने लगे। उस दौरान नरेंद्रनाथ ने बारीकी से देखा और पाया

कि उनका सोचना पूर्णतः अनुचित है—श्री रामकृष्ण के व्यवहार और आचरण में लेशमात्र भी पागलपन परिलक्षित नहीं हो रहा था। अत: 'अनर्गल प्रलाप' कहकर उनकी बातों की उपेक्षा नहीं की जा सकती। मगर हाँ, भलीभाँति इनके संबंध में जाने बिना मैं इन्हें कभी ईश्वरदर्शी महापुरुष नहीं मानूँगा।

यह निर्णय कर लेने के बावजूद किसी अज्ञात बंधन से बँधने के कारण वे प्रबल आकर्षण की अनुभूति के परिणामस्वरूप उस तथाकथित पागल पुरोहित का सान्निध्य प्राप्त करने के उद्देश्य से समय-समय पर दक्षिणेश्वर जाते रहे। श्री रामकृष्ण का शिशु-तुल्य निश्छल भाव, त्याग-प्रवृत्ति, मधुर वचन और गहन ईश्वर-भक्ति देखकर वे उनसे प्रभावित हुए बिना नहीं रह सके। इन सबके बावजूद उन्होंने अपना 'आदर्श पुरुष' उन्हें अचानक नहीं मान लिया। तीन वर्षों तक वे उनसे ऐसे ही मिलते और सत्संग करते रहे।

नरेंद्रनाथ ने एकनिष्ठ भाव से श्री रामकृष्ण को अपना आदर्श पुरुष नहीं माना था—इसके पीछे संभवत: एक कारण यह भी था कि उन दिनों वे ब्राह्मसमाज की उपासना आदि में सम्मिलित होते थे। प्रमाण के तौर पर राखाल चंद्र घोष, जो कालांतर में 'स्वामी ब्रह्मानंद' के नाम से प्रसिद्ध हुए, के प्रसंग का उल्लेख समीचीन होगा। हुआ यह कि नरेंद्रनाथ के साथ ही ब्राह्मसमाज के सदस्य बने राखाल चंद्र घोष ने दक्षिणेश्वर में आना-जाना प्रारंभ किया था। इसका एक कारण यह भी था कि श्री रामकृष्ण उन्हें काफी स्नेह करते थे। उन्हीं दिनों नरेंद्रनाथ भी प्राय: वहाँ आया-जाया करते थे। यह नरेंद्रनाथ को अटपटा लगा, क्योंकि राखाल चंद्र ने भी उन्हीं के निकट ब्राह्मसमाज की प्रतिज्ञा के वचन कि 'मैं एकमात्र निराकार ब्रह्म की उपासना करूँगा' के नीचे अपना हस्ताक्षर किया था। इस वचन को भंग करने के कारण नरेंद्रनाथ श्री रामकृष्ण के सामने ही उन्हें डाँटने लगे। लज्जा के मारे सिर झुकाकर खड़े राखाल चंद्र का पक्ष लेते हुए श्री रामकृष्ण कहने लगे, ''तुम्हें यह अच्छा नहीं लगता तो तुम ऐसा मत करो। उसे यदि साकार में भक्ति है तो वह ऐसा क्यों नहीं करेगा? दूसरों का भक्तिभाव नष्ट करने का तुम्हें क्या अधिकार है?''

नरेंद्रनाथ चुप रह गए; लेकिन इसका अभिप्राय यह नहीं था कि वे भी साकार भक्ति में विश्वास करने लगे। निराकार का ध्यान ही उन्हें अच्छा लगता था। श्री रामकृष्ण उन्हें निराकार भाव का उपदेश दिया करते थे। वे उन्हें निराकार में श्रद्धा रखने

के लिए कभी बाध्य नहीं करते थे। यहाँ तक कि वे उन्हें ब्राह्मसमाज में जाने से भी कभी मना नहीं करते थे। वस्तुत: वे अंतर्दृष्टि से संपन्न थे। अत: वे किसी को देखते ही समझ जाते थे कि कौन क्या चाहता है और उसकी प्रकृति तथा विचारधारा क्या है। उसी के अनुरूप वे उसे उपदेश दिया करते थे। उन्हें इस बात का आभास पहले ही हो गया था कि तेज, ओज और असाधारण प्रतिभा से संपन्न यह युवक असंख्य नर-नारियों की आध्यात्मिक तृष्णा मिटाएगा। साथ ही जितने मत उतने ही पंथ रूपी सार्वभौमिक आदर्श के प्रचार-कार्य में सर्वाधिक योग्य अधिकारी के रूप में महत्त्वपूर्ण भूमिका निभाएगा।

एक दिन ब्राह्मसमाज के नेतागण—केशवचंद्र, विजयकृष्ण आदि दक्षिणेश्वर में श्री रामकृष्ण के समक्ष बैठे थे। नरेंद्रनाथ भी वहीं बैठे थे। श्री रामकृष्ण भावस्थ होकर उन सभी को देखने लगे। थोड़ी देर बाद केशवचंद्र और विजयकृष्ण वहाँ से प्रस्थान कर गए, तब वहाँ उपस्थित अपने अन्य भक्तों को संबोधित करते हुए श्री रामकृष्ण ने कहा, ''भाव में मैंने देखा कि जिस शक्ति से केशव ने प्रतिष्ठा अर्जित की है, उस प्रकार की अठारह शक्तियाँ नरेंद्र में हैं। केशव और विजय के हृदय में ज्ञानदीप जल रहा है, नरेंद्र में ज्ञानसूर्य विद्यमान है।''

यदि तब वहाँ कोई दूसरा व्यक्ति रहता तो गर्व से भर जाता, किंतु नरेंद्रनाथ के साथ ऐसा कुछ नहीं हुआ। उलटे उन्होंने तत्क्षण प्रतिवाद करते हुए कहा, ''यह आप क्या कह रहे हैं? कहाँ विश्वविख्यात केशवचंद्र सेन और कहाँ मैं! लोग इस बात पर आपको पागल कहेंगे।''

श्री रामकृष्ण ने सहज-सरल भाव से तत्काल कहा, ''मैं भला क्या करूँ! माँ ने मुझे जैसा दिखाया वैसा मैंने कह दिया।''

इन सारी बातों के बावजूद नरेंद्रनाथ यह नहीं मानते थे कि विशेष कार्य की सिद्धि हेतु उन्होंने अवतार लिया है। उन्होंने श्री रामकृष्ण से कहा, ''मैं यह कैसे समझूँ कि आपको माँ ने यह बताया या यह आपका निजी विचार है?''

वस्तुत: नरेंद्रनाथ उन दिनों एक विचित्र मन:स्थिति में थे। वे श्री रामकृष्ण के प्रति श्रद्धावनत थे, परंतु इस प्रकार नहीं कि उनकी हर बात को आँख मूँदकर चुपचाप स्वीकार कर लें। कई बार तो वे उनके 'माँ के साथ वार्त्तालाप' को 'मस्तिष्क का भ्रम' कह देते थे। ब्राह्मसमाज के एक प्रमुख नेता शिवनाथ तो नरेंद्रनाथ को दक्षिणेश्वर में न

जाने का परामर्श यह कहकर दे बैठे कि आध्यात्मिक-शारीरिक कठोरता का अभ्यास करने के कारण (श्री रामकृष्ण) परमहंस का मानसिक संतुलन बिगड़ गया है।

नरेंद्रनाथ ने उनकी बातों को चुपचाप सुन लिया, उनसे कहा कुछ नहीं; किंतु स्वयं काफी समय तक सोचते रहे—'क्या सचमुच मैं पूरी तरह उनसे अपना मानसिक संबंध तोड़ लूँ? यदि हाँ, तो क्यों? क्या सचमुच उनका मानसिक संतुलन ठीक नहीं है?

आखिर क्यों वे मेरे जैसे व्यक्ति के लिए चिंतित रहते हैं? इसमें तो दो मत नहीं हैं कि निष्काम प्रेम का भाव उनमें कूट-कूटकर भरा हुआ है। फिर उनसे दूर क्यों हुआ जाए?'

दूसरी ओर वे यह भी मानते थे कि ब्राह्मसमाज के अधिकतर नेताओं की चारित्रिक दृढ़ता, विद्वत्ता आदि असंदिग्ध हैं। अगले ही क्षण उनके मन में यह भी आता था कि इन सबके बावजूद उनका हृदय शांत क्यों नहीं है?

इसी ऊहापोह की स्थिति में वे एक दिन घर से निकल पड़े और आध्यात्मिक पुरुष महर्षि देवेंद्रनाथ ठाकुर, जो उन दिनों गंगा नदी में एक नौका पर रह रहे थे, के पास पहुँच गए। वे सीधे नौका पर चढ़ गए और उनके दरवाजे को झटके से खोला। उस समय महर्षि ध्यानमग्न थे। अकस्मात् आवाज सुनकर वे चौंक उठे; देखा कि उनके सामने तीक्ष्ण प्रश्नों से भरी दृष्टि लेकर नरेंद्रनाथ खड़े थे। उन्हें कुछ पूछने का अवसर दिए बिना ही वे पूछ बैठे, ''महाशय, क्या कभी आपने ईश्वर के दर्शन किए हैं?''

महर्षि अपलक नरेंद्रनाथ को देखते रहे। कुछ पल बाद वे बोल पाए, ''नरेंद्र, तुम्हारी आँखें देखकर मैं समझ रहा हूँ कि तुम योगी हो।''

यह नरेंद्रनाथ के प्रश्न का सीधा तो क्या, उलटा उत्तर भी नहीं था, जबकि नरेंद्रनाथ सीधा उत्तर चाहते थे। उन्होंने ऐसी ही कुछ और बातें कहीं। जैसे—''यदि तुम नियमित रूप से ध्यान कर अभ्यास करो तो ब्रह्मज्ञान अर्जित कर सकोगे।'' नरेंद्रनाथ को तो सीधा उत्तर चाहिए था, जो उन्हें मिला नहीं। अत: वे निराश होकर यह सोचते हुए अपने घर लौट गए कि जब इतने बड़े ईश्वरभक्त भी ईश्वर का दर्शन नहीं कर पाए तो भला कौन कर पाया होगा! अब तो किसी के पास जाने से कोई लाभ नहीं है। तो क्या ईश्वर, धर्म आदि बातें मिथ्या प्रलाप हैं?

उन्हें अपने रास्ते में अँधेरा नजर आने लगा। घर लौटकर उन्होंने अध्यात्म, दर्शन आदि की पुस्तकें यह कहकर दूर हटा दीं कि जब ये पुस्तकें मेरे लक्ष्य की पूर्ति (ईश्वर-प्राप्ति) में सहायता नहीं कर सकतीं तो इन्हें रखने से क्या लाभ? ऐसी ही बातें सोचते समय उन्हें दक्षिणेश्वर और श्री रामकृष्ण का स्मरण हो आया। सुबह होते-होते वे दक्षिणेश्वर के लिए प्रस्थान कर गए। वहाँ जब पहुँचे तब श्री रामकृष्ण, जो तब तक 'परमहंस' के रूप में भी प्रसिद्ध हो चुके थे, अपने सम्मुख बैठे भक्तों को अमृत-तुल्य उपदेश दे रहे थे।

नरेंद्रनाथ कुछ पल के लिए ठिठक गए और सोचने लगे—'यदि इन्होंने ईश्वर-प्राप्ति विषयक मेरे प्रश्न का सीधा उत्तर नहीं दिया तो फिर मैं क्या करूँगा? किसके पास जाऊँगा? मेरी लक्ष्य-प्राप्ति का क्या होगा? लेकिन कोई उपाय नहीं था। उनसे बिना पूछे यों ही लौट जाने से अच्छा होगा कि कम-से-कम पूछ तो लिया जाए। और फिर, उनसे वे पूछ ही बैठे, "महाराज, क्या आपने ईश्वर के दर्शन किए हैं?"

अपने तेजमय मुखमंडल पर स्मित मुसकान बिखेरते हुए शांत भाव से रामकृष्ण परमहंस ने तत्काल उत्तर दिया, "हाँ, मैंने ईश्वर के दर्शन किए हैं। मैं जिस प्रकार तुम्हें देख रहा हूँ, इससे भी अधिक स्पष्ट रूप में मैंने उन्हें देखा है।" फिर पल भर रुककर उन्होंने पूछा, "क्या तुम भी देखना चाहते हो? यदि 'हाँ' तो तुम मेरे कहे अनुसार कार्य करो, तुम भी ईश्वर को देख सकोगे।"

श्री रामकृष्ण परमहंस की इन बातों को सुनकर उनका आनंद उत्ताल तरंगों का रूप लेने लगा; परंतु कुछ ही क्षणों के उपरांत वे गहन चिंतन में डूब गए—इस पथ पर तो पूर्ण रूप से आत्मसमर्पण कर कठोर साधना करनी होगी।

नरेंद्र की एक चिंता और व्यग्रता तो मिटी, मगर अब भी उन्हें अपना मार्ग स्पष्ट व सरल दृष्टिगोचर नहीं हो रहा था। उनके समक्ष एक बड़ी समस्या यह थी कि इतनी बड़ी उपलब्धि प्राप्त कर लेनेवाले दिव्य पुरुष के रूप में श्री रामकृष्ण परमहंस को पाकर भी वे तत्काल उन्हें अपना गुरु नहीं बना सके। इसका एक प्रमुख कारण यह था कि वे ब्राह्मसमाज के आदर्श पथ के पथिक रहे थे। अकस्मात् अपना मार्ग और आदर्श पुरुष बदल लेना उन जैसे व्यक्ति के लिए संभव नहीं था।

संयोगवश कुछ दिनों के बाद एक ऐसी घटना घटी, जिससे न सिर्फ नरेंद्रनाथ बल्कि संपूर्ण मानवमात्र, कम-से-कम भारतवासियों, के लिए एक निर्णायक घटना सिद्ध हुई।

हुआ यह कि उस दिन के बाद जब काफी दिनों तक नरेंद्रनाथ श्री रामकृष्ण परमहंस से मिलने दक्षिणेश्वर नहीं गए तो रामकृष्ण अत्यंत व्याकुल हो उठे। वे जानते थे कि नरेंद्रनाथ 'ब्राह्मसमाज' में जाते होंगे। एक रविवार को उन्होंने सोचा, 'आज यदि मैं ब्राह्मसमाज में जाऊँ तो नरेंद्र से भेंट हो सकती है।' और फिर बिना विलंब किए वे वहाँ पहुँच गए। उस समय वहाँ आचार्य अपनी वेदी से व्याख्यान दे रहे थे। व्याख्यान सुनते-सुनते वे भावोन्मत्त होकर वेदी के पास पहुँच गए। वहाँ उपस्थित नरेंद्रनाथ यह देखकर बड़े व्यथित हुए कि उन्हें देखकर आचार्य तो उनके सम्मान में खड़े ही नहीं हुए, किसी ने उनके प्रति सम्मान और शिष्टाचार का भी प्रदर्शन नहीं किया; जबकि उस समय तक वे अत्यंत प्रसिद्ध और बहुमान्य हो चुके थे। कुछ लोगों ने तो उनके प्रति अपना अवज्ञा भाव भी प्रदर्शित किया। नरेंद्र वहीं उपस्थित थे और यह सब देख रहे थे। नरेंद्र यह जान गए कि श्री रामकृष्ण परमहंस उनसे मिलने के लिए ही यहाँ आए हैं और उन्हीं के कारण वे इस अशिष्टता का भाजन बन रहे हैं।

इसी बीच श्री रामकृष्ण परमहंस समाधिस्थ हो गए। कई लोग उन्हें देखने की इच्छा प्रकट करने लगे। इससे वहाँ (उपासना-गृह में) अव्यवस्था फैलने लगी। इसी ओट में वहाँ के व्यवस्थापकों ने गैस की बत्तियाँ बुझा दीं। इससे अव्यवस्था और बढ़ गई। तब नरेंद्रनाथ आगे बढ़े और पिछले दरवाजे से उन्हें निकालकर दक्षिणेश्वर भिजवा दिया।

उक्त घटना से क्षुब्ध एवं मर्माहत होकर नरेंद्रनाथ ने ब्राह्मसमाज में जाना छोड़ दिया और रामकृष्ण परमहंस के श्रीचरणों में बैठने के लिए दक्षिणेश्वर जाना आरंभ कर दिया, जहाँ उनकी परीक्षा लेने के लिए उन्होंने रात्रिवास भी शुरू कर दिया।

उस अवधि में वहाँ के कुछ भक्त प्रबल आत्मविश्वास से भरकर निर्भीक और स्पष्टवादी नरेंद्रनाथ के आचरण से क्षुब्ध हो उठते थे। विशेषकर वे भक्त, जो स्वयं को हेय मानकर आत्मनिंदा करने लगते थे या भावावेश में आकर रोने लगते थे अथवा बात-बात में कृपा के लिए भगवान् से प्रार्थना करने लगते थे। नरेंद्र ऐसे लोगों की कड़ी आलोचना किया करते थे। वे तो यही चाहते थे कि पुरुष अपनी दृढ़ता और अटूट संकल्प के साथ मस्तक ऊँचा करके भगवान् की आराधना करे। दक्षिणेश्वर में आनेवाले भक्तों को यह सत्परामर्श अप्रिय प्रतीत होता था; परंतु रामकृष्ण परमहंस जानते थे कि नरेंद्र मन, वचन और कर्म से पूर्णतया स्तुत्य हैं। नरेंद्रनाथ के व्यक्तित्व,

वचन और व्यवहार से पूरी तरह अवगत रहनेवाले कुछ भक्त इस बात से भी अवगत थे कि रामकृष्ण के प्रति उनकी भक्ति और निष्ठा कितनी असीम है। स्वयं रामकृष्ण यह जानते थे कि नरेंद्रनाथ दैवी शक्ति से संपन्न एक विशुद्ध साधक हैं। इसीलिए उन्होंने निस्स्वार्थ प्रेम की अजस्र वर्षा कर उन्हें अत्युच्च आध्यात्मिक पथ का पथिक बनाया था।

8

दिव्य स्पर्श

यदि हृदय और बुद्धि में विरोध उत्पन्न हो तो तुम हृदय का अनुसरण करो, क्योंकि बुद्धि केवल एक तर्क के क्षेत्र में ही काम कर सकती है—वह उसके परे जा ही नहीं सकती! केवल हृदय ही हमें उच्चतम भूमिका में ले जाता है, वहाँ तक बुद्धि कभी नहीं पहुँच सकती। हृदय बुद्धि का अतिक्रमण कर, जिसे हम 'अंतःस्फुरण' कहते हैं, उसे पा लेता है। बुद्धि कभी 'अंतःस्फुरित' नहीं हो सकती!

—स्वामी विवेकानंद

एक बार नरेंद्रनाथ को दक्षिणेश्वर गए महीना भर हो गया था। वे अध्ययन-मनन में अपना मन लगाना चाह रहे थे, परंतु ऐसा हो नहीं पा रहा था। उनका मन घूम-फिरकर रामकृष्ण परमहंस की ओर ही चला जाता। अंततः एक दिन वे उनके पास जाने के लिए प्रस्थान कर गए।

उनके वहाँ पहुँचते ही रामकृष्ण ऐसे पुलक उठे, मानो उनकी प्रतीक्षा ही कर रहे थे और भाव-विभोर होकर बोल उठे, "तू आया है?" और फिर उनका हाथ पकड़कर तख्त पर अपने पास बैठा लिया। कुछ ही क्षणों में उनमें अद्भुत भावांतर हुआ। वे अस्पष्ट स्वर में कुछ बोलते हुए धीरे-धीरे नरेंद्रनाथ के बिलकुल निकट आ गए। तत्पश्चात् जो कुछ हुआ, उसे स्वयं नरेंद्रनाथ ने ही इस प्रकार लिपिबद्ध किया है—"अकस्मात् मेरे निकट आकर उन्होंने अपने दाएँ पाँव से मुझे छू दिया। उस स्पर्श से क्षण भर में ही मुझे एक अपूर्व अनुभूति हुई। आँखें खुली ही थीं कि देखा—दीवार समेत कमरे की सारी चीजें बड़े वेग से घूमती हुई न जाने कहाँ विलीन होती जा रही हैं और समग्र विश्व के साथ मेरा मैं-पन भी मानो एक सर्वग्रासी महाशून्य में विलीन हो जाने के लिए वेग से बढ़ता चला जा रहा था। मैं अत्यंत भय से विह्वल हो उठा, मानो मृत्यु सामने अति निकट आ पहुँची। अपने को सँभाल न सकने के कारण मैं चिल्ला

उठा, 'अजी, आपने मेरा यह क्या कर डाला? मेरे माता-पिता जो हैं।'

"वे अद्भुत 'पागलपन' में ही यह बात सुनकर ठहाका मार उठे। फिर अपने हाथ से मेरी छाती पर स्पर्श कर कहने लगे, 'तो अब रहने दें, एक ही बार में आवश्यक नहीं, समय आने पर होगा। और आश्चर्य की बात यह है कि उनके इस प्रकार स्पर्श कर वह बात कहते ही मेरी वह अपूर्व अनुभूति एकदम चली गई। मैं होश में आया और कमरे के भीतर-बाहर की सभी वस्तुएँ मुझे फिर पहले जैसी ही स्थिर दिखाई देने लगीं।"

कुछ ही पलों में यह पूरी घटना घटित हो गई। नरेंद्रनाथ ने सोचा—'क्या रामकृष्ण ने मेरे ऊपर किसी सम्मोहन-विद्या का प्रयोग किया है?' उन्होंने दृढ़ निश्चय किया कि अब भविष्य में कभी भी मैं इस तरह इनके हाथों की कठपुतली नहीं बनूँगा। लेकिन अगले ही पल उन्होंने सोचा, 'ऐसा दिव्य आध्यात्मिक पुरुष भला मेरे ऊपर सम्मोहन-विद्या का प्रयोग क्यों करेगा? निश्चय ही ये असाधारण शक्ति से संपन्न महापुरुष हैं। जो व्यक्ति मेरे जैसे दृढ़ इच्छा-शक्तिवाले मनुष्य के मन को मिट्टी के लोंदे की भाँति स्वेच्छानुकूल तोड़ और गढ़ सकता है, वह अवश्य ही कोई असाधारण व्यक्ति है। ऐसे व्यक्ति का सान्निध्य तो जीवन में प्रचंड परिवर्तन ला सकता है।'

वस्तुतः नरेंद्रनाथ जिस ब्रह्मज्ञान से संपन्न होने की अदम्य इच्छा रखते थे वही ब्रह्मज्ञान उस दिन रामकृष्ण परमहंस उन्हें देना चाहते थे; परंतु नरेंद्रनाथ की तात्कालिक प्रतिक्रिया देख-सुनकर उन्होंने यह महसूस किया कि अभी इसका उचित समय नहीं आया है। इसीलिए उन्होंने अपनी शक्ति तत्काल वापस ले ली। तत्पश्चात् वे मानो एक सामान्य व्यक्ति बन गए। वे तब नरेंद्रनाथ को खिलाने-पिलाने में व्यस्त हो गए।

शाम को जब नरेंद्रनाथ अपने घर लौटने के लिए खड़े हुए, तब वे पूछ बैठे, "बोलो, फिर शीघ्र ही आओगे न?"

नरेंद्रनाथ 'हाँ' कहकर घर लौट गए। तन से तो वे लौट गए, लेकिन मन तो वहीं था—दक्षिणेश्वर में।

एक सप्ताह के पश्चात् वे पुनः दक्षिणेश्वर पहुँचे। उस दिन रामकृष्ण परमहंस उन्हें अपने मंदिर के समीप ही स्थित एक उद्यान में घुमाने ले गए। थोड़ी देर के उपरांत

वे बैठकखाने में बैठ गए। देखते-ही-देखते उनका भावांतर होने लगा। नरेंद्रनाथ चुपचाप सचेत होकर सबकुछ देख रहे थे। फिर भी उन्होंने नरेंद्रनाथ का स्पर्श कर दिया।

इस बार भी वैसा ही हुआ—उनका ब्रह्मज्ञान पूर्णत: विलुप्त हो गया। वे उस अवस्था में कितनी देर रहे, उन्हें ज्ञात नहीं हो सका। जब उन्होंने अपना ब्रह्मज्ञान लौटता हुआ-सा महसूस किया, तब पाया कि रामकृष्ण परमहंस स्नेहपूर्वक अपना हाथ उनकी छाती पर फेर रहे हैं। उस समय उनके मुखमंडल पर स्मित मुसकान थिरक रही थी। बाद में उन्होंने अपने शिष्यों को भी बताया था, "उस दिन अपना ब्रह्मज्ञान विलुप्त हो जाने पर नरेंद्र ने अपने बारे में अनेक बातें पूछीं—मैं कौन हूँ ? मैं कहाँ से आया हूँ ? क्यों जनमा हूँ ? इस धराधाम पर कितने दिन रहूँगा ? आदि। जिस दिन वह जान जाएगा कि वह कौन है उस दिन वह इस लोक में नहीं रहेगा। दृढ़ संकल्प और योगबल के प्रभाव से वह उसी क्षण अपनी देह त्याग देगा। वह ध्यानसिद्ध महापुरुष है, सप्तर्षिमंडल का एक ऋषि है।"

इन घटनाओं के पश्चात् नरेंद्रनाथ बी.ए. की पढ़ाई तो कर ही रहे थे, अपने पिता विश्वनाथ बाबू के आदर्श पर चलकर प्रसिद्ध अधिवक्ता चरण बोस से अधिवक्ता का काम सीखने लगे। उन दिनों भी उनका ध्यान सत्य की ओर ही लगा रहता था। इसके लिए वे चिंतन-मनन में मग्न रहते थे। इस कार्य में उन्हें अपने घर में बाधा महसूस होती थी, क्योंकि वहाँ आत्मीय जनों का जमघट लगा रहता था। इसीलिए उन्होंने पढ़ाई के नाम पर एक कमरा समीप ही स्थित अपनी मातामही (नानी) के मकान में ले लिया।

यद्यपि वे एक धनाढ्य पिता के लाड़ले पुत्र थे, तथापि उनके कमरे में एक साधारण बिस्तर, एक तानपूरा, कुछ पाठ्य-पुस्तकें ही थीं—और कुछ नहीं। उसी अवधि में कभी-कभी श्री रामकृष्ण परमहंस वहाँ स्वयं आकर नाना प्रकार के उपदेश उन्हें दे जाते थे। उन दोनों की यह घनिष्ठता विश्वनाथ बाबू तथा उनके परिजनों को बिलकुल अच्छी नहीं लगती थी; लेकिन उनकी समस्या यह थी कि वे इस बात का प्रतिकार करते भी तो कैसे ? इसका साहस उनमें नहीं था। वे सभी इस बात को अच्छी तरह जानते थे कि स्वतंत्र प्रकृति के नरेंद्रनाथ पर बलात् कोई प्रतिबंध नहीं लगाया जा सकता है।

9

पिता का निधन : परिवार संकट में

निर्मल हृदय ही सत्य के प्रतिबिंब के लिए सर्वोत्तम दर्पण है, इसलिए यह हमारी साधना हृदय को निर्मल करने के लिए ही है। और जब वह निर्मल हो जाता है, सारे सत्य उसी क्षण उस पर प्रतिबिंबित हो जाते हैं। यदि तुम अभीष्ट परिमाण में शुद्ध होओगे तो तुम्हारे हृदय में दुनिया के सारे सत्य प्रकट हो जाएँगे।

—स्वामी विवेकानंद

बी.ए. करने के पश्चात् नरेंद्रनाथ बी.एल. की पढ़ाई करने लगे। उन्हीं दिनों (सन् 1884 में) एक दिन वे अपने एक मित्र के वराह नगर स्थित निवास-स्थान पर गए। रात में सभी वहाँ संगीत आदि के आनंद में डूबे हुए थे। तभी एक व्यक्ति ने वहाँ आकर उन्हें बताया कि उनके पिता विश्वनाथ बाबू का अचानक निधन हो गया है। इस दु:संवाद से नरेंद्रनाथ सन्न रह गए। व्याकुल होकर वे अपने घर पहुँचे। उनके पिता के पार्थिव शरीर के पास माँ, भाई, बहन—सभी हृदय-विदारक विलाप कर रहे थे।

उनके परिवार के लिए यह बहुत बड़ा आघात था, क्योंकि अब उसके लिए द्रव्योपार्जन करनेवाला कोई नहीं रह गया था। विश्वनाथ बाबू की आय काफी अधिक थी, जिससे पूरा परिवार शानो-शौकत से रह रहा था। एक और बड़ी समस्या यह भी थी कि दानी व्यक्ति होने के कारण उन्होंने भरपूर दान किया था, इस कदर कि अब उनके पास कोई संचित राशि नहीं बची थी। उलटे कुछ हजार रुपयों का ऋण ही सिर चढ़ गया था। उनके निधन के पश्चात् उस आपदाग्रस्त परिवार से उन सभी लोगों ने भी अपने संबंध-विच्छेद कर लिये, जो स्वयं को उनके निकटतम मित्र या आत्मीय बताते थे।

कुछ ही दिनों बाद उस परिवार पर एक और बड़ी विपत्ति यह आई कि

विश्वनाथ बाबू के ही खानदान के एक व्यक्ति ने उनके मकान पर कब्जा करने की नीयत से उन सभी को घर से निकाल देने के लिए एक मुकदमा ठोक दिया। इन सभी परेशानियों के बीच यह परिवार दाने-दाने के लिए तरस गया। नरेंद्रनाथ के कुछ मित्रों ने उन्हें सहयोग देना चाहा, किंतु स्वाभिमानी प्रकृति का होने के कारण उन्होंने किसी से भी कोई सहयोग नहीं लिया। दूसरी तरफ भोजन और वस्त्र के अभाव से पीड़ित अपने परिवार के सदस्यों को जब वे देखते तो उनका कलेजा फटने को हो जाता।

आखिरकार उन्होंने नौकरी ढूँढ़नी आरंभ की। उनकी चेष्टा थी कि किसी भी प्रकार का कोई रोजगार मिल जाए तो ऊँट के मुँह में जीरा के समान ही सही, कुछ तो सहारा मिलेगा; लेकिन वह भी नहीं हुआ। जिसे दहेज के रूप में 10 हजार रुपए नकद मिल रहे थे, उसे उन दिनों 10 रुपए मासिक वेतनवाली भी कोई नौकरी नहीं मिली।

एक दिन प्रात:काल नींद टूटने पर नरेंद्रनाथ भगवान् का नाम लेते हुए उठे। पास खड़ी उनकी माता भुवनेश्वरी देवी यह सुनकर बिफर पड़ीं, "चुप रह छोकरे! बचपन से ही भगवान्-भगवान् करता आ रहा है। भगवान् ने ही तो यह सब किया है।"

अपनी माँ के ये शब्द उन्हें बाण की तरह लगे। वे सोचने लगे, 'क्या सचमुच भगवान् किसी निर्धन अथवा दुखियारी का कातर स्वर नहीं सुनते या सुनना नहीं चाहते? जो भगवान् इस लोक में किसी भूखे को एक टुकड़ा रोटी नहीं दे सकते, वे उसे बाद में स्वर्ग के असीम सुखों का अधिकारी बनाएँगे—इसकी क्या आश्वस्ति है? तो क्या ईश्वर है ही नहीं? हाँ, है तो, मगर दयालु नहीं है। उसके भक्त कातर स्वर में स्मरण करते रहते हैं, उससे याचना करते रहते हैं, मगर वह सुनता नहीं। दूसरी ओर इसी धरती पर कई लोग अनुचित और पापजन्य कर्म निर्बाध रूप से करते रहते हैं, परंतु ईश्वर उनका कुछ नहीं बिगाड़ता। फिर भी हम इनसान इतने मूढ़ हैं कि जब हमारे जीवन में कुछ अच्छा होता है तो उसे ईश्वर की कृपा मानते हैं, मगर जब कष्ट या दु:ख से भरे दिन व्यतीत करने पड़ते हैं तब हम उसके लिए ईश्वर को दोषी नहीं ठहराते और न उस कारण उसके प्रति अपनी अनास्था प्रकट करते हैं।'

उस दिन के बाद से नरेंद्रनाथ इन बातों को अपने मित्रों के बीच व्यक्त कर देते थे। ये बातें किस विवशता के कारण उनके मुख से निकलती थीं—यह भला सामान्य व्यक्ति कैसे समझता! इसीलिए वे मित्र तथा कई अन्य लोग भी यह मानने लगे थे कि नरेंद्रनाथ अब नास्तिक हो गए हैं।

रामकृष्ण परमहंस उन लोगों में से नहीं थे। वे तो ऐसे व्यक्ति थे, जिन्होंने नरेंद्रनाथ की हार्दिक पीड़ा और मनोव्यथा को भलीभाँति समझा था। चूँकि घर-गृहस्थी की समस्याओं में उलझ जाने के कारण नरेंद्रनाथ दक्षिणेश्वर नहीं जा पाते थे, अत: रामकृष्ण उन्हें देख नहीं पाते थे। तब उन्होंने एक उपाय किया। उन्होंने अपने कुछ भक्तों से अनुरोध किया कि वे नरेंद्रनाथ के पास जाएँ और कुशल-क्षेम पूछकर आएँ।

वे भक्त नरेंद्रनाथ के पास आते और उनसे बातचीत करते। उस बातचीत के दौरान नरेंद्रनाथ उन्हें कुछ तीखी बातें भी सुना देते थे। तब वे भक्त रामकृष्ण परमहंस के पास जाकर बताते कि नरेंद्र का तो अध:पतन हो गया है। तब रामकृष्ण परमहंस उन्हें झिड़कते हुए कहते, ''चुप रहो, मूढ़! माँ (काली) ने बताया है कि वह ऐसा कभी नहीं हो सकता।''

अपने प्रबल स्वाभिमानी स्वभाव के कारण नरेंद्रनाथ काफी समय तक दक्षिणेश्वर नहीं गए; लेकिन बहुत चाहने के बावजूद अपने हृदय से रामकृष्ण परमहंस को विस्मृत नहीं कर सके। उनकी कृपा से उन्होंने जिस आध्यात्मिक अनुभूति को प्राप्त किया था, उसी के बार-बार स्मरण और प्रभाव से उनकी नास्तिकता शनै:-शनै: दूर होती गई। वे सोचने लगे कि यह मैं क्या कर रहा हूँ? केवल द्रव्योपार्जन और घर-परिवार चलाने के लिए ही तो मेरा जन्म नहीं हुआ है। मेरे जीवन का एक महान् उद्देश्य है—अखंड सच्चिदानंद की प्राप्ति। तो एक ही उपाय है कि अब यह संसार ही छोड़ दूँ।

संयोगवश रामकृष्ण परमहंस उस दिन कलकत्ता में अपने एक भक्त के घर पधारे। यह समाचार पाकर नरेंद्रनाथ भी वहाँ पहुँचे—इस उद्देश्य से कि संसार से विदा होने के पूर्व गुरुदेव के श्रीचरणों की वंदना कर लें। परंतु ऐसा हो नहीं पाया। अपने गुरुदेव के अनुरोध पर वे दक्षिणेश्वर आने के लिए तैयार हो गए।

जब वे दक्षिणेश्वर पहुँचे तब एकांत में रामकृष्ण ने उन्हें अच्छी तरह से समझाया और कहा कि जितने दिन उनका शरीर है उतने ही दिन संसार में रहना होगा; क्योंकि किसी विशेष कार्य को करने के लिए ही उन्होंने जन्म लिया है।

दूसरे दिन प्रात:काल जब नरेंद्रनाथ दक्षिणेश्वर से अपने घर लौटे, तब एक नए जोश एवं प्रेरणा से सराबोर थे। उनके मन-मस्तिष्क से गलत भावनाओं की चट्टान

हट चुकी थी। अब तो रामकृष्ण परमहंस उनके लिए पूर्वापेक्षा अधिक महत्त्वपूर्ण हो गए थे। सत्य की प्राप्ति का मार्ग अब उन्हें अधिक सुगम प्रतीत होने लगा। साथ ही, अब अपने परिवार की समस्याओं से भी निपटना उन्हें सरल लगने लगा था।

इसके लिए उन्होंने प्रयास भी आरंभ कर दिए। मकान के लिए चल रहे मुकदमे के दौरान जब विपक्ष के वकील ने उनसे जिरह की तब उन्होंने बड़े ही बेबाक और तर्कपूर्ण उत्तर दिए, जिन्हें सुनकर न्यायाधीश भी प्रभावित हुए। यह पता चलने के बाद कि वे विधि (कानून) की पढ़ाई कर रहे हैं, उक्त न्यायाधीश ने कहा, ''युवक, समय आने पर तुम एक अच्छे वकील बनोगे।''

न्यायाधीश महोदय ने अंततः नरेंद्रनाथ के पक्ष में ही अपना निर्णय सुनाया। इस प्रकार उनका मकान उन्हीं के पास रह गया। उन्होंने यह सुखद समाचार अपनी माँ को सुनाया। माँ भुवनेश्वरी देवी ने हर्षातिरेक में उन्हें अपने गले से लगा लिया।

लेकिन उस समय स्थिति में सुधार के नाम पर सिर्फ इतना ही हुआ। अर्थ-संकट तो यथावत् बना रहा। फलतः अत्यावश्यक वस्तुओं की पूर्ति की समस्या बनी रही। वे इन्हीं मामलों पर सोचते हुए चिंतामग्न बैठे थे। तभी उन्होंने सोचा कि संभवतः रामकृष्ण की कृपा से इस दिशा में कुछ सुधार हो जाए। वे तत्काल दक्षिणेश्वर चले गए। अपने इस परम प्रिय शिष्य को देखकर रामकृष्ण पुलकित हो गए। नरेंद्रनाथ ने उनसे कहा, ''मेरी माँ और भाई-बहनों को दो जून का खाना मिल सके, इसके लिए आप अपनी माँ (काली माता) से कुछ अनुरोध कर दीजिए।''

यह बात सुनकर रामकृष्ण परमहंस जितने हैरान हुए उतने ही गंभीर भी। हैरान इसलिए कि ईश्वर के विरुद्ध बोलनेवाले उनके इस शिष्य में अब ईश्वर के प्रति इतनी आस्था उत्पन्न हुई है कि स्वयं न सही, दूसरे के लिए ही माँगने पर उसकी अपेक्षा अवश्य पूरी हो जाएगी—इतना वह मानने लगा है और गंभीर इसलिए कि उन्होंने स्वयं कभी कुछ माँगा नहीं था। उन्होंने कहा भी, ''अरे, मैं कभी माँ से कुछ नहीं माँगता। वैसे, तू तो माँ को मानता ही नहीं। अतः माँ तेरी बात पर ध्यान नहीं देगी।''

प्रबल निराकारवादी नरेंद्रनाथ दुविधा में पड़ गए कि क्या करें? साकार पर विश्वास? लेकिन बिना ठोस आधार के, प्रमाण के साकार पर विश्वास कैसे करें? तो क्या अविश्वास करें? लेकिन अविश्वास करके चलने पर तो जीवन संकट में पड़ा दिखाई पड़ रहा है? वे सिर झुकाकर मौन बैठे रहे।

उधर रामकृष्ण परमहंस भी दुविधा में ही थे। अपने परमप्रिय शिष्य की सहायता करें तो कैसे और न करें, यह हो नहीं सकता। अंततः उन्हें एक युक्ति सूझी। उन्होंने नरेंद्रनाथ से कहा, "आज मंगलवार है। मैं कहता हूँ—आज रात को काली मंदिर में जाकर माँ को प्रणाम करके तू जो कुछ माँगेगा, माँ तुझे वह सब देगी।"

नरेंद्रनाथ ने भी सोचा—विश्वास रहे या न रहे, आज इस बात की परीक्षा करनी होगी कि रामकृष्ण की प्रस्तरमयी जगन्माता क्या है?

रात्रि का प्रथम प्रहर व्यतीत हो गया। नरेंद्रनाथ सशंकित चित्त लिये काली माता मंदिर की ओर बढ़े—यह सोचकर कि आज से उनके परिजनों के कष्ट दूर होने लगेंगे। यह कल्पना करके ही वे आनंद-विभोर हो उठे।

उन्होंने मंदिर में प्रवेश किया। वहाँ उन्होंने काली माता की प्रतिमा देखी। उसके बाद वे क्या देख और समझ रहे हैं—यह वह भूल गए। उसी अवस्था में वे उस प्रतिमा के समक्ष हाथ जोड़कर प्रार्थना करते हुए बैठे—"माँ! विवेक दो, वैराग्य दो, ज्ञान दो, भक्ति दो।" यह कहकर वे बाहर लौट आए।

वहाँ खड़े रामकृष्ण देव ने पूछा, "क्या माँगा?"

उन्होंने सारी बातें बता दीं।

उसे सुनकर श्री रामकृष्ण देव बोल उठे, "अरे, यह क्या किया? अंदर जाओ और जो चाहते हो, वह माँगो।"

नरेंद्रनाथ मंदिर में दोबारा गए, लेकिन फिर वैसा ही हुआ। वहाँ वह अपनी सुध-बुध खो बैठे और पुनः वही याचना कर डाली। तीसरी बार भी ऐसा ही हुआ।

अंततः रामकृष्ण परमहंस ने कहा, "तेरे भाग्य में सांसारिक सुख है ही नहीं। फिर भी तुम लोगों को सूखी रोटी और मोटे वस्त्रों की कमी नहीं होगी।"

और सचमुच ऐसा ही हुआ। नरेंद्रनाथ अटॉर्नी ऑफिस में कार्य करके तथा कुछ पुस्तकों का अनुवाद करके अपने परिवार की आवश्यकताओं की आंशिक पूर्ति में समर्थ होने लगे। कुछ समय बाद एक विद्यालय में अध्यापन कार्य भी करने लगे। दूसरी ओर अपने लक्ष्यों की प्राप्ति की ओर बढ़ने में भी कुछ-कुछ और समर्थ होने लगे थे। इस प्रकार रामकृष्ण परमहंस बड़े ही कौशल के साथ नरेंद्रनाथ को 'स्वामी विवेकानंद' बना रहे थे।

10

परमहंस की बीमारी

तुम्हें तो अपने ही पैरों पर खड़े होना चाहिए और इस नए ढंग से कार्य करना चाहिए—वह ढंग, जिससे मनुष्य 'मनुष्य' बन जाता है। सच्चा नर वही है जो इतना शक्तिशाली हो जितनी शक्ति स्वयं है, परंतु फिर भी जिसका हृदय एक नारी के सदृश कोमल हो। तुम्हारे चारों ओर जो करोड़ों व्यक्ति हैं, उनके लिए तुम्हारे हृदय में प्रेम-भाव होना चाहिए, परंतु साथ ही तुम लोहे के समान दृढ़ और कठोर बने रहो; पर ध्यान रहे कि साथ ही तुममें आज्ञापालन की नम्रता भी हो।

—स्वामी विवेकानंद

एक दिन दक्षिणेश्वर में रामकृष्ण देव उपदेश दे रहे थे। उनके सम्मुख अन्य भक्तों और शिष्यों के अतिरिक्त नरेंद्रनाथ भी बैठे थे। रामकृष्ण देव ने भावावस्था में कहा, "जीव पर दया नहीं, शिवज्ञान से जीव की सेवा।"

यह दिव्य वचन सभी ने सुना, मगर नरेंद्रनाथ पर तो इसका विशेष प्रभाव पड़ा। जब वे बाहर आए तो अन्य शिष्यों से कहा, "आज ठाकुर (रामकृष्ण परमहंस) की बातों में अपूर्व प्रकाश दिखाई पड़ा। उन्होंने भावावस्था में जो कहा, उसके द्वारा वेदांत को ठीक ढंग से समझा जा सकता है। मनुष्य अपने जीवन में प्रतिक्षण जिनके संपर्क में आ रहा है, जिनके प्रति श्रद्धा या सम्मान या स्नेह निवेदित कर रहा है, वे सभी ईश्वर के अंश हैं—स्वयं ईश्वर ही हैं। ईश्वर ने कभी मुझे अवसर दिया तो मैं आज सुने गए इस सत्य को संसार में सर्वत्र प्रचारित करूँगा—पंडित-मूर्ख, धनी-निर्धन, ब्राह्मण-चांडाल—सभी को यह सुनाकर मोहित करूँगा।"

सन् 1884 तक रामकृष्ण परमहंस की ख्याति दूर-दूर तक फैल गई थी। हर तरफ से हर आयु और वर्ग के लोग दक्षिणेश्वर में उनके पास आते तथा उनके उपदेश सुनते। उनकी वाणी में अद्भुत ओज और प्रभाव पाते थे। उनके पास आकर उपदेश

सुननेवालों की संख्या धीरे-धीरे बढ़ने लगी। मगर होनी तो कुछ और ही थी। कुछ ही माह पश्चात् उनके गले में कुछ परेशानी हुई। वह परेशानी बढ़ती गई। फिर भी वे ज्ञान-पिपासु लोगों को उपदेश देते रहे। साथ ही समाधि की अनुभूति भी करते रहे। यह चिकित्सकों के परामर्श के प्रतिकूल था। अंततः स्थिति धीरे-धीरे बिगड़ती ही गई। चिंतातुर शिष्य एवं भक्त उन्हें कलकत्ता शहर में ले आए। फिर कुछ समय पश्चात् उन लोगों ने कलकत्ता के उपनगर काशीपुर में एक बगीचेवाला एक मकान किराए पर लिया और उन्हें भी वहीं ले गए। वहाँ उनके कई भक्त—राखाल, काली, शरद, लाटू, शशि, बाबूराम, तारक आदि उनकी सेवा-शुश्रूषा में लगे रहे और गिरीश, बलराम, ईशान, रामचंद्र आदि गृहस्थ भक्त उनकी ऊपरी देखभाल एवं भाग-दौड़ करने लगे। तब नरेंद्रनाथ ने उनकी सेवा-टहल करने के उद्देश्य से अपनी पढ़ाई-लिखाई छोड़ दी और अपना घर छोड़कर काशीपुर में ही आकर रहने लगे थे। उनके 'ठाकुर' उनसे सेवा नहीं करवाते थे, अतः वे केवल देख-रेख का ही कार्य करते थे। कई किशोर और युवा भक्तों ने तो दिन में एक बार अपने घर जाकर भोजन करना ही छोड़ दिया। इससे उनके अभिभावक चिंतित होने लगे। अपने घर चलने के लिए वे उनपर दबाव डालने लगे। तब नरेंद्रनाथ ने उन किशोरों-युवकों का उत्साहवर्द्धन करने तथा उनके अभिभावकों को समझाने का दायित्व अपने ऊपर ले लिया। उनके तर्कों के सामने भला किसकी चलती! अंततः वे रामकृष्ण देव की सेवा करने के लिए अपने लड़कों को वहीं छोड़ने को तैयार हो गए। इससे वहाँ दौड़-भाग और सेवा करनेवालों की कमी नहीं रही। रामकृष्ण देव की सहधर्मिणी श्रीमती शारदा देवी भी अब वहीं आ गई थीं। उन्होंने रसोई का काम अच्छी तरह सँभाल लिया था।

काशीपुर स्थित वह उद्यान भवन श्री रामकृष्ण परमहंस की सेवा का केंद्र ही नहीं बल्कि एक आश्रम बन गया था। भक्तगण सेवा-कार्य के अतिरिक्त कभी भजन करते तो कभी शास्त्र-दर्शन आदि की चर्चा करते। नरेंद्रनाथ भी इस परिवेश की पावनता की श्रीवृद्धि में यथेष्ट सहयोग देते। कभी-कभी वे रात में दक्षिणेश्वर चले जाते और पंचवटी के नीचे ध्यान करने लगते। उत्साह एवं कठोर इंद्रिय-निग्रह द्वारा सत्य को प्राप्त करने हेतु प्राणपण से किए गए अपने परमप्रिय शिष्य के इन अकथनीय प्रयत्नों को देखकर रामकृष्ण भाव-विभोर हो उठते। एक दिन उन्हें बुलाकर उन्होंने कहा, ''देख, साधना करते समय मुझे अष्टसिद्धियाँ मिली थीं। किसी दिन उनका

कोई उपयोग नहीं हुआ था। तू ले ले, भविष्य में तेरे बहुत काम आएँगी।''

नरेंद्रनाथ ने नम्रतापूर्वक पूछा, ''महाराज, क्या भगवत्प्राप्ति में उनसे कोई सहायता मिलेगी?''

रामकृष्ण परमहंस ने कहा, ''नहीं, सो तो नहीं होगा; परंतु हाँ, इहलोक की कोई भी इच्छा अपूर्ण नहीं रहेगी।''

तब कुछ पल सोचकर नरेंद्रनाथ ने स्पष्ट कहा, ''तब तो महाराज, वे मुझे नहीं चाहिए।''

सन् 1885 के मध्य में रामकृष्ण के गले की बीमारी के लक्षण दिखने लगे। बाद में यह पता चला कि उन्हें गले का कैंसर हो गया है। इस गंभीर रोग के बावजूद वे धर्म-पिपासुओं को उपदेश देते रहे। इतना ही नहीं, समाधि की अनुभूति भी करते रहे, यद्यपि चिकित्सक यह सब करने से उन्हें मना करते रहे।

नरेंद्रनाथ की दृष्टि से भी रामकृष्ण की बीमारी भिन्न और तथ्यपरक थी, जबकि कई शिष्य और भक्त यह मानते थे कि यह बीमारी माँ (काली माता) या स्वयं ठाकुर की इच्छा से किसी गूढ़ उद्देश्य की प्राप्ति हेतु हुई है; उक्त उद्देश्य की पूर्ति होते ही यह बीमारी स्वत: दूर हो जाएगी। उन भक्तों एवं शिष्यों की इस धारणा का आधार यह था कि वे उन्हें (ठाकुर, अर्थात् रामकृष्ण को) ईश्वर का एक अवतार मानते थे; जबकि नरेंद्रनाथ जोर देकर यह बात कहते थे कि ठाकुर देव एवं मानव दोनों के मिश्रण हैं, पूरी तरह कोई अवतार नहीं हैं। अत: उनका शरीर भी प्रकृति के नियमों के अधीन है। जन्म, विकास, रोग, क्षय एवं अंत की प्रक्रियाओं से इसे भी गुजरना है। वे यह भी मानते थे कि आध्यात्मिक जीवन में भावुकता प्रगति की प्रेरणा देती है, मगर कोरी भावुकता सत्य-प्राप्ति के मार्ग में अवरोध बन जाती है। इसीलिए उन्होंने उन भक्तों एवं शिष्यों को, जो कोरी भावुकता की पराकाष्ठा पर जाकर अपने नेत्रों से अश्रुपात करने लगते थे, बार-बार यह समझाया कि यह कोरी भावुकता—अविवेक एवं स्नायविक दुर्बलता की प्रतीक है। इस पर नियंत्रण अपेक्षित ही नहीं, अनिवार्य भी है; क्योंकि अविवेकी भक्तगण तन और मन से टूट जाते हैं। उन्होंने यह भी कहा कि आध्यात्मिक जीवन में आगे बढ़नेवाले 80 प्रतिशत लोग ठग और 15 प्रतिशत उन्मादी हो जाते हैं; मात्र 5 प्रतिशत लोग ही वास्तविक लक्ष्य की प्राप्ति कर पाते हैं। अत: साधना में रत रहनेवाले लोगों को सचेत रहना चाहिए।

रामकृष्ण देव की सेवा में रत नरेंद्रनाथ तथा अन्य शिष्यों एवं भक्तों ने देखा कि उनकी स्थिति सुधरने के बजाय उत्तरोत्तर बिगड़ती ही जा रही है। एक दिन नरेंद्रनाथ ने पाया कि कुछ भक्त उनके कमरे में जाने से कतरा रहे थे। पूछने पर उन लोगों ने अपनी यह आशंका प्रकट की कि यह रोग संक्रामक है। नरेंद्रनाथ उन लोगों को जबरन उस कमरे में ले गए और ठाकुर द्वारा पीने के बाद एक कटोरी में बचे हुए पथ्य के थोड़े भाग को एक ही घूँट में पी गए। सशंकित भक्तों की धारणा इससे दूर हो गई।

जब नरेंद्रनाथ ने यह देखा कि ठाकुर की बीमारी दिनोदिन गंभीर होती जा रही है और ज्यादा दिनों तक उनके जीवित रहने की आशा नहीं है, तब उन्होंने अपनी साधना और तेज कर दी। एक दिन उन्होंने रामकृष्ण देव से कहा, ''मेरी इच्छा है कि तीन-चार दिनों तक मैं समाधि में लगातार डूबा रहूँ। यदा-कदा सिर्फ भोजन के लिए उठूँ।''

ठाकुर ने कहा, ''उससे भी ऊँची अवस्था है। तू अपने घर के लिए कोई व्यवस्था करके आ। समाधि से भी ऊँची अवस्था हो जाएगी।''

कुछ दिनों के बाद जब नरेंद्रनाथ ने पुनः अपनी साधना के बारे में कहा तो रामकृष्ण देव बोले, ''इतना बड़ा आधार होकर भी तू ऐसी तुच्छ चीज माँगता है! मैंने तो सोचा था कि तू एक विशाल वटवृक्ष के समान होगा—तेरी छाया में हजारों लोग आश्रय पाएँगे; किंतु तू तो अपनी ही मुक्ति के चक्कर में पड़ा है।''

नरेंद्रनाथ अपने 'ठाकुर' के उच्च मनोभावों को समझ गए थे। उनके ठाकुर समय-समय पर उन्हें ध्यान विषयक कुछेक उपदेश देते रहते थे। एक दिन जब ठाकुर ने अपने 'नरेन' को पढ़ाई के प्रति सचेत किया तो उन्होंने कहा, ''एक ऐसी दवा मिले, जिससे मैं वह सबकुछ भूल जाऊँ, जो मैंने पढ़ा है तो कितना अच्छा हो!''

नरेंद्रनाथ अब अपने लक्ष्य की प्राप्ति के लिए अधिक व्याकुल और उन्मत्त हो चुके थे। एक दिन उन्हें संकेत करते हुए रामकृष्ण ने अपने शिष्यों से कहा, ''देखो, नरेन की अवस्था कितनी अद्‍भुत है! पहले वह साकार को नहीं मानता था, अब ईश्वर-दर्शन के लिए उसके हृदय में खलबली मची हुई है।''

सचमुच! तब नरेंद्रनाथ की स्थिति विचित्र थी। वे रामकृष्ण के साधना-स्थल 'पंचवटी' में प्राय: जाने लगे और पूरी-पूरी रात ध्यान में व्यतीत करने लगे। वहाँ उन्हें कुंडलिनी-जागरण तथा अन्य आध्यात्मिक अनुभूतियाँ हुईं। एक दिन काशीपुर के

उस मकान, जहाँ गंभीर रूप से बीमार रामकृष्ण देव रह रहे थे, के उद्यान में कातर स्वर में 'राम-राम' का उच्चारण करते हुए उन्होंने पूरी रात बिता दी। प्रात:काल जब उनके 'ठाकुर' के कानों में उनके स्वर पड़े तो उन्हें बुलाकर वे बोले, ''नरेन, इस अधीरता से क्या होनेवाला है! देखो, इस समय तुम्हारे साथ जैसा हो रहा है वैसा मेरे साथ बारह वर्षों तक हुआ है। उन दिनों मेरे सिर पर से होकर मानो एक तूफान चला गया। तू एक ही रात में क्या करेगा?''

नरेंद्रनाथ ने अपने ठाकुर की बातों को सुना, मगर उनकी आध्यात्मिक उत्कंठा का शमन नहीं हुआ। उन्हें इस तरह व्याकुल देखकर रामकृष्ण बहुत प्रसन्न हुए और नरेंद्र सहित अपने तरुण शिष्यों को संन्यास व्रत में दीक्षित करने का निश्चय किया। एक शुभ दिवस को उन्होंने नरेंद्र तथा अन्य शिष्यों के हाथों में गेरुआ वस्त्र देकर कहा, ''क्या तुम लोग संपूर्ण निरहंकारी बनकर, अपने कंधे पर झोली लेकर राजपथों पर भिक्षा माँग सकोगे?''

सभी शिष्य अपने गुरुदेव के इस आदेश का परिपालन करते हुए भिक्षा माँगने निकल गए। उन्हें भिक्षा-स्वरूप जो भी अन्न मिला, उसे लेकर वे उद्यान भवन आए और उसे रामकृष्ण के समक्ष रखकर बाद में प्रसाद ग्रहण किया। तब रामकृष्ण देव के हर्ष एवं आनंद की सीमा नहीं रही। उन्होंने अपने परमप्रिय शिष्य नरेंद्रनाथ को अपना उत्तराधिकारी घोषित किया और अन्य शिष्यों की ओर संकेत करते हुए उनसे कहा, ''मैं तुम्हारी देख-रेख में इन्हें छोड़ता हूँ। इनसे स्नेह-भाव बनाए रखना और देखना कि मेरे जाने के बाद ये लोग घर न लौटें, बल्कि एक साथ रहकर साधना और भजन में काल-यापन करें।'' उन्होंने अपने शिष्यों से कहा कि वे नरेन (नरेंद्रनाथ) को अपना अगुआ मानें। उसके बाद उन्होंने 'रामकृष्ण संघ' की नींव रखी।

रामकृष्ण देव की बीमारी के दिनों में उनकी सेवा करते हुए नरेंद्रनाथ के समक्ष उनकी आध्यात्मिक अनुभूतियों का वास्तविक मर्म व्यक्त हो उठा। नरेंद्रनाथ अब यह देखने में समर्थ होने लगे कि किस प्रकार निर्गुण निराकार ब्रह्म साकार रूप धारण कर सकता है तथा दिव्य अवतार के रूप में पृथ्वी पर अवतीर्ण भी हो सकता है। उन्हें यह विश्वास भी होने लगा कि ईश्वर इसीलिए मानव बनता है कि मानव ईश्वर बन सके।

काशीपुर का वह उद्यान भवन, जिसमें रामकृष्ण देव अभी रुग्णावस्था में रह रहे थे, नरेंद्रनाथ के बौद्धिक नेतृत्व में एक लघु विद्यापीठ का रूप ग्रहण कर रहा था।

वहीं पर नरेन अपने गुरु-भाइयों के साथ अपने 'ठाकुर' की सेवा करते और ध्यान लगाते। उसी में थोड़ा समय निकालकर वे प्राच्य एवं पाश्चात्य धर्म तथा दर्शन पर परिचर्चा भी कर लेते थे। उनकी परिचर्चा के केंद्र में श्री आचार्य शंकर, श्रीकृष्ण, चैतन्य महाप्रभु एवं गौतम बुद्ध हुआ करते थे। गौतम बुद्ध की शिक्षाओं पर तो वे प्रायः गहन चिंतन-मनन किया करते थे। वस्तुतः गौतम बुद्ध का अपूर्व त्याग, उनकी अलौकिक साधना तथा असीम करुणा के प्रसंग नरेंद्र के अंतर्मन में प्रविष्ट होकर विशेष प्रभाव उत्पन्न कर रहे थे।

अप्रैल 1886 में एक दिन उनके हृदय में यह अभिलाषा उत्पन्न हुई कि बोधगया, जहाँ भगवान् बुद्ध को परम ज्ञान प्राप्त हुआ था, चला जाए। बस, फिर क्या था! बिना किसी को कुछ बताए अपने दो गुरुभाइयों—तारक (स्वामी शिवानंद) और काली (स्वामी अभयानंद) को साथ लेकर वे बोधगया के लिए प्रस्थान कर गए। वे लोग पहले गया गए, वहाँ फल्गु नदी में स्नान किया और फिर आठ मील पैदल चलकर बोधगया पहुँचे और बोधि मंदिर के नीचे काफी समय तक ध्यानस्थ रहे।

इधर उद्यान भवन में नरेंद्रनाथ तथा उन दोनों भक्तों को न देखकर समस्त भक्तगण चिंतित हुए। सभी संभावित स्थानों पर उनकी खोज की गई, परंतु वे नहीं मिले। तब रामकृष्ण परमहंस को यह बात बताई गई। बिना विचलित हुए उन्होंने कहा, "तुम लोग चिंता मत करो। वह लौट आएगा। इस स्थान को छोड़कर क्या वह अन्यत्र कहीं रह सकता है!"

उधर तीन दिनों तक ध्यानस्थ रहने के बाद नरेंद्रनाथ बोधगया से काशीपुर के बगीचेवाले मकान में लौट आए। उन्हें देखकर भक्तगण पुलकित हो उठे। यहाँ लौटकर उन्होंने अपने गुरुभाइयों को गौतम बुद्ध की जीवनानुभूतियों तथा उपदेशों का प्रेरणास्पद वर्णन किया।

11

आध्यात्मिक जागरण और परमहंस द्वारा महासमाधि

किसी भी प्रकार के कर्तव्य की उपेक्षा नहीं करनी चाहिए। जो व्यक्ति कोई छोटा या नीचा काम करता है, वह केवल इसी कारण ऊँचा काम करनेवाले की अपेक्षा छोटा या हीन नहीं हो जाता। मनुष्य की परख उसके कर्तव्य की उच्चता या हीनता की कसौटी पर नहीं होनी चाहिए, वरन् यह देखना चाहिए कि कर्तव्यों का पालन किस ढंग से करता है। मनुष्य की सच्ची पहचान तो अपने कर्तव्यों को करने की उसकी शक्ति और शैली में होती है!

—स्वामी विवेकानंद

मार्च 1886 में एक दिन नरेंद्रनाथ उद्यान भवन में प्रज्वलित अग्निकुंड के समक्ष ध्यानमग्न बैठे हुए थे। उस समय उन्हें अपने अंदर एक आध्यात्मिक शक्ति के जागरण की अनुभूति हुई। अपने एक गुरुभाई काली (स्वामी अभयानंद) से उन्होंने कहा कि वह उनके घुटने का स्पर्श करके बैठें। उन्होंने वैसा ही किया। इस स्पर्श के परिणामस्वरूप उन्हें एक तरह के वैद्युतिक झटके का एहसास हुआ। जब रामकृष्ण देव को इस बात की जानकारी मिली तब नरेंद्रनाथ को बुलाकर डाँटते हुए बोले, "संचय से पहले ही व्यय। तूने आज उसका कैसा अनिष्ट कर दिया, बोल तो?" फिर उन्होंने नरेंद्र को बताया कि काली द्वैतवाद के पथ पर अग्रसर हो रहा था, परंतु उसके अंदर अपना अद्वैतवाद बलपूर्वक प्रविष्ट कराकर तूने उसका अनिष्ट कर दिया। वैसे, उसे अभी अधिक नुकसान नहीं हुआ है। फिर उन्होंने यह समझाया कि उस शक्ति का प्रयोग कैसे करना होता है।

रामकृष्ण के निर्देशानुसार अब नरेंद्रनाथ के पाठ्य-ग्रंथ केवल पाश्चात्य दर्शन के ग्रंथ नहीं बल्कि 'उपनिषद्', 'अष्टावक्रसंहिता', 'पंचदशी', 'विवेक चूड़ामणि' आदि भी थे।

एक निस्तब्ध रात्रि में रामकृष्ण अपने कमरे में शय्या पर लेटे हुए थे। नरेंद्रनाथ उनके समीप ही खड़े थे। उन दोनों के अतिरिक्त वहाँ कोई नहीं था। नरेंद्रनाथ निर्विकल्प समाधि के निमित्त अपने 'ठाकुर' से कुछ कहना और माँगना चाहते थे, परंतु उनकी वाणी से कुछ निकल नहीं पा रहा था। रामकृष्ण उनकी मनःस्थिति को ताड़ गए। उन्होंने पूछा, "नरेन, तू चाहता क्या है?"

अंधे को क्या चाहिए?—दो आँखें। उपयुक्त अवसर को हाथ आया देखकर नरेंद्रनाथ बोल उठे, "शुकदेव की तरह निर्विकल्प समाधि द्वारा सदैव सच्चिदानंद-सागर में डूबे रहना चाहता हूँ।"

रामकृष्ण देव ने अपनी मद्धिम आवाज में, मगर मीठी फटकार लगाते हुए कहा, "बार-बार यही बात कहते हुए तुझे लज्जा नहीं आती? समय आने पर कहाँ तू वटवृक्ष की तरह बढ़कर सैकड़ों लोगों को शांति की छाया देगा और कहाँ आज अपनी ही मुक्ति के लिए व्यग्र है! इतना क्षुद्र आदर्श है तेरा?"

नरेंद्रनाथ की आँखों से आँसू बहने लगे। वे बोले, "निर्विकल्प समाधि रहने तक मेरा मन किसी भी तरह शांत नहीं होता है। और यदि वह नहीं हुआ तो मैं कुछ भी नहीं कर सकूँगा।"

"तू क्या अपनी इच्छा से करेगा? ज़गदंबा तेरी गरदन पकड़कर करा लेंगी। तू नहीं करेगा तो तेरी हड्डियाँ करेंगी।" रामकृष्ण ने कहा। फिर कुछ पल रुककर उन्होंने कहा, "अच्छा जा, निर्विकल्प समाधि होगी।"

अब नरेंद्रनाथ को थोड़ी राहत मिली। उसके कुछ दिन बाद शाम को ध्यान करते-करते नरेंद्रनाथ अप्रत्याशित रूप से निर्विकल्प समाधि में डूब गए। संतों-योगियों का मानना है कि उस समाधि की अवस्था कैसी होती है—इसका वर्णन अभी तक किसी भाषा में नहीं किया जा सका है और किया भी नहीं जा सकता।

समाधि के भंग होने पर उन्हें ऐसा प्रतीत हुआ कि उनके सिर के पिछले भाग में एक दीप जल रहा है। वह लघु आलोक-पुंज क्रमशः वर्धित होता हुआ अंततः विकीर्ण हो गया। नरेंद्रनाथ उस आलोक-सागर में डूबकर ब्रह्म-चेतना खो बैठे। कुछ समय के पश्चात् उन्हें सिर्फ अपने सिर के अस्तित्वमान रहने की अनुभूति हुई, शेष शरीर अस्तित्वहीन प्रतीत हुआ। उसी कमरे में ध्यान लगाने के लिए बैठने जा रहे अपने गुरुभाई गोपाल से उन्होंने चिंतित स्वर में पूछा, "मेरा शरीर कहाँ है?"

गोपाल को लगा कि नरेंद्रनाथ का अंतकाल सन्निकट है। वे दौड़कर रामकृष्ण देव के कमरे में गए; वहाँ उन्होंने पाया कि रामकृष्ण शांत एवं गंभीर मुद्रा में बैठे हुए हैं। जब गोपाल ने उन्हें पूरी बात बताई तो ठाकुर ने सहज भाव से कहा, ''अच्छा है, उसे थोड़ी देर उसी अवस्था में रहने दो। इसी के लिए तो वह मुझे काफी समय से तंग कर रहा था।''

नरेंद्रनाथ अपने साधना-स्थल पर थोड़ी देर तक उसी तरह बाह्य चेतना से शून्य रहे। जब वे सामान्य हुए तो उनका मुखमंडल दिव्य ज्योति से उद्भासित हो रहा था। वे प्रसन्न भाव से अपने 'ठाकुर' के पास पहुँचे। परमानंद से पुलकित होकर जब वे अपने गुरु के श्रीचरणों पर नतमस्तक हुए, तब उन्होंने (रामकृष्ण देव ने) कहा, ''अब तो माँ ने तुझे सबकुछ दिखा दिया; परंतु अब इस अनुभूति की चाबी मेरे पास रहेगी। कार्य पूर्ण हो जाने पर इसका ताला पुन: खोल दिया जाएगा।''

सामान्यतया इस तरह की समाधि का साधक के शरीर पर बहुत विध्वंसक परिणाम होता है। मात्र ईश्वरावतार तथा उनके संदेशवाहक ही उस परिणाम के अपवाद होते हैं और अपने शरीर को धारण रख सकते हैं। नरेंद्रनाथ भी वैसे ही अपवाद सिद्ध हुए। ऐसी अवस्था में भोजन आदि में जो सावधानी बरतनी चाहिए, रामकृष्ण ने उन्हें उससे अवगत कराया।

कुछ दिनों के पश्चात् एक दिन उन्होंने अपने शिष्यों से कहा, ''नरेन अपनी इच्छा मात्र से देहपात कर देगा। शीघ्र ही वह अपनी बौद्धिक तथा आध्यात्मिक शक्ति से जगत् को हिलाकर रख देगा। मैंने जगदंबा से प्रार्थना की है कि वह अभी माया के आवरण से उसकी आँखों को ढककर रखें और उसे अभी ब्रह्मज्ञान न दें। उसके द्वारा बहुत से कार्य संपन्न होने वाले हैं।''

सन् 1886 के जुलाई माह के अंत तक रामकृष्ण देव की स्थिति गंभीर हो गई। आहार के रूप में वे कोई तरल पदार्थ भी ग्रहण नहीं कर पाते थे। किसी तरह कुछेक शब्द बोल पाते थे, तो काफी पीड़ा सहकर। वैसी ही स्थिति में एक दिन उन्होंने नरेंद्रनाथ को पास बुलाया और कुछ देर तक उन्हें स्नेहपूर्वक देखते रहे। फिर गहन समाधि में डूब गए। कुछ ही क्षण पश्चात् नरेंद्रनाथ को अनुभूति हुई कि विद्युत्-प्रवाह की भाँति एक शक्ति, जिसके रूप और प्राबल्य का वर्णन नहीं किया जा सकता, उनके शरीर के अंदर प्रविष्ट होती जा रही है। वे शनै:-शनै: अपना ब्रह्मज्ञान खोते जा रहे हैं।

कुछ ही पलों के पश्चात् वे चेतनाशून्य हो गए। थोड़ी देर बाद जब उनकी चेतना लौटी तब उन्होंने पाया कि ठाकुर (रामकृष्ण देव) रो रहे हैं। जब नरेंद्रनाथ ने इस रुदन का कारण उनसे पूछा तो वे बोले, ''नरेन, तुझे अपना सर्वस्व देकर मैं आज फकीर हो गया हूँ। इस शक्ति के द्वारा तू जगत् के बहुत सारे कार्य संपन्न करेगा और उसके समाप्त होते ही अपने मूल स्थान को लौट जाएगा।''

नरेंद्रनाथ ने समझ लिया कि रामकृष्ण देव की जीवन-लीला अब समाप्त होने का समय आ रहा है। वे भी बच्चे की तरह रोने लगे—यह सोचकर कि गुरुदेव के बिना वे अपना जीवन कैसे जी सकेंगे। अपने भावों के आवेग को रोकना जब उनके लिए कठिन प्रतीत होने लगा तो वे कमरे से बाहर चले गए।

सन् 1886 के अगस्त माह की 15 तारीख को झूलन पूर्णिमा थी। उस दिन रामकृष्ण देव की हालत अत्यंत गंभीर हो गई। उनकी शय्या के चारों तरफ अश्रुपूरित नेत्रों से उन्हें देखते हुए खड़े उनके शिष्यों को यह स्पष्टतया प्रतीत होने लगा कि अब इनका अंतिम समय सन्निकट है। अपने परमप्रिय शिष्य नरेंद्रनाथ को उन्होंने संकेत से अपने पास बुलाया और बहुत ही धीमे स्वर में अपना अंतिम संदेश दिया। मध्य रात्रि के पश्चात् एक बजकर दो मिनट पर (अर्थात् 16 अगस्त) को उन्होंने अपनी परमप्रिय माँ (काली माता) का नाम तीन बार उच्चारित किया और फिर महासमाधि में डूबकर नश्वर शरीर को त्याग दिया।

समीप ही गंगातट पर स्थित श्मशान घाट पर उनका पुनीत शरीर अग्नि को समर्पित कर दिया गया।

12

वराहनगर मठ की स्थापना

कोई अपराधी इसलिए अपराधी नहीं है कि वह वैसा बनना चाहता है, वरन् इसलिए है कि उसका मन उसके वश में नहीं है और इस प्रकार वह अपने ही चेतन व अवचेतन मन का तथा अन्य प्रत्येक व्यक्ति के मन का दास है। उसे झख मारकर अपने चित्त की बलवती प्रवृत्ति का अनुसरण करना पड़ता है—उसे वह रोक नहीं सकता!

—स्वामी विवेकानंद

रामकृष्ण द्वारा महासमाधि लेने के पश्चात् उनके शिष्यों को अब एक ऐसे स्थान की आवश्यकता थी, जहाँ सभी मिलकर एक साथ रह सकें। रामकृष्ण नरेंद्रनाथ से पहले ही कह चुके थे, "नरेन, इन लड़कों का खयाल रखना।" इन लड़कों (शिष्यों) में से कुछ जैसे—तारक, बड़े गोपाल, लाटू आदि पहले ही अपने परिवार से संबंध विच्छेद कर चुके थे। रामकृष्ण के कहने का आशय यही था कि वे सर्वत्यागी बनकर एक साथ ही रहें, अपने-अपने घर न लौट जाएँ। नरेंद्रनाथ भी यही चाहते थे। परंतु समस्या यह थी कि वे जिस मकान में रहेंगे, उसका किराया तथा अन्य खर्च—कम-से-कम भोजन का—कौन वहन करेगा? नरेंद्रनाथ सोच रहे थे कि इस एकीकृत व्यवस्था के अभाव में तो उनके सभी या अधिकतर गुरुभाई इधर-उधर चले जाएँगे। इससे उस महापुरुष (रामकृष्ण) के आदर्श के प्रचार में बाधाएँ आएँगी। अब आवश्यकता इस बात की थी कि श्री गुरुदेव के सान्निध्य में उन गुरुभाइयों ने जो साधना की है और जो आदर्श प्राप्त किया है, उसे केंद्रीभूत किया जाए।

विवेकानंद की यह समस्या नगर के कुछ लोगों तक भी पहुँची। उन लोगों में से एक सुरेंद्रनाथ मित्र श्री रामकृष्ण देव के परम शिष्य थे। उन्होंने उदारतापूर्वक यह प्रस्ताव रखा कि आश्रम का व्यय-भार वे वहन करेंगे। इस प्रस्ताव से सभी गुरुभाइयों को, विशेषकर नरेंद्रनाथ को, खुशी हुई।

सुरेंद्रनाथ मित्र ने अपने वचनानुसार कलकत्ता के वराहनगर मोहल्ले (यह वही मोहल्ला था, जिसमें स्थित अपने एक मित्र के मकान में नरेंद्रनाथ को अपने पिता की मृत्यु का समाचार मिला था) में एक मकान किराए पर लिया। यह मकान पुराना और टूटा-फूटा तो था ही, एकदम वीरान-सा भी था। इसी कारण लोग इसे 'भुतहा मकान' कहा करते थे। लेकिन संन्यास-पथ पर अग्रसर हो रहे तरुणों के लिए ऐसी बातों का क्या अर्थ! वे जल्द ही (रामकृष्ण द्वारा शरीर-त्याग किए जाने के कुछ ही समय पश्चात् उनके देहावशिष्ट भस्म और अस्थियोंवाले ताम्र-कलश को लेकर) उद्यान-भवन से उस मकान में चले आए। यद्यपि यहाँ आते समय उनके नेत्र अश्रुपूरित थे, क्योंकि काशीपुर के उस भवन से उनकी और गुरुदेव की पवित्र लीला की अनेक स्मृतियाँ जुड़ी हुई थीं। फिर भी यहाँ आकर वे आनंदित थे।

यह स्थान 'वराहनगर मठ' के नाम से रामकृष्ण संघ के संन्यासियों का प्रथम केंद्र स्थापित हुआ।

इसी मकान के एक कमरे में समस्त युवा संन्यासियों ने ताँबे के एक पात्र में रामकृष्ण देव के अस्थिर अवशेष को रखा था और उसे ही जीवंत मानकर वे लोग उनकी पूजा प्रतिदिन किया करते थे।

नरेंद्रनाथ के लिए ये दिन काफी कठिनाई भरे थे। एक ओर दुविधाओं और कष्टों से घिरे उनके परिजन थे तो दूसरी ओर उनके युवा संन्यासी, जिनकी सम्यक् देखभाल करने का दायित्व रामकृष्ण देव ने उन्हें दे रखा था। उन्हें तो दोनों ही तरफ अपना ध्यान रखना था, किसी की उपेक्षा नहीं करनी थी, क्योंकि दोनों ही उनके लिए महत्त्वपूर्ण थे।

अत: दिन में नरेंद्र अपने घर चले जाते और वहाँ अपनी पारिवारिक समस्याओं का निवारण करने का प्रयास करते। शाम होते ही वे वहाँ से प्रस्थान करते और मठ में लौट आते। मठ में वे अपने सह-संन्यासियों को साधना में लगाए रहते। यहाँ उनकी उपस्थिति से ही सभी को आनंद एवं प्रेरणा की प्राप्ति होती थी।

किंतु कुल मिलाकर सबकुछ शांत एवं अनुकूल नहीं था। कई बच्चों (रामकृष्ण परमहंस के छोटे शिष्यों) को लेकर नरेंद्रनाथ के सामने दिक्कतें आने लगीं। कई गृही भक्त उन लोगों को पुन: सांसारिक जीवन व्यतीत करने का परामर्श देने लगे। कुछ बालकों (शिष्यों) को तो परीक्षा आदि के नाम पर उनके अभिभावक

अपने घर ले जाने में सफल हो गए। जो तब तक सफल नहीं हो पाए, वे अपने बच्चों को यह कहकर अपने घर चलने के लिए समझाने लगे कि देखो, नरेंद्रनाथ तो अपने घर आता-जाता रहता है, कहने भर के लिए संन्यासियों की तरह जीवन व्यतीत कर रहा है और तुम लोगों को घर-द्वार से दूर, माता-पिता तथा परिजनों से दूर यह कष्टप्रद जीवन जीने का उपदेश देता है।

ऐसी बात नहीं थी कि नरेंद्रनाथ इन सब बातों से अनभिज्ञ थे। उन तक सारी बातें येन-केन-प्रकारेण पहुँच ही जाती थीं, मगर वे कुछ बोल नहीं पाते थे। वे तो यह समझ रहे थे कि उन अभिभावकों की बातों और तर्कों में न्यूनाधिक सत्यता तो है ही। दूसरी तरफ वे अपने घर को भी नहीं छोड़ सकते थे। वे पूरी तरह अपने घर में नहीं रहते थे, मगर घर की देखभाल के लिए एक दृष्टि डालनी तो पड़ती ही थी और इस कारण न्यूनाधिक समय के लिए अपने घर जाना ही पड़ता था।

उन्हीं दिनों नरेंद्रनाथ तथा अन्य संन्यासियों के समक्ष एक नई समस्या आ खड़ी हुई। ऐसा एक विवाद भरा मुद्दा उठाए जाने के कारण हुआ। बात यों हुई कि रामकृष्ण परमहंस के एक भक्त रामचंद्र दत्त तथा अन्य भक्तों ने यह प्रस्ताव नरेंद्रनाथ के समक्ष रखा कि "तुम लोग साधु-संन्यासी हो। कब कहाँ रहोगे—यह सुनिश्चित-सुविदित नहीं है। अतः गुरुदेव (रामकृष्ण परमहंस) का देहावशेष हमें सौंप दो। हम उसे एक उचित स्थान पर रखेंगे और उसपर एक मंदिर का निर्माण कराएँगे।" उन्होंने (महात्मा रामचंद्र दत्त ने) उक्त प्रस्ताव में मंदिर के लिए कांकुड़गाछी स्थित अपने बगीचेवाले मकान को उत्सर्ग करने की घोषणा की; मगर बालक भक्त उनकी ऐसी किसी भी बात को मानने के लिए तैयार नहीं हुए। श्री गुरुदेव के देहावशेष को गृही भक्तों के हाथों में सौंपने की बात उन्होंने स्वीकार नहीं की। जिस ताम्रपात्र में देहावशेष रखा हुआ था, उसके रक्षक दो बालक-भक्त निरंजन और शशि तो उसे सौंपने की बात तक सुनने के लिए तैयार नहीं थे।

इन सारी बातों का परिणाम यह हुआ कि वहाँ वातावरण तनावपूर्ण हो गया। रामचंद्र दत्त उस देहावशेष को प्राप्त करने के लिए दल-बल का भी प्रयोग करने पर आमादा था। इससे ऐसा लगने लगा कि कोई अप्रिय घटना उत्पन्न हो सकती है। नरेंद्रनाथ के लिए यह बड़ी कठिन घड़ी थी। उस समय चुप रहना उनके लिए संभव नहीं था और फिर बोलते तो किसके पक्ष में? रामचंद्र दत्त के विरोध में बोलने से

स्थिति बिगड़ने की आशंका थी और उनके पक्ष में बोलना, अर्थात् उनके समक्ष समर्पण कर देहावशेष उन्हें सौंप देने की अनुमति अंतरात्मा दे नहीं रही थी, इसलिए भी कि बालक भक्त उसे सौंपने के पक्ष में नहीं थे और उनकी भावनाओं का दमन करना उन्हें उचित नहीं लगता था। लेकिन कोई कदम तो उठाना ही था। अंततः उन्होंने अपने गुरुभाइयों को बुलाया और कहा, "धर्म जगत् में महापुरुषों के अवशेष के संबंध में शिष्यों के मध्य विवाद तो कई बार हुए हैं, लेकिन इसका अर्थ यह नहीं कि इसलिए हम भी उसी रास्ते पर चलें। रामकृष्ण के शिष्यों ने उनके देहावशेष पर कलह किया था—इस प्रकार की लज्जाजनक घटना की स्मृति भविष्य की संतानों के लिए छोड़ जाना बहुत ही अनुचित होगा। अतः उन्हीं लोगों (रामचंद्र दत्त आदि) की इच्छानुसार काम होने दो। हम संन्यासी हैं, श्री रामकृष्ण के पवित्र जीवन से मिले महान् आदर्शों को अपने समक्ष रखकर जीवन को गढ़ना ही हमारा प्रधान कर्तव्य है और यही हमारी सर्वश्रेष्ठ संपत्ति है। यदि हम रामकृष्ण के आदर्शों को कार्यरूप में परिणत कर सकें तो देखना, समग्र जगत् हमारे समक्ष दंडवत् होगा।"

यह तो नरेंद्रनाथ के व्यक्तित्व और तेज का ही प्रभाव था कि शिष्यों ने इन बातों का प्रतिवाद नहीं किया। भस्म और अस्थि का कुछ भाग अपने पास रखकर शेष को ताँबे के पात्र के साथ गृही भक्तों को सौंपने के लिए वे तैयार हो गए। अंततः एक दिन उचित समय पर उन शिष्यों ने ऐसा ही किया। रामकृष्ण के गृही और संन्यासी भक्तों ने मिलकर कांकुड़गाछी के 'योगोद्यान' में पवित्र ताम्रपत्र को स्थापित कर दिया। इस तरह गुरुभाइयों के बीच कटुता समाप्त हुई। नरेंद्रनाथ ने अपने विवेक से उस कटुता को अंकुरावस्था में ही नष्ट कर दिया।

इसके पश्चात् नरेंद्रनाथ ने कुछ राहत की साँस ली। अब वे वराहनगर मठ में अधिक समय तक रहने लगे थे। जो संन्यासी युवक अपने अभिभावकों के दबाव में घर लौट गए थे और अपने परिजनों के साथ रहकर परीक्षा की तैयारी करने लगे थे, नरेंद्रनाथ उनके भी संपर्क में रहते थे। जैसे ही समय और अवसर मिलता, वे उनसे मिलते और संसार के समस्त संबंधों को तोड़कर पुनः वराहनगर में लौट आने के लिए प्रेरित करते। इन सब बातों से युवकों के अभिभावक पुनः चिंतित और भयातुर हो गए। वे अब फिर नरेंद्रनाथ को धमकियाँ देने लगे; लेकिन नरेंद्रनाथ इन सबसे चिंतित नहीं हुए। उन्होंने अपना काम निर्भयतापूर्वक जारी रखा। इसके सुपरिणाम शीघ्र ही दिखने

लगे—नरेंद्रनाथ से प्रेरित और उत्साहित होकर अनेक गुरुभाई पुनः एक-एक करके मठ में आकर रहने लगे।

इधर नरेंद्रनाथ की अपनी समस्याएँ भी कुछ कम होने लगीं। उनके घर के मामले में चल रहे मुकदमे में उनकी जीत हुई। इससे उनका परिवार काफी हद तक व्यवस्थित हो गया। इन सभी कारणों से वे स्थायी रूप से आकर मठ में रहने लगे। उन्हें तथा अन्य युवा संन्यासियों को सहायता देने और उत्साहित करने में रामकृष्ण परमहंस के प्रिय भक्तगण—गिरीशचंद्र घोष, बाबू बालराम वसु, महेंद्रनाथ गुप्त और सबसे बढ़कर सुरेंद्रनाथ मित्र आकर रहने लगे।

गुरुदेव रामकृष्ण परमहंस के लीला-संवरण से व्यथित भक्तों के लिए अब नरेंद्रनाथ एकमात्र अवलंब थे । वही उन सबकी आशाओं, अपेक्षाओं और आस्थाओं के केंद्र भी थे। उन्हीं के सान्निध्य में रहकर बिना भोजन किए या कम भोजन किए और बिना सोए या कुछ देर सोए—समस्त शारीरिक सुखोपभोग को दरकिनार करके सभी बाल-संन्यासी जप-तप-ध्यान आदि में रत रहते। शेष समय में श्री गुरुदेव के पवित्र चरित्र और उपदेशों की चर्चा करते तथा वेदांत, पुराण, भागवत आदि का पाठ करते। उन्होंने अपने इन समस्त गुरुभाइयों की सेवा तथा श्री रामकृष्ण की पूजा-आरती के लिए अपने जीवन को तो मानो समर्पित ही कर दिया था। वे उस प्रतिष्ठित मठ में रह रहे अपने गुरुभाइयों के गुरु, माता-पिता, रक्षक, पालक—सभी की भूमिका निभा रहे थे। उनकी इस सेवा और समर्पण-वृत्ति का हाल यह था कि कभी किसी बाल-संन्यासी को जबरन भोजन कराते तो कभी कई रातों से अनवरत जाग रहे किसी संन्यासी को जबरन सोने के लिए बिस्तर पर भेज देते।

इसी तरह नरेंद्रनाथ भी समस्त बाल संन्यासियों का पूरा ध्यान रखते थे। ब्राह्म मुहूर्त में ही वे अपनी शय्या छोड़कर उठ जाते और गंभीर स्वर में गुरुभाइयों को संबोधित करते हुए कहते, ''हे अमृतपुत्रो! अमृत का पान करने हेतु जागो।''

निद्रा-त्याग के उपरांत वे सभी जप-तप आदि समाप्त करते और फिर एक कमरे में एकत्र होते। वहाँ नरेंद्रनाथ कभी 'गीता' का पाठ करके उन्हें सुनाते तो कभी ईशानुसरण का। कभी वे 'कर्मण्येवाधिकारस्ते मा फलेषु कदाचन' कहकर गुरुमाताओं को अनुप्राणित करते। कभी-कभी गीता-पाठ बंद करके कहते, ''क्या होगा गीता-पाठ करके? श्री रामकृष्ण कहा करते थे—'गीता-गीता' कहने की

बजाय उसका लगभग उलट शब्द 'त्यागी-त्यागी' कहना चाहिए और अपने अंतर्मन में 'त्यागी' शब्द रचा-बसा लेना चाहिए—कामिनी-कंचन का त्याग करने के लिए।''

श्री रामकृष्ण परमहंस के संबंध में नरेंद्रनाथ कभी-कभी कहा करते थे, ''प्रभु की इच्छा से मुझे एक ऐसे व्यक्ति के सान्निध्य में रहने का सुअवसर प्राप्त हुआ, जो एक ओर पक्के द्वैतवादी थे तो दूसरी ओर घोर अद्वैतवादी; एक ओर परम भक्त थे तो दूसरी ओर परम ज्ञानी।''

नरेंद्रनाथ आगे कहते, ''मनुष्य गढ़ना ही हमारे जीवन का उद्देश्य होना चाहिए। यही हमारी एकमात्र साधना है। विद्या का वृथा गर्व छोड़ दो। भले ही कोई मतवाद उत्कृष्टतम हो अथवा कोई तर्क बड़ी सूक्ष्म युक्तिवाला हो, परंतु उसकी क्या आवश्यकता? ईश्वर की अनुभूति ही जीवन का एकमात्र लक्ष्य है। श्री रामकृष्ण इसी आदर्श को दरशा गए हैं। हम उनके आदर्श जीवन का ही अनुकरण करेंगे।''

नरेंद्रनाथ के बाल-सखा (बाल-संन्यासीगण) उनकी इन बातों को न सिर्फ ध्यानपूर्वक सुनते, बल्कि श्रद्धा के साथ उनका पालन भी करते।

यद्यपि सुरेंद्रनाथ मित्र ने संन्यासियों के दैहिक अभावों की पूर्ति का दायित्व अपने ऊपर ले लिया था, किंतु वे वैसा कर नहीं पा रहे थे। इसका कारण संभवत: यह था कि वे सांसारिक कार्यों में व्यस्त रहते थे। वे स्वयं जाकर वहाँ की आवश्यक वस्तुओं के संबंध में पूछताछ नहीं कर पाते थे। बाल-संन्यासी प्राय: अन्न के अभाव में भूखे रह जाते थे, परंतु सुरेंद्रनाथ बाबू को सूचित नहीं करते थे। प्रभु की इच्छा से जिस दिन उन सभी को बिना किसी से माँगे जो कुछ मिल जाता था उस दिन वे उसे प्रसाद समझकर ग्रहण कर लेते थे। उन सभी के पास कुछ वाद्ययंत्र भी थे। जब उन्हें ज्ञान, भक्ति, योग, कर्म, दर्शन आदि पर चर्चा के बाद शुष्कता की अनुभूति होती तो वे भक्ति-संगीत से स्वयं को सराबोर कर लेते। कभी-कभी नरेंद्रनाथ अपनी विनोदपूर्ण बातों से उन सभी के बीच हास्य का संचार कर देते। इन सबके बावजूद वे अपने संन्यासी जीवन के मुख्य उद्देश्य की प्राप्ति के मार्ग से लेशमात्र भी विचलित नहीं होते।

नरेंद्रनाथ प्राय: अर्द्धरात्रि तक अपने गुरुभाइयों के साथ बैठकर भजन गाते रहते। अड़ोस-पड़ोस में रहनेवाले लोगों को इससे असुविधा होती; किंतु वे भी विवश

थे।

आखिरकार एक दिन कुछ गृही शिष्यों ने इन किशोर शिष्यों से पूछ ही लिया कि क्या सांसारिक सुख-सुविधाओं का त्याग करने मात्र से तुम लोगों को ईश्वर का दर्शन हो जाता है? नरेंद्रनाथ ने इस प्रश्न का उत्तर देते हुए कहा, ''आप क्या समझते हैं, यदि हमें ईश्वर की प्राप्ति नहीं भी होती है तो क्या हम जीवन की उच्च साधना छोड़कर इंद्रियपरक जीवन अपना लें?''

एक दिन सुरेंद्रनाथ मित्र को यह ज्ञात हो गया कि संन्यासियों को घोर अभाव का जीवन बिताना पड़ रहा है। उन्होंने गोपाल नामक एक युवक की माँ तथा छोटे भाइयों के प्रतिपालन का दायित्व स्वयं ग्रहण कर लिया और उसे (गोपाल को) मठ में भेज दिया। उनके आदेश का पालन करते हुए वह जब यह देखता कि मठ में किसी चीज की आवश्यकता है तो उन्हें खबर कर देता। तत्पश्चात् उस चीज की आपूर्ति कर दी जाती थी। सुरेंद्रनाथ मित्र प्राय: कहा करते थे, ''इन लोगों के सभी तरह के अभावों को दूर करना मेरा पुनीत कर्तव्य है, क्योंकि ये लोग मेरे गुरुभाई हैं।''

यहाँ यह उल्लेखनीय है कि श्री रामकृष्ण परमहंस की इस शिष्यमंडली ने एक अनुष्ठान किया और अपने जीवन-जगत् के हित एवं अपने मोक्ष के लिए निज-जीवन समर्पित कर दिया। उन लोगों ने सांसारिक जीवन से अपना संबंध विच्छेद करके अपने नए नाम रख लिये, जो इस प्रकार थे—

नरेंद्रनाथ	—	स्वामी विवेकानंद
निरंजन	—	स्वामी निरंजनानंद
राखाल	—	स्वामी ब्रह्मानंद
लाटू	—	स्वामी अद्‍भुतानंद
शशि	—	स्वामी रामकृष्णानंद
शरत्	—	स्वामी शारदानंद
शारदा प्रसन्न	—	स्वामी त्रिगुणातीतानंद
सुबोध	—	स्वामी सुबोधानंद
हरिनाथ	—	स्वामी तुरीयानंद
हरिप्रसन्न	—	स्वामी विज्ञानानंद
गंगाधर	—	स्वामी अखंडानंद

गोपाल (बड़े)	—	स्वामी अद्वैतानंद
योगीन	—	स्वामी योगानंद
बाबूराम	—	स्वामी प्रेमानंद
काली	—	स्वामी अभेदानंद
तारक	—	स्वामी शिवानंद।

यहाँ यह भी उल्लेखनीय है कि नरेंद्रनाथ ने 'स्वामी विवेकानंद' नाम तो सन् 1893 में अमेरिका जाने से पहले ग्रहण किया था। उससे पूर्व वे स्वयं को समाज में गोपनीय रखने के लिए 'विविदिषानंद' तथा 'सच्चिदानंद' नामों का उपयोग करते थे। उनके अमेरिका प्रस्थान करने के प्रसंग के पूर्व तक हम यहाँ उनके लिए 'स्वामीजी' शब्द का ही प्रयोग करेंगे।

वराहनगर मठ में कुछ दिनों तक रहने के पश्चात् तीर्थस्थलों के भ्रमण की आकांक्षा कुछ संन्यासियों के हृदय में प्रबल हो उठी। उन दिनों नरेंद्रनाथ किसी कार्य से कलकत्ता गए हुए थे। उन्हीं दिनों एक-दो संन्यासियों ने यह समझा कि तीर्थस्थल हेतु प्रस्थान करने का सर्वथा उपयुक्त समय यही है, क्योंकि नरेंद्रनाथ के रहने पर तो प्रस्थान करना शायद संभव न हो पाए; वे जाने ही न दें। यही सोचकर उनमें से एक बाल-संन्यासी शारदा प्रसन्न प्रस्थान कर गए।

जब विवेकानंद कलकत्ता से लौटे तो उन्हें मालूम हुआ कि बाल-संन्यासी शारदा प्रसन्न (त्रिगुणातीतानंद) चुपचाप मठ छोड़कर कहीं चले गए हैं। इस बात से स्वामीजी को बहुत चिंता हुई कि मठ से बाहर की दुनिया से लगभग पूरी तरह अनभिज्ञ वह बाल-संन्यासी पता नहीं कहाँ और किस स्थिति में होगा? उन्होंने राखाल (स्वामी ब्रह्मानंद) से कहा, ''तुमने उसे क्यों जाने दिया? उसके लिए मेरा मन व्याकुल हुआ जा रहा है। देखो तो सही, मैं कैसी विकट स्थिति में फँस गया हूँ। मैं एक संसार (घर-द्वार) छोड़कर आया और यहाँ एक नया माया का संसार जोड़ बैठा हूँ।''

उसी समय एक अन्य शिष्य ने उन्हें एक पत्र लाकर दिया। वह पत्र शारदा प्रसन्न का ही था। उसमें उन्होंने लिखा था—''मैं पैदल श्रीवृंदावन जा रहा हूँ। यहाँ पर रहना मेरे लिए असंभव हो गया है। यहाँ समय-समय पर अपने माता-पिता, घर-परिजन आदि के स्वप्न आते रहते हैं। मैंने स्वयं को काफी नियंत्रित करने की कोशिश

की, फिर भी प्रबल आकर्षण के कारण दो-दो बार घर जाकर मुझे अपने परिजनों से मिलना पड़ा। पता नहीं, किस समय मन की दिशा बदल जाए। माया के इस पंजे से छुटकारा पाने के लिए दूर जाने के अलावा और कोई उपाय मेरे सामने नहीं है।''

पत्र पढ़कर स्वामीजी की मुखमुद्रा गंभीर हो गई। उनके मुख से इतना ही निकला—''अब समझा, शारदा क्यों चला गया! मैं भी अब उसी की तरह महसूस कर रहा हूँ।'' फिर स्वामीजी ने सोचा—'लेकिन अब तो नई समस्या उत्पन्न हो जाएगी। अब सारे बाल-संन्यासी तीर्थस्थान और भ्रमण के लिए जाने को उद्यत होंगे। तब तो मठ खाली हो जाएगा। यह तो अच्छी बात नहीं होगी।' फिर उन्होंने सोचा, 'होने दो मठ को खाली। मैं भला कौन होता हूँ, जिसके आदेश को ये सभी सदा मानकर चलें। नहीं, अब तो मुझे भी इस माया के बंधन को तोड़ना होगा।' और फिर उन्हीं दिनों उन्होंने स्वयं भी मठ छोड़कर कहीं दूर चले जाने का निर्णय कर लिया। सन् 1888 के प्रारंभ में वे वराहनगर मठ से तीर्थ-स्थानों के लिए प्रस्थान कर गए।

इससे पूर्व भी वे दो बार मठ से किसी अज्ञात स्थान के लिए प्रस्थान कर चुके थे—पहली बार वे आँटपुर गए थे और दूसरी बार सिमुलतला। बाद में वे इन दोनों स्थानों पर और कई बार गए। स्वामीजी के जीवन-चरित्र विषयक लगभग दो दर्जन पुस्तकों के पठनोपरांत यह निष्कर्ष निकलता है कि उस अवधि में वे चाहे जहाँ कहीं भी गए, आँटपुर या सिमुलतला या फिर उसके बाद वाराणसी अथवा और कोई भी स्थान, वहाँ से कहाँ-कहाँ गए, किस-किससे मिले, क्या-क्या बात हुई, कहाँ-कहाँ कितने-कितने दिन रहे—इन सभी बातों का कोई प्रामाणिक उल्लेख कहीं नहीं मिलता। इसका कारण यह है कि स्वामीजी स्वयं कभी डायरी जैसा वृत्तांत लिखते नहीं थे और उपर्युक्त बातों का दूसरा कोई साक्षी भी नहीं था। उन स्थानों से उन्होंने जो गिने-चुने लोगों के पास पत्र भेजे, उनके आधार पर उन-उन स्थानों पर जिन लोगों की भेंट उनसे हुई, उनके द्वारा दी गई जानकारियों के आधार पर एक अनुमानित निष्कर्ष निकाला गया है कि वे कब कहाँ रहे। हाँ, यहाँ यह बात सही है कि स्वामीजी पर लिखी गई पुस्तकों में ऐसी बातों का वर्णन माह और वर्ष सहित किया गया है, लेकिन वे सब प्रामाणिक नहीं हैं। अस्तु।

13

परिव्राजक विवेकानंद

समष्टि से प्रेम किए बिना हम व्यष्टि से कैसे प्रेम कर सकते हैं? ईश्वर ही वह समष्टि है। सारे विश्व का यदि एक अखंड रूप से चिंतन किया जाए तो वही ईश्वर है और उसे पृथक्–पृथक् रूप से देखने पर वही यह दृश्यमान संसार है–व्यष्टि है! समष्टि वह इकाई है, जिसमें लाखों छोटी–छोटी इकाइयों का योग है। इस समष्टि के माध्यम से ही सारे विश्व को प्रेम करना संभव है।

–स्वामी विवेकानंद

सन् 1888 के प्रारंभ में स्वामीजी मठ से प्रस्थान करके सबसे पहले बिहार पहुँचे। वहाँ काफी दिनों तक विभिन्न शहरों में भ्रमण करने के उपरांत वे काशीधाम पहुँचे। वहाँ द्वारकादास आश्रम में ठहरे। वहाँ भिक्षाटन करके उदरपूर्ति करना, गंगातट पर ध्यान लगाना, मंदिरों में जाकर देवी–देवताओं के दर्शन करना, जप–तप करना, साधु–संन्यासियों के साथ सत्संग करना ही उनकी दिनचर्या थी।

अत्यंत पुरातन काल से ही साधु–संन्यासियों की अमृत वाणी से तृप्त और धन्य हो चुकी वाराणसी नगरी का संबंध अनेक सिद्ध पुरुषों, संतों, महापुरुषों, आचार्यों (जैसे—गौतम बुद्ध, शंकर, चैतन्य आदि) के पुनीत संस्पर्श से और अधिक पावन हो चुकी थी। ये सभी महाविभूतियाँ अपने संदेश का प्रचार करने से पूर्व, संभवत: ईश्वर की अनुभूति लेने के प्रयोजन से, वहाँ गई थीं। स्वामीजी का भी आगमन संभवत: इसी पुनीत उद्देश्य से प्रेरित–अनुप्राणित था। वस्तुत: वहाँ पुण्य सलिला भागीरथी के शांत प्रवाह, भक्तिपूर्ण परिवेश और अमूल्य शांति से कोई भी व्यक्ति वर्णनातीत आत्मिक ऊर्जा से परिपूर्ण हो जाता है। स्वामीजी को भी संभवत: इन सारी विशेषताओं ने आकर्षित किया था। उन्होंने वहाँ संत–महात्माओं के दर्शन किए। उनमें तैलंग स्वामी भी थे, जो गंगातट पर रहकर निरंतर ध्यान में रत रहते थे। वे स्वामी भास्करानंद से भी

मिले। वार्त्तालाप के दौरान उन्होंने (स्वामी भास्करानंद ने) कहा कि कोई भी व्यक्ति काम-कांचन के लोभ पर पूर्णत: विजय नहीं पा सकता। स्वामीजी उनकी इस बात से सहमत नहीं थे, क्योंकि वे स्वयं प्रत्यक्ष तौर पर श्री रामकृष्ण परमहंस देव को देख चुके थे, जिन्होंने इन विकृतियों-विरूपताओं पर पूर्णत: नियंत्रण पा लिया था।

अनुचित बातों को यथावत् स्वीकार कर लेना स्वामीजी का स्वभाव नहीं था। उनके उक्त विचार का प्रतिवाद करते हुए उन्होंने विनम्र शब्दों में कहा, "आप क्या कह रहे हैं, महाराज? ऐसे अनेक संन्यासी हैं, जो पूर्ण रूप से कामिनी-कंचन की स्पृहा पर विजय प्राप्त करने में समर्थ हुए हैं।" और फिर उन्होंने श्री रामकृष्ण परमहंस देव का उल्लेख किया।

भास्करानंदजी ने मुसकराकर कहा, "तुम अभी बच्चे हो। इस आयु में यह बात नहीं समझ पाओगे।"

अपने गुरुदेव के निर्मल और पावन चरित्र के समक्ष इस तरह संदेह की प्रतिमा खड़ी करते देख वे स्वामी भास्करानंदजी के उक्त वाद का प्रतिवाद दृढ़तापूर्वक करने को उद्यत हो गए। स्वामीजी (नरेंद्रनाथ) के तार्किक एवं युक्तिपूर्ण वचनों को सुनकर उपस्थित साधु-संन्यासी तथा अन्य लोगों के अतिरिक्त स्वयं स्वामी भास्करानंद भी अत्यंत विस्मित हुए, जिनकी अलौकिक विद्वत्ता लोकों को विकीर्ण करती है; जिनके सामने बड़े-बड़े धनपति और ज्ञानी कुछ बोलने का साहस नहीं कर पाते हैं, उनके समक्ष अपना सिर झुकाकर आशीर्वाद से ही स्वयं को कृतार्थ मानते हैं, उन (भास्करानंदजी) की बातों को दृढ़तापूर्वक काटकर अपनी बात को जोरदार तरीके से सामने रखना कम साहस की बात नहीं थी। उनकी बातों से भास्करानंदजी भी प्रभावित हुए। उस समय वहाँ उपस्थित अपने शिष्यों तथा अन्य लोगों को संबोधित करते हुए उन्होंने स्वामीजी के बारे में कहा, "इसके कंठ पर सरस्वती विराजमान है। इसके हृदय में ज्ञानलोक प्रदीप्त हुआ है।"

अपनी प्रशंसा में कहे गए इस वाक्य से स्वामीजी प्रसन्न नहीं हुए। चूँकि उनके गुरुदेव के संबंध में अनादरसूचक बातें कही गई थीं, इसलिए विरोध-स्वरूप वे वहाँ से उठकर चले गए।

काशी में ही एक दिन कुछ बंदर उनके पीछे लग गए। उनसे बचने के लिए वे तेज-तेज भागने लगे। आगे-आगे वे और पीछे-पीछे बंदर। उसी समय उनके कानों में

किसी की आवाज आई, "ठहरो, डटकर सामना करो।" पल भर रुककर उन्होंने देखा—यह कहनेवाला कोई और नहीं, एक संन्यासी था। तत्क्षण उन्हें एहसास हुआ कि इस बात में दम है। वे ठहर गए और फिर निर्भय होकर उन बंदरों की तरफ देखा। उन्हें आश्चर्य हुआ कि इस तरह देखते ही बंदर इधर-उधर भाग गए।

बाद में, अपने विभिन्न व्याख्यानों के दौरान वे कभी-कभी अपने श्रोताओं के समक्ष इस प्रसंग का वर्णन करते थे और साथ ही यह भी बताते थे कि विपत्तियों से भयभीत होकर या दुःखी होकर संसार से पलायन करने का विचार हृदय में कभी नहीं लाना चाहिए, बल्कि साहसपूर्वक उसका सामना करना चाहिए। ऐसा करने पर निश्चय ही विपत्तियाँ स्वयं पलायन कर जाती हैं।

कुछ दिनों तक काशी में रहने के उपरांत स्वामीजी वराहनगर मठ में लौट आए। यहाँ वे पुनः जप-तप, ध्यान और धर्म-चर्चा में रत हो गए। साथ ही स्वाध्याय में भी डूबे रहते। इन सभी कार्यों के बीच उनके हृदय में प्रायः यह प्रश्न घुमड़ता रहता कि वेदांत-दर्शन की आत्मा का दिव्यत्व तथा जगत् का अखंडत्व क्या ग्रंथों तक ही सीमित रह जाएगा? क्या जीवन की परेशानियों से जूझ रहे आम आदमी की समस्याओं के संदर्भ में इनकी कोई उपयोगिता नहीं है? आखिर क्यों एक साधारण आदमी वेदांत के आलोक से केवल इसलिए वंचित रह जाए कि उसकी पैठ शास्त्रों में नहीं है?

इन्हीं सारे प्रश्नों और विचारों के कारण उन्होंने अपने गुरुभाइयों को प्रचार-कार्य के लिए प्रोत्साहित किया, परंतु गुरुभाई तो अपनी मुक्ति के लिए ही व्यग्र थे। संभवतः यही कारण था कि वे लोग उनकी (स्वामीजी की) बातों से सहमत नहीं हुए। तब थोड़ा नाराज होकर उन्होंने (स्वामीजी ने) कहा, "तुम सभी तो प्रचार-कार्य में लगे हो, लेकिन तुम लोग यह कार्य अनजाने में कर रहे हो, ज़बकि अब मैं सायास करूँगा। मेरे गुरुभाई होकर भी यदि तुम लोग मेरे मार्ग में बाधक बनोगे तो भी मैं नहीं मानूँगा। मैं दीन-हीन और चांडालों की कुटिया में जाकर भी प्रचार करूँगा।"

इसके कुछ दिनों के पश्चात् स्वामीजी पुनः काशी पहुँचे। वहाँ रामकृष्ण परमहंस देवजी के एक अंतरंग शिष्य स्वामी अखंडानंदजी ने स्वामीजी का परिचय संस्कृत, साहित्य और वेदांत दर्शन के प्रकांड विद्वान् बाबू प्रमदादास मित्र से कराया। प्रथम परिचय में ही स्वामीजी के हृदय में प्रमदादासजी के प्रति श्रद्धा उत्पन्न हो गई।

उसके बाद तो वे दोनों हिंदू समाज की प्रथाओं तथा शास्त्र के गूढ़ प्रसंगों की मीमांसा आपसी बातचीत या पत्रों द्वारा करने लगे।

अगस्त 1888 में स्वामीजी ने हाथ में दंड-कमंडलु लिये वाराणसी से प्रस्थान किया। उत्तर भारत के कई स्थानों का भ्रमण करते हुए वे अयोध्या पहुँचे। भगवान् राम के जीवन से जुड़े कई प्रसंगों ने उनके हृदय में श्रद्धा-भाव विकसित किए। वहाँ उन्होंने रामनामी संन्यासियों के साथ श्रीराम-नाम संकीर्तन में कुछ दिन बिताए। उसके बाद वे लखनऊ की ओर चले। मुसलमान नवाबों द्वारा बनाए गए उद्यानों और हवेलियों के शहर लखनऊ ने उन्हें भाव-विभोर कर दिया। वहाँ से उन्होंने वृंदावन की ओर प्रस्थान किया। वृंदावन जाने के रास्ते में ही उन्होंने देखा कि सड़क के किनारे एक आदमी निश्‍चित होकर तंबाकू पी रहा था। स्वामीजी कुछ पल के लिए रुके और हाथ बढ़ाकर उस आदमी से चिलम माँगी। उस आदमी ने देखा कि एक युवा संन्यासी, जिसके मस्तक से तेज चमक रहा है, उससे चिलम माँग रहा है तो संकोच और भय के मिले-जुले भाव उसके हृदय में उत्पन्न हुए। उसने कहा, ''महाराज, मैं जाति से भंगी हूँ।''

''भंगी, यानी मेहतर।'' स्वामीजी ने यह सुना तो उनका हाथ स्वत: पीछे हट गया। वे अपने मार्ग पर आगे बढ़ने लगे। किंतु कुछ दूर जाने पर मानो उनकी चेतना लौटी। उन्होंने सोचा, 'ओह, धिक्कार है मुझे। अब तक मैंने आत्मा के एकत्व पर ध्यान दिया है। मैंने तो कुल, जाति, मान—सभी को त्यागकर संन्यास ले लिया है। फिर उसकी जाति (मेहतर) जानने के बाद मेरा जाति-अभिमान भला क्यों जाग गया! उसे 'अछूत' मानकर उसकी चीज छुए बिना मैं आगे क्यों बढ़ गया? उसकी छुई हुई चिलम मैंने क्यों नहीं ली? क्या अपने पूर्व संस्कारों पर विजय प्राप्त करना सचमुच कठिन है?'

स्वामीजी वापस उस भंगी के समीप पहुँचे। उन्होंने उससे चिलम भरवाई और उसके साथ ही बैठकर उसका आनंद लिया। तत्पश्‍चात् ही वे आगे बढ़े। तब उनके चित्त को असीम सुख प्राप्त हुआ।

बाद में वे अपने शिष्यों को संबोधित करते समय कभी-कभी यह प्रसंग सुनाया करते थे और बताया करते थे कि आत्माभिमान से रहित होकर समस्त मानव जगत् में समबुद्धि की रक्षा करने के दुष्कर आदर्श का पालन बड़ी सतर्कता से करना पड़ता है। जब वे वृंदावन पहुँचे तो आरंभ में यह स्थान उन्हें काफी अच्छा लगा। वहाँ के हरे-भरे

मैदानों में सुंदर गायों को विचरण करते देखकर उन्हें श्रीकृष्णलीला के प्रसंग स्मरण आने लगे।

एक दिन स्वामीजी स्नान करने के लिए राधाकुंड पहुँचे। तब वह स्थान प्रायः सुनसान और निर्जन रहा करता था। स्वामीजी के पास एक ही वस्त्र (कौपीन) था, जिसे उन्होंने धारण कर रखा था। उन्होंने कौपीन को धोकर वहीं तट पर स्थित एक वृक्ष की डाल पर फैला दिया और स्वयं नहाने चले गए। जब वे स्नान करके बाहर निकले तो देखा कि उनका कौपीन वहाँ नहीं है। उन्होंने इधर-उधर देखा तो पाया कि एक वृक्ष की डाल पर एक बंदर उसे लिये बैठा है। चूँकि उस समय उनके शरीर पर कोई वस्त्र नहीं था, अतः वे बाहर नहीं आए। जल में खड़े-खड़े ही उन्होंने उस बंदर से वह कौपीन माँगा। काफी देर तक माँगते रहे, मगर बंदर ने कौपीन नहीं लौटाया।

स्वामीजी बड़ी दुविधा में थे। उनके शरीर पर कोई वस्त्र नहीं था और इस अवस्था में वे बाहर नहीं निकल सकते थे। अधिक समय तक जल में खड़े भी नहीं रहा जा सकता था। वहाँ कोई और था भी नहीं, जिससे वे कोई सहायता माँगते। कुछ पलों के पश्चात् उनका व्यथित हृदय स्वाभिमान से भर उठा। उसी अवस्था में जल से निकलकर वे घने जंगल में घुस गए। उन्होंने दृढ़ निश्चय कर लिया कि जब तक वस्त्र नहीं मिलेगा तब तक वे जंगल में विचरण करते रहेंगे, भले ही खाने के लिए कुछ भी न मिले।

अभी वे कुछ ही दूर गए थे कि पीछे से कोई व्यक्ति उन्हें पुकारने लगा। मुड़कर देखा तो एक व्यक्ति तेजी से उनकी ओर चला आ रहा था। स्वामीजी ने उसकी बात अनसुनी कर दी और आगे बढ़ते रहे। कुछ ही पलों बाद वह आदमी दौड़कर उनके पास आया। स्वामीजी ने देखा कि उस आदमी के हाथ में एक गेरुआ वस्त्र है और कुछ खाद्य पदार्थ भी।

उस व्यक्ति ने अनुरोध किया कि वे उन दोनों चीजों को ग्रहण करें। उसकी आवाज में ऐसा आकर्षण था कि स्वामीजी मना न कर सके। उन्होंने दोनों चीजें ग्रहण कर लीं। लेकिन आश्चर्य! अगले ही क्षण वह व्यक्ति वहाँ से गायब हो गया। स्वामीजी विस्मित हुए। यह तो स्वाभाविक ही था कि वे एक अवर्णनीय आलोक से परिपूरित हो जाएँ।

उन्होंने वस्त्र पहना तथा खाद्य पदार्थ को उदरस्थ किया, फिर पुनः राधाकुंड के

पास लौटकर आए। वहाँ यह देखकर और भी विस्मित हुए कि उनका कौपीन सुरक्षित रखा हुआ था, जहाँ उन्होंने उसे सूखने के लिए फैलाया था। वे भाव-विभोर हो गए और भगवान् कृष्ण की भक्ति से पूर्ण होकर भजन गाने लगे। वह दिन कैसे व्यतीत हो गया, उन्हें पता ही नहीं चला।

रात्रि समाप्त ही होने वाली थी। सूर्योदय की लालिमा अब विकीर्ण होने वाली थी। लंबे भ्रमण के कारण भूख और प्यास से व्याकुल स्वामीजी एक वृक्ष के नीचे बैठे थे। पास ही से सड़क जा रही थी। उसी समय हाथरस के रेलवे स्टेशन मास्टर शरतचंद्र गुप्त रात्रि पाली की अपनी ड्यूटी समाप्त करके उस रास्ते से अपने घर जा रहे थे। वृक्ष के नीचे दिव्य आभा से युक्त मुखमंडलवाले स्वामीजी को जब उन्होंने देखा तो बस, खड़े होकर उन्हें देखते रह गए। फिर उनके चरण-स्पर्श करके कहा, "आप भूख-प्यास और थकान के कारण व्यथित दिख रहे हैं। कृपया मेरे घर पधारकर विश्राम करें। मैं धन्य होऊँगा।"

स्वामीजी ने कुछ विशेष नहीं कहा। अपनी मृदुल मुसकान बिखेरते हुए वे वहाँ से उठे और शरत बाबू के साथ हो लिये।

कुछ ही समय बाद स्वामीजी शरत बाबू के साथ उनके घर पर पहुँच गए। वह क्षण शरत बाबू के लिए अवर्णनीय था। वे आनंदातिरेक में झूम रहे थे। स्वामीजी के समक्ष उसी समय उन्होंने अपने तन-मन को अर्पित कर दिया था। पूरे भक्तिभाव से उन्होंने स्वामीजी को भोजन कराया और फिर कहा, "महाराज, मैं बहुत दिनों से अपने ज्ञानचक्षु को खोलना चाह रहा था, मगर आप जैसा कोई सक्षम गुरु अभी तक मुझे नहीं मिला था। सौभाग्यवश आज आपके दर्शन हो गए। कृपया अब आप मुझे आत्मज्ञान दीजिए।"

स्वामीजी मुसकराए, मगर तुरंत कुछ नहीं कहा। वे एक भजन गाने लगे, जिसका भावार्थ था—'अगर तुम मेरा प्रेम पाना चाहते हो तो अपने इस सुंदर मुख पर राख मलकर आओ। बोलो, क्या तुम ऐसा कर पाओगे?'

शरत बाबू ने समझ लिया कि मेरी परीक्षा ली जा रही है और थोड़ी सी शर्तों के साथ स्वामीजी मुझे अपना शिष्य बनाने के लिए एक तरह से सकारात्मक संकेत दे रहे हैं। उन्हें यही तो चाहिए था। वे तो आत्मज्ञान की प्राप्ति हेतु पूरी तरह समर्पित हो चुके थे।

शरत बाबू ने तत्क्षण उत्तर दिया, ''गुरुदेव, मैं आपका आज्ञाकारी शिष्य हूँ। आप जो भी आदेश देंगे, मैं बिना विचारे उसका पालन करूँगा।''

स्वामीजी ने उनसे कुछ कहा नहीं, उनके मुखमंडल को अपलक देखते रहे।

स्वामीजी ने शरत चंद्र को अपना शिष्य बना लिया। बाद में शरत बाबू ने एक बार कहा था, ''मैंने उन (स्वामीजी की) दो अद्‍भुत आँखों का अनुसरण किया था।''

स्वामीजी जब तक हाथरस में रहे, अपने भक्तों एवं प्रशंसकों के साथ धर्म-चर्चाएँ कीं, उनके प्रश्नों के उत्तर देकर उनकी जिज्ञासा-पिपासा को शांत करने का यथासंभव प्रयास किया और भजन सुना-सुनाकर सभी को भाव-विभोर करते रहे।

एक दिन शरतचंद्र ने देखा कि स्वामीजी एकांत में मौन बैठे थे। उनके मुखमंडल पर चिंता की रेखाएँ स्पष्ट दृष्टिगोचर हो रही थीं। शरतचंद्र ने पूछा, ''स्वामीजी, आज आप चिंतातुर दिखाई दे रहे हैं। आखिर कारण क्या है?''

थोड़े आहत स्वर में उन्होंने कहा, ''वत्स, मेरे जीवन का एक महान् उद्‍देश्य है, एक महान् कार्य को संपन्न करने का भार मेरे कंधों पर है; परंतु मैं जानता हूँ कि मेरी शक्ति क्षीण है। मैं अपनी शक्ति की इसी लघुता पर निराश हूँ। उस महान् कार्य का मेरे द्वारा संपन्न होना संभव नहीं लग रहा। गुरुदेव ने मातृभूमि के पुनर्जागरण हेतु अपना जीवन अर्पित कर देने का आदेश मुझे दिया था। देश में दुर्भिक्ष फैला हुआ है, आध्यात्मिकता का क्षय हो चुका है। भारत को पुनः आध्यात्मिक शक्ति के द्वारा क्रियाशील बनाकर संपूर्ण विश्व का सम्मान प्राप्त करना है, परंतु कैसे?'' यह कहते-कहते स्वामीजी की आँखों से व्यथा टपकने लगी।

यह देखकर और स्वामीजी की बातें सुनकर शरत बाबू ने श्रद्धापूर्ण स्वर में पूछा, ''स्वामीजी, इस उद्‍देश्य की प्राप्ति हेतु मैं किसी काम आ सकता हूँ?''

स्वामीजी ने गंभीर वाणी में पूछा, ''इस महान् कार्य हेतु आत्मोत्सर्ग करने के प्रयोजन से क्या तुम भिक्षापात्र और कमंडलु लेकर रास्ते पर खड़े होने के लिए तैयार हो? क्या तुम एक त्यागी के जीवन की कठोरता को सहन कर सकोगे?''

यह सुनकर शरत बाबू ने तत्क्षण कहा, ''अवश्य। यदि आपकी कृपा होगी तो मैं अवश्य ही सहन कर सकूँगा।''

कुछ दिनों के पश्चात् स्वामीजी ने शरत बाबू से कहा, ''वत्स, किसी संन्यासी का एक ही स्थान पर टिके रहना उचित नहीं होता। अतः मैं इस स्थान को छोड़कर यथाशीघ्र चले जाना चाहता हूँ।''

चूँकि बात तर्कसम्मत थी, अतः शरत बाबू ने स्वामीजी से यह अनुरोध नहीं किया कि कुछ दिन और ठहर जाइए। उन्होंने स्वामीजी की बातों से सहमति प्रकट की। लेकिन जब उन्होंने यह महसूस किया कि अब तो उनके सत्संग-लाभ से वंचित रह जाना पड़ेगा तो उन्होंने कहा, ''स्वामीजी, आप अपना शिष्य बनाकर मुझे साथ लेते चलिए।''

स्वामीजी ने कहा, ''क्या तुम सोचते हो कि मेरा शिष्य होने मात्र से तुम्हारी आध्यात्मिक क्षुधा शांत हो जाएगी? भगवान् के चरणों में आत्मसमर्पण करके कर्म करते जाओ। वे ही सब प्रकार से कल्याण करेंगे। तुम दुःखी मत होओ। प्रसन्नचित्त से मुझे विदा करो।''

शरत बाबू बोले, ''आप जहाँ-जहाँ जाएँगे वहाँ-वहाँ मैं भी आपके पीछे-पीछे चलूँगा। आप मुझे दीक्षा दें।''

स्वामीजी ने उन्हें आशीर्वचन दिए। तदुपरांत शरत बाबू ने अपने माता-पिता से अनुमति लेकर गृह-त्याग कर दिया और स्वामीजी के साथ हरिद्वार चल पड़े। वहाँ वे दोनों कुछ दिन रहे। फिर ऋषिकेश पहुँचे, जहाँ पर नाना संप्रदायों के साधु-संन्यासी भजन कर रहे थे। वहीं पर शरतचंद्र बीमार पड़ गए। स्वामीजी भी वहाँ मलेरिया से ग्रस्त हो गए। अतः वहाँ उन दोनों का रहना संभव नहीं था। मलेरिया से आक्रांत अवस्था में स्वामीजी (स्वामी विवेकानंद) शरत बाबू को लेकर पहले हाथरस गए। वहाँ उन्हें उनके घर पहुँचाकर स्वयं वराहनगर मठ में लौट आए। (कुछ ग्रंथों में यह उल्लिखित है कि स्वामीजी जब शरत बाबू को पहुँचाने के लिए हाथरस पहुँचे, तभी वहाँ वे भी अस्वस्थ हो गए। वहीं शरत बाबू परिजन तथा कुछ अन्य भक्तों की सेवा-शुश्रूषा के फलस्वरूप स्वस्थ हो गए। उसके बाद वे वराहनगर मठ गए।) कुछ दिनों बाद (नवंबर 1888 में) स्वस्थ होकर शरत बाबू भी वराहनगर मठ में पहुँच गए। अन्य संन्यासियों द्वारा वे 'रामकृष्ण संघ' में सम्मिलित कर लिये गए।

मठ में स्वामीजी के आगमन से वहाँ के संन्यासियों में एक नई ऊर्जा का संचार हो गया था। स्वामीजी भक्ति-उत्साह से ओत-प्रोत होकर संन्यासियों को ज्ञान देते। उन्हें संबोधित करते हुए वे कहते, ''एक तरफ है भारतवर्ष के करोड़ों लोगों की दुःस्थिति को समाप्त करने का कठिन व्रत और दूसरी तरफ है संन्यास का आदर्श, ध्यान-धारणा-योग-समाधि, वेदांत दर्शन आदि। इन दोनों परस्पर विरोधी बातों में

यदि हम सामंजस्य स्थापित नहीं कर पाए तो यह कहने का हमें क्या अधिकार रह जाएगा कि हम श्रीरामकृष्ण देव के शिष्य हैं ?''

स्वामीजी यह जानते थे कि भारत की आध्यात्मिक संस्कृति का विकास उत्तर भारत, विशेषकर बिहार एवं पूर्वी उत्तर प्रदेश, में हुआ। इन सभी स्थानों का भ्रमण करने के दौरान उन्होंने इस विशाल क्षेत्र के रीति-रिवाजों, परंपराओं, व्यवहारों आदि को प्रत्यक्षत: देखा। उन्होंने अनुभव किया कि इन समस्त क्षेत्रों के लोगों में धर्मशक्ति एवं आस्तिकता तो थी, मगर सामाजिक जीवन में स्वाभाविक गतिशीलता नहीं थी। यह विकृति कुछ सौ या कुछ हजार लोगों में नहीं, बल्कि देश के करोड़ों लोगों में थी। उन्होंने यह भी माना कि दोष धर्म का नहीं है, धर्म का व्यवसाय करनेवाले तथाकथित गुरुओं और पंडों-पुरोहितों का है। वस्तुत: लंबे कालखंड तक शक्ति का उपभोग करने के कारण ही पुरोहित वर्ग धर्मच्युत हो गया था। इतना ही नहीं, उन्हीं धर्मच्युत लोगों की कुत्सित मानसिकता के कारण अधिकतर लोग धर्म से दूर रखे गए थे और हिंदू संस्कृति के मूल उद्‍गम वेदों की उपेक्षा हुई। इन्हीं सारी बातों पर चिंतन-मनन करके स्वामीजी ने वराहनगर मठ में अपने गुरुभाइयों को पाणिनीय व्याकरण पढ़ने का न सिर्फ परामर्श दिया बल्कि प्रेरणा भी दी, ताकि वे वेद-वेदांत का प्रत्यक्ष ज्ञान प्राप्त कर सकें।

स्वामीजी ने यह भी अनुभव किया कि सैकड़ों वर्षों से समाज में व्याप्त वंश और रक्त की श्रेष्ठता ने मिथ्याभिमान का सृजन किया था। फलत: इनसान इनसान से दूर हुआ। दूसरी ओर अनेक शाखा-प्रशाखाओंवाली कृत्रिम जाति-व्यवस्था की प्रतिस्थापना की गई। इससे एक बड़े वर्ग में हीन-भावना का विकास होता गया, जो भारतवासियों की एकता और संपन्नता में बाधक बना। यदि हम चाहते हैं कि समस्त भारतवासी एक अखंड जाति के सूत्र में बँध जाएँ तो हमें तनकर खड़ा होना होगा और यह दृढ़ प्रतिज्ञा करनी होगी कि हम धर्म की साधना तथा सामाजिक सुख-सुविधा की प्राप्ति में प्रत्येक मनुष्य को समान अधिकार दिलाकर रहेंगे। यद्यपि हमारा यह कार्य उन विकृतियों के पोषकों को मान्य नहीं होगा और इसीलिए यह काम उतना सरल नहीं था, तथापि यह तो हमें करना ही होगा, क्योंकि श्री रामकृष्ण देव ने ही हमें यह कठिन काम सौंपा था।

उन्हीं दिनों स्वामीजी के मन-मस्तिष्क में यह विचार भी उदित हुआ कि

पाश्चात्य देशों के विज्ञान एवं प्रौद्योगिकी का सहयोग तथा अवलंब लिये बिना हमारे राष्ट्रवासियों की भौतिक अवस्था में सुधार नहीं होगा। वह उन दिनों प्राच्य एवं पाश्चात्य को जोड़ने के लिए एक सेतु का निर्माण करने के संबंध में भी गंभीरतापूर्वक सोचने लगे।

इन्हीं सारे विषयों पर विचार-मंथन करते हुए उन्होंने लगभग एक वर्ष वराहनगर मठ तथा बाग बाजार (कलकत्ता) में बलराम बसु के मकान में व्यतीत किया। तब वे शास्त्रों के अध्ययन में काफी समय व्यतीत करते थे। काशी के प्रमदादास बाबू ने 'वेदांत दर्शन', 'अष्टाध्यायी' आदि ग्रंथ उन्हें भेंटस्वरूप दिए थे।

फरवरी 1889 में स्वामीजी श्री रामकृष्ण परमहंस की जन्मभूमि कामारपुकुर तथा श्रीमाताजी की जन्मभूमि जयरामबाटी गए। वहाँ वे कुछ सप्ताह रहे। तत्पश्चात् वे सिमुलतला गए। वहाँ भी कुछ सप्ताह रहे, फिर कलकत्ता लौट आए।

उन दिनों स्वामीजी पूरे मनोयोग से उपनिषद् तथा शांकरभाष्य का गहन अध्ययन कर रहे थे। अध्ययन के दौरान उनके मन में जिन शंकाओं और प्रश्नों का उदय होता था, उनके शमन के लिए वे प्रमदादास बाबू के पास काशी पत्र लिखा करते थे। इसी तरह एक पत्र 4 जुलाई, 1889 को उन्होंने लिखा—"यह बात ठीक है और कई बार मैंने अनुभव भी किया है कि नए-नए विभिन्न प्रकार के मतों को मस्तिष्क में धारण करने में समय-समय पर कष्ट झेलना पड़ता है; परंतु भगवान् की कुछ ऐसी इच्छा थी कि मेरे जीवन के गत पाँच-सात वर्ष लगातार कई प्रकार की विघ्न-बाधाओं के साथ उलझने में व्यतीत हों। मैंने आदर्श शास्त्र पाया, आदर्श पुरुष देखा; परंतु पूर्ण रूप से स्वयं अब तक कुछ नहीं कर सका हूँ, यही सबसे बड़ा कष्ट है।

"कलकत्ते के पास रहकर तो कुछ भी होता नहीं दिखाई देता। मेरी माँ और दो भाई कलकत्ते में रहते हैं। मैं सबसे बड़ा हूँ। मझला भाई कॉलेज में प्रथम वर्ष में पढ़ रहा है और तीसरा भाई छोटा है। स्थिति पहले बहुत ही अच्छी थी, परंतु पिताजी की मृत्यु के बाद बहुत शोचनीय हो गई। यहाँ तक कि कभी-कभी उपवास करके ही दिन व्यतीत करने पड़ रहे हैं। संबंधियों ने उन्हें कमजोर समझकर पैतृक घर से निकाल बाहर कर दिया था। अंत में हाई कोर्ट के आदेश से मकान का कुछ भाग मिला; किंतु मुकदमे में वे सबकुछ खो बैठे।

"कलकत्ते के पास रहने से उनकी स्थिति देखी नहीं जाती। मन में बड़ी भारी

उथल-पुथल होने लगती है। इसीलिए मैंने लिखा है कि मेरी मानसिक स्थिति भयंकर है। आप ऐसा आशीर्वाद दीजिए कि मैं कुछ दिन कलकत्ते में रहकर सबकुछ समाप्त कर सदा के लिए इस देश से विदा ले सकूँ। आप मुझे आशीर्वाद दीजिए कि मेरा हृदय महान् ईश्वरीय बल से संपन्न हो जाए और सभी प्रकार की माया मुझसे दूर हट जाए।''

स्वामीजी के प्रति श्रद्धाभाव रखनेवाले और उनके जीवन-चरित के संबंध में जानकारी रखनेवाले लोग भी इस आशय की टिप्पणी कर ही देते थे कि अपने घर-परिवार के लोगों, विशेषकर अपनी माता को कष्टसाध्य जीवन व्यतीत करने के लिए छोड़कर संन्यासी जीवन बिताना या लोगों को ज्ञान देना कोई महान् कार्य नहीं था। माता-पिता की सेवा ही समस्त मानव जाति की सेवा होती है। यदि वे चाहते तो ज्येष्ठ पुत्र के दायित्वों का निर्वाह करते और अपने घर-परिवार को सुखी रखते, परंतु उन्होंने ऐसा नहीं किया। माता और भाइयों को अभावग्रस्त जीवन जीने के लिए विवश करके उन्हें यों ही छोड़ दिया और स्वयं संन्यासी बनकर देश-विदेश का भ्रमण करते रहे। यह कैसी मानवता है?

इस तरह के विचार रखनेवाले लोगों को स्वामीजी का पत्र सटीक उत्तर देता है। इस पत्र से यह स्पष्ट हो जाता है कि उन्हें अपने घर-परिवार की चिंता उतनी ही थी जितनी किसी अन्य परिवारी व्यक्ति को होती है; लेकिन उन्हें उन सब बातों की भी चिंता थी, जिनके लिए उन्होंने इस धरती पर जन्म लिया था और जिनके कारण उन्होंने संन्यास ग्रहण किया था। प्रारंभ में परिवार की परेशानियों को समझने तथा उन्हें दूर करने के लिए ही तो उन्होंने जगह-जगह काम ढूँढ़े, कई साधारण काम (अनुवाद वगैरह) भी किए, परिवार को परेशानियों से मुक्ति दिलाने के लिए उन्होंने श्री रामकृष्ण परमहंस देवजी से कहकर कालीजी से आशीर्वाद माँगा था कि भोजन और वस्त्र जैसी मोटी आवश्यकताएँ पूर्ण होती रहें। और तो और, संन्यास ग्रहण करने के बाद भी स्वामीजी प्रतिदिन कुछ समय के लिए अपने घर चले जाते थे—उनके इसी कार्य का अनुकरण करके उनके अन्य गुरुभाइयों के अभिभावक भी उन्हें मठ छोड़कर अपने घर चलने के लिए समझाया करते थे। उनके चेतन-अचेतन में अपने परिवार के प्रति यह चिंता सन् 1889 में भी बनी हुई थी, जब उन्होंने इस संबंध में प्रमदादास बाबू के पास पत्र लिखा था।

स्वामीजी का कर्तव्य उस सैनिक की भाँति था, जो अपने परिजनों के प्रति कर्तव्यों को समझता था, मगर देश के प्रति अपने कर्तव्यों को भी समझता था। और जब विवेक के तराजू पर वह उन दोनों को रखता तो देश के प्रति कर्तव्योंवाला पलड़ा ही भारी रहता था। वह सेना में भरती होता है और दुश्मनों से लड़ते हुए मारा भी जाता है। तत्पश्चात् उसके परिवार के समक्ष भी समस्याओं का पहाड़ टूट पड़ता है, लेकिन इसके लिए कोई उसे लानत-मलामत नहीं देता कि उसने ऐसा क्यों किया।

स्वामीजी के साथ भी लगभग यही बात थी। उन्होंने अपने परिवार की पूरी उपेक्षा नहीं की, वहीं देश और मानवमात्र की सेवा के लिए भी समर्पित रहे। प्रारंभ में तो नहीं, किंतु बाद में उन्हें अपनी अलौकिक शक्ति का एहसास हो गया था। श्री रामकृष्ण परमहंस देव के प्रेरक वाक्य भी उन्हें उत्साहित कर रहे थे। वस्तुतः ईश्वर ने एक विशेष कार्य हेतु उन्हें इस धरती पर भेजा था। वे उस कार्य को येन-केन-प्रकारेण पूरा करना चाहते थे।

स्वामीजी अब 'कुछ' करने के लिए व्यग्र हो उठे थे; किंतु क्या करना है, यह उनके मस्तिष्क में स्पष्ट नहीं हो पा रहा था। दिसंबर 1889 में वे कलकत्ता से वैद्यनाथ धाम गए। वहाँ कुछ दिन रहे। तत्पश्चात् काशी के लिए प्रस्थान करना चाह रहे थे, मगर यह संभव नहीं हो सका। 30 दिसंबर, 1889 को उन्होंने प्रयाग (इलाहाबाद) से प्रमदादास बाबू के नाम भेजे गए एक पत्र में लिखा था—"आपको एक पत्र में मैंने लिखा था कि एक-दो दिन में मैं काशी आ रहा हूँ; परंतु विधि के विधान का खंडन कौन कर सकता है? मुझे इस बात की सूचना मिली कि योगानंद नाम के मेरे एक गुरुभाई यहाँ चेचक के रोग से पीड़ित हो गए हैं, अतः उन्हीं की सेवा-टहल के लिए मैं यहाँ आया हूँ। अब वे पूर्णतः स्वस्थ हो गए हैं, अतः मेरा मन काशी जाने के लिए बड़ा व्याकुल हो रहा है।"

इलाहाबाद के लिए प्रस्थान करने से पूर्व वैद्यनाथ धाम से ही उन्होंने प्रमदादास बाबू के नाम भेजे गए एक पत्र में लिखा था—"वाराणसी में कुछ दिन रहने की अभिलाषा है और देखना है कि बाबा विश्वनाथ और माँ अन्नपूर्णा मेरे लिए क्या ठीक करते हैं। इस बार मैंने प्रतिज्ञा की है कि 'शरीरं वा पातयामि, मन्त्र वा साधयामि' (या तो आदर्श की उपलब्धि करूँगा या शरीर का नाश कर दूँगा)। काशीनाथ मेरे सहायक हों।"

अपने गुरुभाई स्वामी योगानंद के स्वस्थ होने के पश्चात् स्वामीजी काशी गए। वहाँ कुछेक दिन रहने के उपरांत गाजीपुर पहुँचे। वहाँ से अपने बचपन के साथी सतीशचंद्र मुखोपाध्याय के यहाँ ठहरे। वहाँ (गाजीपुर में) वे प्रसिद्ध संत पवहारी बाबा से मिलना चाह रहे थे।

वाराणसी के निकटवर्ती एक गाँव में जनमे पवहारी बाबा का वास्तविक नाम किसी को ज्ञात नहीं था। अपनी युवावस्था में ही उन्होंने हिंदू दर्शन की विविध शाखाओं के संबंध में विपुल ज्ञान अर्जित कर लिया था। कुछ समय बाद वे तपस्वी बन गए, योग-वेदांत की साधना की और लगभग संपूर्ण भारतवर्ष में भ्रमण किया। अंततः वे गाजीपुर में गंगा-तट पर एक भूमिगत गुफा में रहने लगे। वे कुछ खाते नहीं थे, इसीलिए लोग उन्हें 'पवहारी' (अर्थात् आहार के रूप में सिर्फ वायु ग्रहण करनेवाले) बाबा कहने लगे।

स्वामीजी ने पवहारी बाबा के प्रति आजीवन श्रद्धा-भाव बनाए रखा। उनके दो उपदेशों को उन्होंने सदैव स्मरण रखा। पहला उपदेश था—'गुरु के घर में गाय के समान पड़े रहो।' दूसरा उपदेश था—'जस साधन तस सिद्धि'।

स्वामीजी जब गाजीपुर पधारे, तब प्रत्येक रविवार को वहाँ रायबहादुर गगनचंद्र राय के मकान में एक छोटी सी धर्मसभा होती थी, जिसमें गाजीपुर के शिक्षित लोग बड़ी संख्या में उपस्थित होते थे। उनमें से अधिकतर लोग स्वामीजी का सत्संग पाने तथा उनके श्रीमुख से सुमधुर संगीत का श्रवण-सुख प्राप्त करने के प्रयोजन से वहाँ आते थे। वहाँ स्वामीजी राधाकृष्ण-लीला संबंधी गीत और भजन संगीत के साथ गाया करते थे। इसीलिए वहाँ के लोग उन्हें 'बाबाजी' कहने लगे थे।

उसी सभा में एक दिन उन्होंने कहा कि हिंदू धर्म कोई धर्म-प्रमाद की समष्टि नहीं है। उन्होंने यह भी कहा कि हिंदू धर्म के महान् सार्वभौमिक आदर्श के प्रति ध्यान देते हुए शिक्षा का प्रचार करना होगा। पाश्चात्य शिक्षा तथा सभ्यता की दृष्टि से विचार न करके गंभीर अध्यवसाय के साथ सनातन धर्म के महत्त्व को समझने की चेष्टा करनी होगी। यह अत्यंत खेद का विषय है कि हममें से अनेक व्यक्ति पाश्चात्य शिक्षा के मोह से अंधे होकर मन-ही-मन कल्पना करते रहते हैं। भारतवर्ष अपने राष्ट्रीय जीवन के आदर्शों से बहुत दूर चला गया है।

एक रात निद्रामग्न होने के पूर्व स्वामीजी लेटे-लेटे ही पवहारी बाबा के बारे में

सोच रहे थे। तभी उनका कमरा एक दिव्य आलोक से भर उठा। स्वामीजी यह देखकर विस्मित रह गए कि उनके समक्ष श्री रामकृष्ण परमहंस देव उपस्थित हैं। वे उन्हें एकटक देख रहे थे। इक्कीस दिनों तक यही क्रम चलता रहा। स्वामीजी इसका अर्थ समझ गए। उन्होंने दृढ़ निश्चय कर लिया कि अब वे किसी अन्य संत के पास नहीं जाएँगे। अब सिर्फ गुरुदेव ही उनके आराध्य हैं। उन्होंने स्वयं को बहुत धिक्कारा। अपने एक मित्र के नाम भेजे गए एक पत्र में उन्होंने लिखा—"मैं इस निष्कर्ष पर पहुँच चुका हूँ कि श्री रामकृष्ण की बराबरी का दूसरा कोई संत नहीं है। वैसी अपूर्व सिद्धि, वैसी अपूर्व अकारण दया, जन्म-मरण से जकड़े हुए जीव के लिए वैसी प्रगाढ़ सहानुभूति इस संसार में और कहाँ!"

स्वामीजी को वे सारी बातें स्मरण आने लगीं कि किस प्रकार श्री रामकृष्ण देव ने उनकी किसी भी प्रार्थना को ठुकराया नहीं था, उनके असंख्य अपराधों को क्षमा किया था तथा उनके कष्टों को दूर किया था।

स्वामीजी की ये भावनाएँ काफी दिनों बाद उन्हीं के द्वारा लिखी गई मूल बँगला कविता 'गाई गीत शुनाते तोमाय' के हिंदी अनुवाद 'गाता हूँ गीत मैं तुम्हें ही सुनाने को' के इस अंश में देखी जा सकती हैं—

"बाल-केलि करता हूँ तुमसे मैं
और क्रोध करके देव
तुमसे किनारा कर जाना
कभी चाहता हूँ
किंतु निशाकाल में
शय्या के शिरोभाग में
देखता हूँ तुमको मैं खड़े हुए—
चुपचाप, आँखें छलछलाई हुईं,
हेरते रहे तुम
मेरे मुख की ओर
उसी समय बदल जाता भाव मेरा
पैरों पर पड़ता हूँ,
मगर क्षमा नहीं माँगता,

तुम नहीं करते हो रोष।
पुत्र हूँ तुम्हारा, कहो,
और कोई कैसे इस प्रगल्भता को
सहन कर सकता हो ?
प्रभु हो तुम मेरे,
तुम प्राणसखा हो मेरे।
कभी देखता हूँ—
तुम मैं हो, मैं तुम हूँ।''

गाजीपुर में ही स्वामीजी को यह संवाद मिला कि उनके गुरुभाई स्वामी अभेदानंद वाराणसी में बहुत अस्वस्थ हैं। स्वामीजी तत्काल काशी पहुँचे और अपने गुरुभाई की चिकित्सा की पर्याप्त व्यवस्था की। जब वे कुछ स्वस्थ हुए तो स्वामी प्रेमानंद को उनकी सेवा-टहल हेतु नियुक्त करके स्वामीजी वाराणसी में ही बाबू प्रमदादास के बगीचेवाले मकान में रहने लगे।

उन्हीं दिनों स्वामीजी को पता चला कि श्री रामकृष्ण देव के एक प्रमुख शिष्य बलराम बोस अत्यंत बीमार हैं। कुछ दिनों पूर्व उन्हें यह पता चला था कि रामकृष्ण देवजी के एक अन्य भक्त सुरेंद्रनाथ मित्र कलकत्ता में मरणासन्न अवस्था में हैं। इन समाचारों से व्यथित होकर स्वामीजी विलाप करने लगे।

यह देखकर प्रमदा बाबू ने कहा, ''स्वामीजी, आप संन्यासी हैं। आपका शोकार्त होना शोभा नहीं देता।''

स्वामीजी ने गंभीर होकर कहा, ''कृपया ऐसा न कहें। हम कोई हृदयहीन मनुष्य नहीं हैं। क्या आप सोचते हैं कि कोई व्यक्ति संन्यासी बनने के साथ ही अपनी भावनाओं को भी त्याग देता है ? पत्थर की तरह अनुभूतिशून्य संन्यासी जीवन मेरे लिए संभव नहीं है।''

स्वामीजी तत्काल कलकत्ता के लिए प्रस्थान कर गए। यह सन् 1890 के मई माह का प्रथम सप्ताह था। 13 मई को बलराम बोस ने तथा 24 मई को सुरेंद्रनाथ मित्र ने देह-त्याग किया। सुरेंद्रनाथ मित्र द्वारा देह-त्याग किए जाने से स्वामीजी तथा मठ के अन्य संन्यासियों को एक बड़ी चिंता ने घेर लिया कि अब मठ का खर्च कौन वहन

करेगा? (जैसा पहले उल्लिखित है, वराहनगर मठ का खर्च सुरेंद्रनाथ मित्र ही वहन करते थे।) तब दो माह तक कलकत्ता में रहकर स्वामीजी ने मठ का खर्च चलाने का प्रबंध किया।

अब उन्हें स्पष्टतया परिलक्षित होने लगा था कि संपूर्ण यूरोप एक ज्वालामुखी के मुख पर बैठा है। किसी भी क्षण विस्फोट होने पर समूची पाश्चात्य सभ्यता तहस-नहस हो सकती है। उन्हें यह स्पष्ट प्रतीत होने लगा कि आत्मा के दिव्यत्व तथा विश्व के अखंडत्व की घोषणा करनेवाला वेदांत का संदेश ही भारत एवं विश्व के घावों को भर सकता है। यह एक बहुत बड़ा कार्य था। मात्र पच्चीस वर्ष की अवस्था में वे इसे कैसे कर सकते थे? उन्होंने इस संबंध में अपने गुरुभाइयों से भी बातचीत की, मगर कोई सकारात्मक परिणाम नहीं निकला। अंततः उन्होंने इस कार्य को अकेले ही संपन्न करने की दृढ़ प्रतिज्ञा कर ली।

अब स्वामीजी को यह अनुभूति होने लगी थी कि उनका जीवन मात्र निर्जन स्थल पर धर्म-साधना करने के लिए नहीं, बल्कि मानवता की कल्याण-साधना में लगने वाला है।

उन्हीं दिनों उनके हृदय में यह विचार भी उत्पन्न हुआ कि एक मंदिर बनाकर श्री रामकृष्ण देव की भस्मास्थियों को सुरक्षित रखा जाए।

अब वराहनगर मठ में रहना स्वामीजी को बंधन जैसा अनुभव होने लगा। मठ के छोटे-मोटे दायित्वों का वहन करने में भी उन्हें कोई रुचि नहीं रह गई थी। उन्होंने मन-ही-मन यह संकल्प किया कि अब सभी बंधनों को—यहाँ तक कि गुरुभाइयों के निस्स्वार्थ प्रेम-बंधन को भी—तोड़ना होगा।

14

भारत-भ्रमण

तुम्हें यदि कोई गाली दे तो उसके प्रति कृतज्ञ होओ, क्योंकि गाली या अभिशाप क्या है—यह देखने के लिए उसने मानो तुम्हारे सम्मुख एक दर्पण रखा है और वह तुम्हारे लिए आत्मसंयम का अभ्यास करने का एक अवसर दे रहा है। अतएव उसे आशीर्वाद दो और सुखी बनो! अभ्यास करने का अवसर मिले बिना शक्ति का विकास नहीं हो सकता और दर्पण सामने रखे बिना हम अपना मुख नहीं देख सकते!

—स्वामी विवेकानंद

सन् 1890 के जुलाई माह में एक दिन मठ छोड़ने के पूर्व स्वामीजी श्री रामकृष्ण-भक्तों की माता श्री शारदा देवीजी, जो गंगा के पश्चिमी तट पर स्थित घुसुड़ी गाँव में निवास करती थीं, के आशीर्वचन प्राप्त करने के उद्देश्य से उनके पास पहुँचे। श्रीमाताजी के पवित्र चरणों का स्पर्श करके उन्होंने प्रार्थना की, ''माँ, जब तक मैं गुरु के बताए कार्य को संपन्न नहीं कर लूँगा तब तक नहीं लौटूँगा। आप आशीर्वाद दें कि मेरा संकल्प सिद्ध हो।''

श्रीमाताजी ने स्वामीजी के सिर पर अपना हाथ रखकर श्री रामकृष्ण देव के नाम पर आशीर्वचन दिए। उस पवित्र स्पर्श से स्वामीजी का हृदय एक दिव्य भाव से आप्यायित हो गया। उन्हें ऐसा प्रतीत हुआ कि वे एक लोकोत्तर शक्ति से संपन्न हो गए हैं, जिससे वे समस्त विघ्नों को सरलतापूर्वक पार कर लेंगे।

स्वामीजी का यह प्रस्थान एक महान् उद्देश्य की प्राप्ति हेतु लंबे समय के लिए किया जानेवाला प्रस्थान था। अत: श्रीमाताजी ने उनसे पूछा, ''क्या तुम अपनी गर्भधारिणी माँ से विदा नहीं लोगे?''

स्वामीजी ने उत्तर दिया, ''तुम्हीं तो मेरी एकमात्र माँ हो।''

जुलाई 1890 में मठ छोड़ने के बाद स्वामीजी सबसे पहले भागलपुर गए। वहाँ

कुछ दिन मथुरानाथ सिंह के आवास पर रहे। वहाँ अपने एक भक्त से उन्होंने कहा, ''प्राचीन आर्यों के ज्ञान, बुद्धि एवं प्रतिभा का जो भी थोड़ा अंश बच रहा था, उसका अधिकांश गंगा के तटवर्ती क्षेत्रों में दीख पड़ता है। हम गंगा से जितना ही दूर जाते हैं उतना ही उनका अभाव दीख पड़ता है। इसी कारण प्राचीन शास्त्रों में इसकी महिमा गाई गई है।''

भागलपुर से विदा लेकर स्वामीजी अपने गुरुभाई स्वामी अखंडानंद के साथ देवघर, जो भागलपुर के पास ही स्थित है, पधारे। वहाँ उन्होंने राजनारायण बसु से भेंट की और एक दिन उनके साथ धर्म-चर्चा की। फिर वहाँ से वाराणसी आ गए। वहाँ उन्होंने इस बार भी प्रमदा बाबू का ही आतिथ्य स्वीकार किया। उन दिनों उन्हें ऐसा प्रतीत हो रहा था कि वे हिमालय की ओर खिंच रहे हैं। इसलिए वे वहाँ भी अधिक दिन नहीं ठहरे। विदा लेते समय उन्होंने आत्मविश्वास भरे शब्दों में प्रमदा बाबू से कहा था, ''इस बार जब मैं लौटूँगा तब समाज पर बम की भाँति फट पड़ूँगा और समाज मेरे पीछे चलेगा।''

स्वामीजी अयोध्या होते हुए नैनीताल पहुँचे। वहाँ उन्होंने संकल्प लिया कि पूरा रास्ता पैदल ही तय करेंगे तथा धन का स्पर्श भी नहीं करेंगे। वहीं एक जल-प्रपात के निकट पीपल के वृक्ष के नीचे उन लोगों ने कई घंटे बिताए। वहाँ स्वामीजी को एक आध्यात्मिक अनुभूति हुई, जिसे उन्होंने एक पुस्तिका में इन शब्दों में लिपिबद्ध किया—सृष्टि के आदि में शब्द मात्र था, इत्यादि।

(बाइबिल का वह पूरा वाक्य इस प्रकार है—'आदि में शब्द मात्र था, वह शब्द ब्रह्म के साथ विद्यमान था और वह शब्द ही ब्रह्म है।') (विवेकानंद साहित्य, खंड-7, पृष्ठ-7)

> ''विराट् ब्रह्मांड और अणु जगत् एक ही नियम पर संघटित है। जिस प्रकार जीवात्मा एक चेतन देह द्वारा आवृत है, उसी प्रकार विश्वात्मा भी सचेतन प्रकृति अथवा दृश्य जगत् द्वारा आवृत है। काली ने शिव का आलिंगन कर रखा है। यह कल्पना मात्र नहीं है। एक (आत्मा) का दूसरे (प्रकृति) से आवृत होना वैसे ही है जैसे शब्द और उसका अर्थ। वे एक और अभेद हैं। केवल मानसिक विश्लेषण द्वारा ही उन्हें अलग किया जा सकता है। शब्दों के बिना विचार करना असंभव है। इसीलिए 'आदि में केवल शब्द था' इत्यादि।

"विश्वात्मा का यह द्विविध पक्ष अनंत काल से विद्यमान है। अत: हम जो कुछ भी देखते या अनुभव करते हैं, वह नित्य साकार और नित्य निराकार का सम्मिश्रण है।"

इस प्रकार स्वामीजी ने ध्यान की गहराइयों में अनुभव किया कि मानव ब्रह्मांड का ही एक लघु रूप है। उन्हें ज्ञात हुआ कि जो कुछ ब्रह्मांड में है, वह शरीर में भी है और परमाणु के अंदर भी समस्त ब्रह्मांड निहित है।

स्वामीजी और अखंडानंद नैनीताल से हिमालयी क्षेत्रों में पदयात्रा करते हुए अल्मोड़ा पहुँचे। वहाँ के प्रसिद्ध व्यापारी लाला बदरी सहाय ने दोनों संन्यासियों के रहने की व्यवस्था एक सुंदर बागवाले मकान में कर दी। यह समाचार मालूम होने पर स्वामी शारदानंदजी और स्वामी कृपानंदजी भी वहाँ आकर रहने लगे। उन दिनों वे विभिन्न तीर्थस्थलों के भ्रमण हेतु निकले हुए थे। कोई ऋषिकेश या हरिद्वार में कुटी बनाकर तो कुछ पर्वतों की गुफाओं में रहते हुए कठोर तपस्या कर रहे थे।

इधर स्वामीजी भी प्रतिदिन रात के समय पहाड़ की गुफा में गुप्त रूप से ध्यान लगाते थे। कुछ दिनों के बाद उन गुफाओं को छोड़कर वे अल्मोड़ा लौट आए। वहाँ थोड़े ही दिन रहे और गुरुभाइयों के साथ उन पर्वतीय क्षेत्रों के परिभ्रमण हेतु निकले। वे सभी बदरिकाश्रम जाना चाहते थे, किंतु वहाँ तक पहुँच नहीं सके, क्योंकि सरकार ने तब उधर का रास्ता बंद कर रखा था।

उन्हीं दिनों स्वामीजी को यह दु:खद संवाद मिला कि परिस्थितियों से संत्रस्त होकर उनकी बहन ने कलकत्ता में आत्महत्या कर ली। इस घटना ने स्वामीजी को व्यथित कर दिया। वे सोचने लगे कि वर्तमान क्रूर समाज में नारी की अवस्था ऐसी नहीं है कि उसे संतोषजनक मानकर चुप बैठा जाए। उन्होंने दृढ़ निश्चय किया कि वे इस सामाजिक कुव्यवस्था के मूकदर्शक नहीं बने रहेंगे।

स्वामीजी ने एक बार पुन: बदरीनाथ जाने का कार्यक्रम बनाया; परंतु इस बार भी उन्हें अपना कार्यक्रम रद्द करना पड़ा, इसलिए कि स्वामी अखंडानंद अस्वस्थ हो गए। उनकी चिकित्सा कराने के लिए उन्हें लेकर वे देहरादून लौट आए। जब अखंडानंदजी स्वस्थ हो गए तो अपने अन्य गुरुभाइयों के साथ वे एक बार फिर ऋषिकेश चले आए। यह स्थान उन्हें बहुत प्रिय था। इसके संबंध में उन्होंने अपनी

पुस्तक 'परिव्राजक' में लिखा है—

"ऋषिकेश की गंगा का वह निर्मल नीला जल, जिसमें दस हाथ नीचे तैर रही मछली के पंख तक देखे जा सकते हैं, वह अपूर्व स्वादपूर्ण हिमशीतल 'गांग्य वारि मनोहारी' और वह अद्‌भुत 'हर-हर हर-हर' तरंग-ध्वनि, सामने पहाड़ी झरनों के हर-हर की प्रतिध्वनि, वह वन में निवास, मधुकरी भिक्षा, गंगा के मध्य में छोटे-छोटे द्वीपों की तरह प्रस्तर-खंडों पर बैठकर भोजन करना, करपुटों से अंजलि भर-भरकर जल पीना, चारों ओर खाद्य पदार्थों की प्रत्याशा में मछलियों का निर्भय विचरण, गंगाजल के प्रति वह प्रीति, गंगाजी की महिमा, गंगाजल का वह वैराग्यप्रद स्पर्श! पिछली बार मैं थोड़ा सा गंगाजल ले गया था। समय पाते ही मैं उसमें से एकाध बूँद पी लेता था। उसे पीने के साथ ही उस पाश्चात्य जल-स्रोत के बीच में, उस सभ्यता के कोलाहल में मन स्थिर हो जाया करता था। मैं सुनता था, वही 'हर-हर' ध्वनि और देखता था वह हिमालय का निर्जन अरण्य और वही कल्लोलिनी सुर-तरंगिनी मानो हृदय में, मस्तक में, नस-नस में संचरित हो रही है और गरज-गरजकर पुकार रही है—हर-हर हर-हर।"

सचमुच! पर्वतों एवं गंगा-प्रवाह से घिरे ऋषिकेश की सुंदरता अवर्णनीय है। यह स्थान बहुत पुराने समय से साधु-संन्यासियों के आकर्षण का केंद्र रहा है; लेकिन यह मनोरम स्थान भी स्वामीजी के लिए पूर्णतया अनुकूल सिद्ध नहीं हुआ। संभवत: लंबे समय से किए जा रहे भ्रमण, कठिन परिश्रम और घोर तपस्या के कारण उन्हें तेज बुखार हो गया। धीरे-धीरे उनका स्वास्थ्य अधिक खराब रहने लगा। एक दिन तो उनकी नाड़ी की गति काफी धीमी हो गई। उनके गुरुभाइयों ने समझा कि अब उनका अंत सन्निकट है। अत: वे सभी व्याकुल और अधीर हो उठे तथा मिलकर स्वामीजी की प्राण-रक्षा के लिए कातर स्वर में भगवान् से प्रार्थना करने लगे।

तभी एक अपरिचित साधु अचानक वहाँ आ पहुँचे। सभी को रोते देखकर वे कुटी के अंदर आए। वहाँ स्वामीजी को उस अवस्था में देखकर उन्होंने सभी को धीरज बँधाया और स्वामीजी को एक दवा खिलाकर चले गए। उस दवा का प्रभाव आश्चर्यजनक रूप से कुछ ही देर बाद दिखाई पड़ने लगा—स्वामीजी ने अपनी आँखें खोल दीं। वे बहुत धीरे-धीरे कुछ बोल भी रहे थे, लेकिन उनकी बात सुनाई नहीं पड़ रही थी। जब एक गुरुभाई अपना कान उनके मुख के पास ले गए, तब पता

चला कि वे कह रहे थे—''भाई, तुम लोग डरो मत। मैं मरूँगा नहीं।'' उनके स्वास्थ्य में तेजी से हो रहे सुधार को देखकर गुरुभाइयों ने राहत की साँस ली। जब अगले ही दिन स्वामीजी स्वस्थ होकर उठ बैठे तो बोले, ''अचेतावस्था में मैंने अनुभव किया कि अभी तो मेरे अनेक कार्य शेष हैं। उनकी समाप्ति के पूर्व मैं देह-त्याग नहीं करूँगा।''

जब स्वामीजी का स्वास्थ्य काफी हद तक सुधर गया, तब गुरुभाई उन्हें लेकर मेरठ आए। यह बात मालूम होने पर उनके कई अन्य गुरुभाई, जैसे—स्वामी ब्रह्मानंद, स्वामी तुरीयानंद, स्वामी अद्वैतानंद, स्वामी कृपानंद आदि भी वहीं पर आ गए। वहाँ वे सभी एक सेठजी के मकान में रहने लगे। सभी के दैनिक कार्यों—जप, तप, ध्यान, कीर्तन, भजन, वेदांत-चर्चा, शास्त्र-चर्चा, उपस्थित जिज्ञासुओं के प्रश्नों के उत्तर देना, धर्मोपदेश देना आदि के कारण वहाँ वराहनगर मठ का-सा दृश्य उपस्थित हो गया। इसी प्रकार दिन व्यतीत होने लगे। पाँच महीने कैसे बीत गए, किसी को पता ही नहीं चला। इस अवधि में स्वामीजी अपने गुरुभाइयों से अधिक घुल-मिल गए थे। एक दिन उन्होंने महसूस किया कि इस तरह तो वे पथ से विचलित हो रहे हैं। कहाँ तो वे अपने उद्देश्यों की प्राप्ति के लिए माताजी से आशीर्वचन लेकर चले थे और कहाँ वे इन सभी के स्नेह-बंधन के गड्ढे में धँसते चले जा रहे हैं। फिर उन्होंने दृढ़ निश्चय किया कि इस बार वे अपने गुरुभाइयों के मोह-जाल को तोड़कर एकाकी विचरण करेंगे। उन्हें यह आभास निरंतर हो रहा था कि अब उन्हें क्या करना है। वे उस पर चिंतन करना अनिवार्य समझ रहे थे। हिमालयीय क्षेत्रों के परिभ्रमण की अवधि में उन्हें यह विश्वास हो गया था कि अब ईश्वर उन्हें गुफा की दीवारों में घिरे नहीं रहने देंगे। ऐसा कई बार हुआ कि उन्होंने गुफाओं के अंदर रहना चाहा, किंतु कोई दैवी शक्ति उन्हें बाहर खींच लेती थी।

जनवरी 1891 के आस-पास स्वामीजी ने अपने सभी गुरुभाइयों को अपने पास बुलाया और कहा, ''मेरी इच्छा अकेले भ्रमण की है। इसलिए कृपा कर कोई भी मेरा पीछा न करे। गुरुभाइयों के प्रति प्रीति भी एक प्रकार की माया है। मैं देख रहा हूँ कि आपका यह प्रीति-बंधन भी मेरे कर्मपथ का बाधक है।''

इतना कहकर उन्होंने अपने गुरुभाइयों से विदा ली। उसी समय उन्होंने अपना नाम 'स्वामी विविदिषानंद' रखा। वहाँ से वे दिल्ली की ओर चल पड़े। उनकी

अभिलाषा थी कि संपूर्ण भारतवर्ष में घूमते हुए वे लाखों साधु-संन्यासियों की भीड़ में खो जाएँ। यद्यपि वे आत्मगोपन का यथासंभव प्रयास कर रहे थे, तथापि उनके दिव्य चक्षुओं से प्रस्फुटित होनेवाला तेज और उनका भव्य व्यक्तित्व उन्हें भीड़ में भी वैशिष्ट्य प्रदान करता था।

दिल्ली में स्वामी विविदिषानंद ने किलों, मसजिदों तथा मकबरों को देखा। प्रागैतिहासिक काल से अर्वाचीन काल तक के भग्नावशेषों को देखकर उन्हें यह बोध हुआ कि भौतिक उपलब्धियाँ क्षणभंगुर होती हैं। वहाँ उन्हें हिंदू सभ्यता के अमरत्व का भी बोध हुआ।

मेरठ में उनकी भेंट अपने कुछ गुरुभाइयों से हो गई। तब अपनी अप्रसन्नता प्रकट करते हुए उन्होंने कहा, "मैं एकाकी रहना चाहता हूँ। पुनः तुम लोगों से प्रार्थना है कि कोई भी मेरे पीछे-पीछे न चले, तुममें से कोई मेरा पीछा न करे। अब मैं प्रस्थान कर रहा हूँ। तुम सभी अपने-अपने विवेक के अनुसार लक्ष्य-प्राप्ति के लिए प्रयास करो।"

अब स्वामी विविदिषानंद 'धम्मपद' की निम्नलिखित पंक्तियों को दोहराते हुए वीरों की जन्मस्थली राजपूताना की ओर बढ़े—

"बिना किसी भय के
सबकुछ से उदासीन,
बिना किसी निर्दिष्ट पथ के
बेपरवाह बढ़े चलो।
गैंडे की भाँति एकाकी विचरण करो।
जैसे सिंह किसी आवाज से भीत नहीं होता,
जैसे वायु जाल में नहीं फँसती,
जैसे कमल-पत्र जल से अछूता रह जाता है,
वैसे ही तुम भी
गैंडे की भाँति विचरण करो।"

वैसे तो स्वामीजी के जीवन का प्रत्येक दिन उन्हें एक नया तेज, एक प्रखर ज्ञान तथा एक तीक्ष्ण आत्मिक शक्ति देनेवाला सिद्ध हुआ। इस भ्रमण के दौरान वे सभी तरह के लोगों के संपर्क में आए। यदि एक दिन वे किसी राजा अथवा दीवान का

आतिथ्य स्वीकार करते तो अगले ही दिन किसी निर्धन की झोंपड़ी में जा विराजते; दिन में किसी प्रकांड पंडित से शास्त्र-चर्चा करते तो अगले दिन किसी चौराहे पर सामान्य व्यक्ति से धर्म संबंधी वार्त्तालाप करते दिखाई देते। उन्हीं दिनों यह बात उनकी समझ में आई कि मानवता की सेवा में वे ईश्वर के हाथ का एक यंत्र बन सकते हैं।

फरवरी 1891 में एक दिन वे अलवर पहुँचे। वहाँ सरकारी अस्पताल के डॉ. बाबू गुरुचरण लश्कर तथा उनके मित्र मौलवी साहब, जो वहाँ के एक विद्यालय में पढ़ाते थे, ने उनके ठहरने आदि का अच्छा प्रबंध किया। उनसे मिलने के लिए अधिक संख्या में आनेवाले लोगों के कारण वह घर जब छोटा पड़ने लगा, तब इंजीनियर पं. शंभूनाथजी आग्रहपूर्वक उन्हें अपने (अपेक्षाकृत बड़े) घर में ले गए। वहाँ वे प्रतिदिन लगभग पाँच घंटे तक लोगों के सम्मुख धर्म-चर्चा करते थे तथा जिज्ञासु भक्तों के प्रश्नों के उत्तर भी देते थे।

एक दिन एक श्रद्धालु उनसे अचानक पूछ बैठा, ''बाबाजी, आप गेरुआ वस्त्र क्यों पहने हुए हैं?''

स्वामीजी ने उत्तर दिया, ''क्योंकि गेरुआ भिक्षुकों का वस्त्र है।''

एक दिन अलवर के महाराजा ने उनसे पूछा, ''इतने सुयोग्य एवं महान् पंडित होकर आप घुमक्कड़ का जीवन क्यों बिता रहे हैं?''

प्रत्युत्तर में उन्होंने भी प्रश्न किया, ''आप यह बताइए कि राजकार्य की अवहेलना करके आप अंग्रेज साहबों के साथ शिकार खेलते हुए क्यों घूमा करते हैं?''

महाराजा ने कहा, ''मुझे यह अच्छा लगता है, इसलिए ऐसा करता हूँ।''

स्वामीजी ने कहा, ''ठीक इसी तरह मैं भी संन्यासी होकर परिव्रज्या का जीवन बिता रहा हूँ।''

थोड़ी देर बाद महाराजा ने पुनः पूछा, ''स्वामीजी! लकड़ी, मिट्टी, धातु या पत्थर की बनी मूर्तियों के प्रति मैं भक्तिभाव नहीं रखता। क्या इसके लिए मुझे परलोक में कठोर सजा भुगतनी पड़ेगी?''

स्वामीजी बोले, ''अपने विश्वास के अनुसार उपासना करने पर परलोक में

सजा क्यों मिलेगी?''

उनकी यह बात सुनकर वहाँ उपस्थित लोग यह सोचने लगे कि श्रीबिहारीजी के मंदिर में श्रीमूर्ति के सम्मुख भजन गाते समय भावावेश में रोते हुए साष्टांग गिरनेवाले स्वामीजी ने मूर्तिपूजा के समर्थन में तर्क क्यों नहीं दिए?

उसी समय स्वामीजी की दृष्टि महाराज के एक चित्र (जो दीवार पर टँगा था) पर पड़ी। स्वामीजी ने उसे उतरवाया और महाराज के सामने ही दीवान तथा अन्य राजकर्मचारियों से कहा, ''इस चित्र पर थूकिए।''

काफी देर तक उनके कहने पर भी किसी ने नहीं थूका। दीवान ने कहा, ''आप क्या कह रहे हैं, स्वामीजी! क्या हम महाराज के चित्र पर थूक सकते हैं!''

स्वामीजी ने पूछा, ''क्यों नहीं थूक सकते? इसमें महाराज स्वयं तो उपस्थित नहीं हैं। यह तो सिर्फ एक कागज है। यह महाराज की तरह हिल-डुल भी नहीं सकता। आप लोग इसपर इसलिए नहीं थूक रहे हैं कि थूकने से महाराजा के प्रति असम्मान प्रकट होगा। क्यों, यह बात सही है न?''

सभी ने समवेत स्वर में कहा, ''जी हाँ।''

स्वामीजी ने कहा, ''महाराज! इस चित्र में आप नहीं हैं; किंतु दूसरी दृष्टि से देखने पर यह स्पष्ट होता है कि इस चित्र में भी आपका अस्तित्व है। इसलिए कोई इसपर थूकने के लिए तैयार नहीं हुआ। ये लोग आपको तथा इस चित्र को एक ही दृष्टि से देखते हैं। इसी तरह भक्तगण द्वारा मूर्तियों एवं चित्रों में भगवान् को देखते ही मन-मस्तिष्क में उसी भगवान् की छवि अंकित हो जाती है। मैंने अनेक स्थानों पर भ्रमण किया है, परंतु कहीं भी किसी हिंदू को यह कहते कभी नहीं सुना है कि हे चित्र, हे मूर्ति, हे पत्थर, हे धातु! मैं तुम्हारी पूजा कर रहा हूँ। तुम मुझ पर प्रसन्न हो जाओ। भक्तगण तो अपने हृदय में भगवान् की छवि बैठाए रखते हैं और अपने-अपने भाव से, विभिन्न प्रकार से उनकी उपासना करते हैं।''

स्वामीजी का यह उत्तर सुनकर महाराज सहित वहाँ उपस्थित सभी लोग गद्गद हो गए।

अलवर में कुछ श्रद्धालु युवक स्वामीजी के शिष्य बन गए। वे संस्कृत का अध्ययन करने लगे थे। कुछ दिनों के बाद जब स्वामीजी वहाँ से विदा लेकर अन्य स्थान हेतु प्रस्थान करने लगे तो वे युवक भी उनके साथ चलने लगे। स्वामी

विविदिषानंद ने उन्हें बहुत रोका, मगर वे युवक नहीं माने। अंततः स्वामीजी उन्हें अपने साथ ले चलने के लिए तैयार हो गए। वे सभी अलवर से अठारह मील दूर पांडुपोल गाँव में पहुँचे। वहाँ के हनुमान मंदिर में उन्होंने रात्रि-विश्राम किया। प्रातःकाल हनुमानजी की अर्चना-अभ्यर्थना करने के उपरांत स्वामीजी ने शिष्यों को अलवर भेज दिया और स्वयं जयपुर के लिए प्रस्थान कर गए।

इधर स्वामी अखंडानंदजी स्वामी विविदिषानंद से मिलने के लिए व्यग्र हो रहे थे। ढूँढ़ते-ढूँढ़ते जब वे जयपुर पहुँचे तो उन्हें ज्ञात हुआ कि यहाँ के राजभवन में एक ऐसे संन्यासी ठहरे हुए हैं, जो धर्म-संस्कृति पर विस्तृत चर्चा कर रहे हैं। उन्होंने सोचा कि वे स्वामी विविदिषानंद ही हैं। वे तत्काल राजभवन पहुँचे।

उन्हें देखकर स्वामी विविदिषानंद ने कुपित होकर कहा, ''मेरा पीछा करके तुमने अच्छा नहीं किया। तुम यथाशीघ्र यहाँ से चले जाओ।''

स्वामी अखंडानंद दुःखी होकर वहाँ से चले तो गए, परंतु यह भी सोचा कि अपने गुरुभाइयों के प्रति वे इतने निर्मम हैं तो इसके पीछे अवश्य ही कोई ठोस कारण होगा।

जयपुर में रहते हुए उन्होंने राजदरबार के एक महापंडित से पाणिनि-रचित 'अष्टाध्यायी' के सूत्रों को समझना आरंभ किया। वैसे, इसका अध्ययन तो उन्होंने वराहनगर मठ में ही आरंभ कर दिया था। यहाँ उन्होंने उसके सूत्रों की सरल व्याख्या सीखी।

जयपुर से विदा होकर स्वामीजी अजमेर पहुँचे। वहाँ कुछ दिन रहकर उन्होंने माउंट आबू के लिए प्रस्थान किया। वहाँ वे एक पर्वत की गुफा में रहने लगे। माउंट आबू में ही उनकी भेंट खेतड़ी के महाराजा से हुई, जो बाद में उनके शिष्य बन गए।

स्वामीजी माउंट आबू से क्रमशः काठियावाड़, अहमदाबाद और जूनागढ़ पहुँचे। जूनागढ़ के दीवान को उन्होंने परामर्श दिया कि हिंदू संदेश को विश्व भर में प्रचारित करने में अपना योगदान करें।

स्वामीजी जूनागढ़ से चलकर पोरबंदर पहुँचे। वहाँ वे लंबी अवधि (ग्यारह महीने) तक रहे। इसका कारण यह था कि संस्कृत के प्रकांड विद्वान् पं. पांडुरंग शास्त्री वहीं रहते थे। उन दिनों वे वेदों के अनुवाद कार्य में लगे हुए थे। स्वामीजी उनके मार्गदर्शन में वेदांत के व्यास-सूत्र का अध्ययन करने लगे।

उन्हीं दिनों गोवर्द्धन मठ के जगद्गुरु श्री शंकराचार्य महाराज पोरबंदर पधारे। इस अवसर पर उनकी अध्यक्षता में स्थानीय पंडितों की एक विचार-सभा बुलाई गई। स्वामीजी को अपने साथ लेकर शास्त्रीजी उक्त सभा में पहुँचे। वहाँ उपस्थित अधिकांश पंडित स्वामीजी के पांडित्य से अवगत थे। उनमें कुछ वयोवृद्ध पंडित ऐसे भी थे, जो स्वामीजी की ख्याति से ईर्ष्या करते थे। वे अध्यात्म एवं दर्शन से संबंधित प्रश्न पूछने लगे। स्वामीजी उन गूढ़ प्रश्नों के सटीक उत्तर देते रहे। उनकी तेजस्विता, पांडित्य एवं विनम्रता देखकर सभी 'वाह-वाह' कर उठे। शंकराचार्य ने भी उन्हें स्नेहपूर्वक अपने पास बुलाया तथा भाव-विह्वल होकर अंतर्मन से आशीर्वचन दिए।

स्वामीजी के पांडित्य से शास्त्रीजी भी प्रभावित तो थे ही। एक दिन शास्त्रीजी ने उनसे कहा, "स्वामीजी! मुझे तो लगता है कि इस देश में आप अधिक कुछ नहीं कर सकेंगे। यहाँ आपको भला कौन समझेगा! आप पाश्चात्य देशों में जाएँ। वहीं के लोग आपके विचारों और मर्यादा को समझ सकेंगे। पाश्चात्य देशों में आप हिंदू धर्म की व्याख्या करके उन्हें एक नवीन आलोक प्रदान करेंगे।"

इन बातों को सुनकर स्वामीजी अति प्रसन्न हुए। उन्हें ऐसा लगा कि उनके अंतर्मन में आलोड़ित-विलोड़ित हो रही अभिलाषा को शास्त्रीजी ने शब्दबद्ध कर दिया है। स्वामीजी ने कहा, "हाँ, एक दिन मैं उषःकाल में समुद्र-तट पर खड़ा था और सुदूर दिगंत आलोकोज्ज्वल तरंगमाला का नृत्य-कौशल देख रहा था। एकाएक मुझे ऐसा प्रतीत हुआ कि इस समुद्र को लाँघकर किसी सुदूर देश में जाना होगा।"

आज से लगभग 112 वर्ष पूर्व विदेश जाना कितना कठिन काम माना जाता था—इसका अनुमान भी लगाना मुश्किल है; लेकिन स्वामीजी ने विदेश जाने का दृढ़ निश्चय कर लिया था—इसके बावजूद कि तब विदेश जाने के साधन कम थे तथा समय और पैसे अधिक लगते थे, जबकि संन्यासी होने के कारण स्वामीजी के पास पैसा नहीं था।

उन दिनों स्वामीजी अत्यंत आतुर-व्याकुल थे। उन्हें अपने अंदर एक ऐसी अदम्य शक्ति का बोध हो रहा था, जो अभिव्यक्त होने का मार्ग ढूँढ़ रही थी। अपने राष्ट्र के नवजागरण का भाव उनके मस्तिष्क में रचा-बसा था। वे हिंदुओं में आत्मविश्वास उत्पन्न करना चाह रहे थे। उन्हें यह अनुभूति हुई कि यदि पश्चिम के ऐश्वर्य-संपन्न तथा शक्तिशाली राष्ट्र हमारे राष्ट्र की सांस्कृतिक उत्कृष्टता को

स्वीकार कर लें तो निश्चय ही हिंदुओं (जो पाश्चात्य देशों का अनुकरण-अनुसरण कर रहे हैं) का भी अपनी संस्कृति के प्रति आकर्षण, लगाव और विश्वास अवश्य बढ़ेगा। उन्होंने भारत के 20 प्रतिशत भाग पर शासन करनेवाले तथा करोड़ों हिंदुओं को प्रभावित करनेवाले हिंदू राजाओं के साथ मैत्री संबंध यह सोचकर स्थापित किए कि उनकी सहायता से वे अपने देश में भौतिक, शैक्षिक तथा सांस्कृतिक क्षेत्र में सुधार लाना चाहते थे।

स्वामीजी पोरबंदर से प्रस्थान कर द्वारका, मांडवी आदि स्थानों का भ्रमण करते हुए बड़ौदा पहुँचे। उन्होंने वहाँ के दीवान बहादुर मणिभाई का आतिथ्य स्वीकार किया और लगभग बीस दिन वहाँ रहे। इस अवधि में दो दिनों के लिए वे मध्य भारत के कुछ स्थानों पर भी गए। बड़ौदा से वे खंडवा पहुँचे। वहीं अपने भक्तों के सामने उन्होंने यह अभिलाषोद्घाटन किया कि वे निकट भविष्य में शिकागो में आयोजित होनेवाले विश्व धर्म सम्मेलन में भाग लेना चाहते हैं।

सितंबर 1892 में स्वामीजी बंबई से रेलगाड़ी द्वारा पूना जा रहे थे। रेलगाड़ी के उसी डिब्बे में उनके सहयात्री थे बाल गंगाधर तिलक। जब आपस में उनकी चर्चा हुई तो तिलक स्वामीजी से बहुत प्रभावित हुए। वे उन्हें पूना स्थित अपने घर ले गए और अपना अतिथि बनाया। वहाँ कुछ दिनों तक रहने के बाद स्वामीजी कोल्हापुर होते हुए बेलगाम पहुँचे। वहाँ से आगे चलकर वे बंगलौर पहुँचे। वहाँ के महाराजा ने उन्हें अपना अतिथि बनाया। वहीं राजा के दरबार में ऑस्ट्रिया से आए एक संगीतज्ञ को उन्होंने पाश्चात्य संगीत के बारे में अपने ज्ञान से आश्चर्यचकित कर दिया। उन्हीं दिनों उन्होंने अपनी अमेरिका-यात्रा के संदर्भ में महाराजा से चर्चा की। महाराजा ने प्रस्ताव रखा कि उसका व्यय-भार वे सहर्ष वहन करेंगे। लेकिन स्वामीजी ने कहा, "रामेश्वरम् जाकर शिवजी के दर्शन किए बिना मैं इस संबंध में निर्णय नहीं लूँगा।"

स्वामीजी बेलगाम के बाद त्रिवेंद्रम पहुँचे। वहाँ प्राध्यापकों, अधिकारियों तथा अन्य शिक्षित लोगों से उनकी धर्म-चर्चा हुई। उन सभी ने पाया कि गहन-गूढ़ विषयों पर उन्हें यथेष्ट ज्ञान प्राप्त है।

स्वामीजी त्रिवेंद्रम से रामेश्वरम् और फिर कन्याकुमारी गए—कई ग्रंथों में इसी बात का उल्लेख है। लेकिन त्रिवेंद्रम में स्वामीजी का आतिथ्य-सत्कार करनेवाले श्री सुंदरराम अय्यर के सुपुत्र श्री के.एस. रामास्वामी शास्त्री ने एक स्थान पर लिखा है

कि स्वामीजी त्रिवेंद्रम से सीधे कन्याकुमारी गए। वहाँ से वे रामनद और फिर रामेश्वरम् पहुँचे। रामेश्वरम् से वे वापस रामनद लौटे और वहाँ से मदुरै तथा पांडिचेरी होते हुए मद्रास गए। विद्वानों का मत है कि भौगोलिक दृष्टि से भी यही बात उपयुक्त प्रतीत होती है।

अधिकांश भारत का भ्रमण करने के दौरान स्वामीजी को हर तरह की स्थितियों का सामना करना पड़ा। कभी वे सामान्य व्यक्ति के अतिथि बनते तो कभी किसी राजा के; कभी किसी सामान्य व्यक्ति से धर्म-चर्चा करते तो कभी प्रकांड पंडित से; कभी उन्हें दोनों शाम भोजन करने को मिल जाता तो कभी राजस्थान की मरुभूमि पर चलते समय छह-छह दिनों तक उन्हें भूखे रहना पड़ा; कभी राजमहल में ठहरने को मिला तो कभी वृक्ष के नीचे ही दो-तीन रातें गुजारनी पड़ीं।

जुलाई 1890 से दिसंबर 1892 तक अपने भारत-भ्रमण के दौरान स्वामीजी ने इस बात पर जोर दिया कि संपन्न लोग अपने जिस धन को भोग-विलास में व्यय करते हैं, उसका एक छोटा सा अंश भी यदि वे आम आदमी की शिक्षा तथा कृषि-उन्नति पर व्यय कर दें तो संपूर्ण देश का कल्याण हो जाएगा।

15
अमेरिका यात्रा और विश्व धर्म सम्मेलन

जिस चरित्र में ज्ञान, भक्ति और योग—इन तीनों का सुंदर सम्मिश्रण है, वही सर्वोत्तम कोटि का है। एक पक्षी के उड़ने के लिए तीन अंगों की आवश्यकता होती है—दो पंख और पतवारस्वरूप एक पूँछ। ज्ञान एवं भक्ति मानो दो पंख हैं और योग पूँछ, जो सामंजस्य बनाए रखता है।

—स्वामी विवेकानंद

भारतीय उपमहाद्वीप की यात्रा के अंत में जब स्वामी विवेकानंद कन्याकुमारी पहुँचे तो बहुत व्यथित थे। देश भर की यात्रा में उन्हें सैकड़ों लोगों से मिलने का अवसर मिला। यहाँ की गरीबी, भेदभाव, ऊँच-नीच, धर्म के नाम पर आडंबर, जातिवाद, जमींदारी प्रथा की बुराइयों आदि को देख-सुन तथा अनुभव कर वे सदमे जैसी अवस्था में थे।

वे कन्याकुमारी के शांत समुद्र-तट पर अशांत खड़े थे। तभी उनकी नजर समुद्र के गर्भ में स्थित एक शिलाखंड (यही शिलाखंड बाद में 'विवेकानंद शिला' नाम से प्रसिद्ध हुआ) पर पड़ी। वे खतरनाक जलचरों से भरे सागर को तैरकर पार करते हुए उस शिलाखंड पर पहुँचे और चिंतन में डूब गए। अनेक विचार उनके मन-मस्तिष्क में डूब-उतर रहे थे। 'वे कैसे भारतीय प्रजा के दुःख को दूर करें? कैसे भूखों की भूख शांत करें? कैसे बेरोजगारों को रोजगार के अवसर दें।'

यहीं पर चिंतन के दौरान उन्हें याद आया कि उनके मित्र उन्हें शिकागो (संयुक्त राज्य अमेरिका) में होनेवाले विश्व धर्म सम्मेलन में भारत के प्रतिनिधि के रूप में भेजना चाहते हैं। वहाँ जाने से क्या होगा? क्या भारत में संपन्नता आ जाएगी? फिर उन्होंने सोचा कि वे अमेरिकी जन-समाज के बीच भारत का प्राचीन ज्ञान वितरण करेंगे और उसके बदले में विज्ञान व प्रौद्योगिकी भारत ले आएँगे। उन्होंने यह भी सोचा कि अमेरिका में यदि उनका अभियान सफल रहा तो इससे पश्चिम के लोगों के

मन में भारत की प्रतिष्ठा बढ़ेगी और भारतवासियों में भी आत्मविश्वास की वृद्धि होगी।

अंततोगत्वा उन्होंने शिकागो जाने का निश्चय कर लिया। उनके इस निश्चय से उनके मित्रों और शुभचिंतकों के बीच हर्ष की लहर दौड़ गई। खेतड़ी-नरेश ने उनकी यात्रा के लिए धन की व्यवस्था की।

31 मई, 1893 को जलयान में सवार होकर बंबई से स्वामीजी की यात्रा प्रारंभ हुई। उनका भगवा परिधान, पगड़ी और आकर्षक व्यक्तित्व अनेक लोगों को उनकी ओर आकर्षित करते थे। लेकिन जहाज का भीतरी माहौल विवेकानंद को नहीं भाता था। सूटकेस, बॉक्स, बटुए तथा कपड़ों की देखभाल का काम उन्हें बहुत झंझट भरा लगता था। लेकिन धीरे-धीरे उन्होंने स्वयं को उस माहौल में ढाल लिया।

जहाज का पहला पड़ाव श्रीलंका की राजधानी कोलंबो में पड़ा। यहाँ विवेकानंद ने हीनयान बौद्धों के मठ देखे। सिंगापुर के मार्ग में उन्हें मलय जाति के समुद्री डाकुओं के पुराने अड्डे देखने को मिले। हांगकांग के व्यस्त बंदरगाह में उन्हें चीन देश की प्रथम झलक मिली। इसके बाद केंटन, नागासाकी, ओसाका, क्योरो और टोकियो देखते हुए वे स्थल-मार्ग से याकोहामा आए।

जापानी लोगों की उन्नति और कला-प्रेम ने स्वामीजी को बहुत प्रभावित किया। स्वाधीन जापान ने कुछ ही वर्षों में पाश्चात्य देशों से प्रतिस्पर्धा करते हुए अद्‌भुत उन्नति की थी। ऐसी उन्नति वे भारत की भी चाहते थे।

जापान से जहाज द्वारा वे 15 जुलाई को कनाडा के वैंकूवर बंदरगाह पर उतरे। वहाँ से ट्रेन द्वारा शिकागो पहुँचे। शिकागो का आधुनिक परिवेश, आर्थिक संपन्नता, कल-कारखाने : स्वामीजी को सबकुछ नया-नया सा लग रहा था। उन्हें सब देखकर बहुत खुशी हुई; लेकिन ज्यों ही भारत की याद आई, उनका मन बोझिल-सा हो गया।

फिर वे सूचना केंद्र पर पहुँचे और विश्व धर्म सम्मेलन के बारे में जानकारी माँगी। जो सम्मेलन जुलाई में होना था उसे सितंबर के प्रथम सप्ताह तक के लिए स्थगित कर दिया गया था। साथ ही यह भी ज्ञात हुआ कि वहाँ का प्रतिनिधित्व हासिल करने के लिए किसी प्रतिष्ठित संस्था का प्रमाण-पत्र आवश्यक था। दूसरे, उन्हें बताया गया कि प्रतिनिधियों के लिए नामांकन पत्र भरने का समय भी अब निकल चुका है। यह सब स्वामीजी के लिए बहुत अप्रत्याशित था।

भारत से रवाना होते समय न तो खेतड़ी-नरेश ने और न उनके अन्य मित्रों ने विश्व धर्म सम्मेलन के विवरण, नियम आदि जानने की कोशिश की। उन्होंने सोचा कि इन युवा संन्यासी का व्यक्तित्व ही यथेष्ट है और इन्हें अलग से किसी प्रमाण-पत्र की आवश्यकता न होगी।

फिर सम्मेलन के जुलाई से सितंबर तक टल जाने के कारण स्वामीजी की जेब भी शीघ्र ही हलकी होने लगी। सितंबर तक शिकागो में रहकर अपना खर्च चला पाने के लिए उनके पास पैसे नहीं थे। उन्हें किसी ने बताया कि बोस्टन कम महँगा है। उन्होंने बोस्टन जाने का निर्णय किया। उनके आकर्षक व्यक्तित्व से प्रभावित होकर एक स्थानीय धनाढ्य महिला केट सेनबोर्न ने उन्हें अपने यहाँ आतिथ्य स्वीकार करने का आमंत्रण दिया। स्वामीजी ने भी खर्च बचाने की दृष्टि से यह आमंत्रण सहर्ष स्वीकार कर लिया।

यहाँ अनेक प्रतिष्ठित लोगों से उनका परिचय हुआ। हार्वर्ड विश्वविद्यालय के ग्रीक भाषा के प्रोफेसर जे.एच. राइट स्वामीजी से पहली ही भेंट में इतने प्रभावित हुए कि उन्हें विश्व धर्म सम्मेलन में प्रतिनिधि के रूप में स्थान दिलाने का सारा भार उन्होंने अपने ऊपर ले लिया। इसे दैवी व्यवस्था कहिए या स्वामीजी की प्रतिभा का चमत्कार कि एक असंभव-सा कार्य संभव हो गया था। प्रो. राइट ने सम्मेलन के अध्यक्ष को पत्र लिखा था कि "ये इतने बड़े विद्वान् हैं कि हमारे समस्त प्राध्यापकों को एकत्र करने पर भी वे इनकी बराबरी नहीं कर सकेंगे।"

पत्र लेकर नियत तिथि को स्वामी विवेकानंद शिकागो पहुँचे; लेकिन दुर्भाग्य से चयन समिति का पता खो बैठे। वह रात उन्होंने मालगाड़ी के एक डिब्बे में बिताई। सुबह जॉर्ज डब्ल्यू. हेल नाम की एक महिला ने उनकी सहायता की। उन्हें भोजन कराया और धर्म सम्मेलन के अध्यक्ष डॉ. जे.एच. बैरोन से मिलवाया। वहाँ उन्हें हिंदू धर्म के प्रतिनिधि के रूप में स्वीकार कर लिया गया।

विश्व धर्म सम्मेलन

11 सितंबर, 1893 का दिन भारतवासियों के लिए एक ऐतिहासिक दिन कहा जाएगा। इस दिन स्वामी विवेकानंद ने हिंदू धर्म के परचम को विश्व के सर्वोच्च स्थान पर फहराया था।

प्रातः 10.00 बजे सम्मेलन की कारवाई आरंभ हुई। इसमें ईसाई, हिंदू, जैन, बौद्ध, कन्फ्यूशियन, शिंतो, इसलाम तथा पारसी आदि धर्मों के विद्वानों ने भाग लिया और अपने-अपने विचार प्रकट किए।

शिकागो के आर्ट पैलेस का हॉल सात हजार प्रतिष्ठित नागरिकों से खचाखच भरा था।

मंच पर बीच में रोमन कैथोलिक चर्च के सर्वोच्च धर्माधिकारी कार्डिनल गिबन्स बैठे थे। उनके दाईं तथा बाईं ओर कलकत्ता ब्राह्मसमाज के प्रतापचंद्र मजूमदार, बंबई ब्राह्मसमाज के नागरकर, सिंहली बौद्ध धर्म के धर्मपाल, जैन धर्म के गांधी तथा थियोसॉफिकल सोसाइटी के चक्रवर्ती और एनी बेसेंट आदि विद्वान् बैठे थे। उन्हीं के साथ स्वामी विवेकानंद बैठे हुए थे।

प्रतिनिधिगण एक-एक कर उठते और अपना लिखित भाषण पढ़कर बैठ जाते। स्वामी विवेकानंद तो बिना तैयारी के गए थे। इतनी भीड़ के बीच में सार्वजनिक रूप से भाषण देने का उनका यह पहला अनुभव था, अतः दिल जोर से धड़क भी रहा था। कई बार बुलाए जाने पर भी वे अपनी बारी स्थगित करते गए। आखिरकार वे उठे ही। उन्हें उठना ही पड़ा।

मन-ही-मन देवी सरस्वती को प्रणाम कर वे बोले, "अमेरिकावासी बहनो और भाइयो!"

इतना सुनना था कि हजारों श्रोता अपनी कुरसियों से उठ खड़े हुए और तालियाँ बजाकर उनका स्वागत करने लगे। वे एकमात्र ऐसे वक्ता थे जिन्होंने औपचारिक शब्दों के स्थान पर इन आत्मीय शब्दों द्वारा संबोधन किया था।

श्रोताओं की इस हलचल को शांत होने में पूरे दो मिनट लगे। इसके बाद हिंदू धर्म की अन्य सभी धर्मों के प्रति सहानुभूति के विषय में संक्षेप में बोलने के बाद वे वापस अपनी जगह पर जा बैठे।

उनके छोटे किंतु सारगर्भित भाषण की अगले दिन के स्थानीय अखबारों में भूरि-भूरि प्रशंसा की गई। विश्व धर्म सम्मेलन के विज्ञान विभाग के सभापति माननीय मरविन मेरी स्नेल के शब्दों में, ''इसकी (सम्मेलन की) एक सबसे बड़ी देन यह है कि इसने ईसाई जगत् को—और विशेषकर अमेरिकी जनता को—यह समझा दिया कि ईसाई धर्म की तुलना में उससे भी अधिक सम्माननीय दूसरे धर्म हैं, जो दार्शनिक चिंतन की गहराई में, आध्यात्मिक निष्ठा में, स्वाधीन विचारधारा के तेज में, मानवीय सहानुभूति की विशालता में ईसाई धर्म को भी पीछे छोड़ जाते हैं और साथ ही नैतिक सौंदर्य एवं कार्य-कुशलता में भी उससे बिंदु मात्र भी न्यून नहीं हैं।''

एक यहूदी विद्वान् ने स्वामीजी का व्याख्यान सुनने के बाद कहा, ''मुझे जीवन में पहली बार अनुभव हुआ कि मेरा यहूदी धर्म सत्य है।''

केवल स्वामीजी ईश्वर के बारे में बोले, जो कि सभी धर्मों के चरम लक्ष्य तथा सार सर्वस्व हैं; जबकि अन्य सभी वक्ताओं ने अपने ही आदर्श अथवा संप्रदाय को श्रेष्ठ ठहराने के बारे में तर्क दिए।

यह सम्मेलन सत्रह दिन तक चला। स्वामी विवेकानंद अकसर सबसे आखिर में व्याख्यान देते थे। उनका व्याख्यान सुनने के लिए श्रोतागण आखिरी क्षण तक अपनी कुरसियों से चिपके रहते थे। अखबार उनकी खबरों से भरे रहते थे। शिकागो की सड़कों पर उनके आदमकद चित्र टाँग दिए गए थे। लोग उन्हें श्रद्धा से नमस्कार करके आगे बढ़ते थे।

जहाँ एक ओर प्रशंसकों की भीड़ थी तो कुछ कट्टर ईसाई उनकी सफलता से चिढ़ भी गए थे। वे तरह-तरह से स्वामीजी को बदनाम और परेशान करने लगे। लेकिन साँच को आँच नहीं। स्वामीजी भी इस निंदा-विष के दुष्प्रभाव से साफ बचे रहे।

धर्म सम्मेलन के अंतिम दिन 27 सितंबर को इसका उपसंहार करते हुए स्वामीजी ने कहा, ''ईसाई को हिंदू या बौद्ध नहीं हो जाना चाहिए और न हिंदू अथवा बौद्ध को ईसाई ही। पर हाँ, प्रत्येक को चाहिए कि वह दूसरों के सार-भाग को आत्मसात् करके पुष्टि-लाभ करे और अपने वैशिष्ट्य की रक्षा करते हुए अपनी निजी वृद्धि के नियम के अनुसार विकसित हो। इस धर्म सम्मेलन ने जगत् के समक्ष यदि कुछ प्रदर्शित किया है तो वह यह है : इसने यह सिद्ध कर दिया है कि शुद्धता, पवित्रता

और दयाशीलता किसी संप्रदाय विशेष की बपौती नहीं है और प्रत्येक धर्म ने श्रेष्ठ एवं उन्नतचरित्र नर-नारियों को जन्म दिया है। अब इन प्रत्यक्ष प्रमाणों के बावजूद यदि कोई ऐसा स्वप्न देखे कि अन्य सारे धर्म नष्ट हो जाएँगे और केवल उसका धर्म ही जीवित रहेगा तो मुझे उस पर अपने अंतर्हृदय से दया आती है और मैं उसे स्पष्ट कहे देता हूँ कि शीघ्र ही, सारे प्रतिरोधों के बावजूद, प्रत्येक धर्म की पताका पर यह लिखा होगा—'युद्ध नहीं—सहायता; विनाश नहीं—ग्रहण; मतभेद और कलह नहीं—मिलन और शांति'।''

विवेकानंद के इन शब्दों का बड़ा महत्त्वपूर्ण प्रभाव पड़ा। उन्होंने वेदांत की सार्वभौमिक वाणी का प्रचार किया था, जिसके फलस्वरूप आर्य धर्म, आर्य जाति और आर्य भूमि संसार की दृष्टि में पूजनीय हो गई। हिंदू जाति पद-दलित है, पर घृणित नहीं; दीन-दु:खी होने पर भी बहुमूल्य पारमार्थिक संपत्ति की अधिकारिणी है और धर्म के क्षेत्र में जगद्गुरु होने के योग्य है। अनेक शताब्दियों के बाद विवेकानंद ने हिंदू जाति को अपनी मर्यादा का बोध कराया, हिंदू धर्म को घृणा और अपमान के पंक से उबारकर उसे विश्व धर्म सम्मेलन में उच्च आसन पर प्रतिष्ठित किया।

इसके बाद स्वामीजी आहवा सिटी, डेस माइंस, मेंफिस, इंडियानापॉलिस, मिनियापॉलिस, डेट्रायट, बफेलो, हार्टफोर्ड, बोस्टन, कैंब्रिज, न्यूयॉर्क, बाल्टीमोर, वाशिंगटन तथा अन्य अनेक नगरों में व्याख्यान देने गए। इन तूफानी दौरों के चलते उन्हें 'तूफानी हिंदू' की संज्ञा दी गई। स्वामी विवेकानंद नकली ईसाई धर्म और अनेक ईसाई नेताओं के धार्मिक मिथ्याचार के प्रति विशेष कठोर थे। ऐसे लोगों पर स्वामीजी वज्र के समान टूट पड़ते थे। इस कारण उन्हें विरोध का सामना भी करना पड़ता था। लेकिन वे मानवता के प्रेमी थे। वे मानव को ही ईश्वर की सर्वोच्च अभिव्यक्ति मानते थे और वही ईश्वर विश्व में सर्वत्र सताए जा रहे थे। इस प्रकार अमेरिका में उनका दोहरा मिशन था। भारतीय जनता के पुनरुत्थान हेतु वे अमेरिकी धन, विज्ञान तथा प्रौद्योगिकी की सहायता लेना चाहते थे और बदले में अमेरिकी भौतिक प्रगति को सार्थक बनाने के लिए उन्हें आत्मा का अनंत ज्ञान देना चाहते थे।

यूरोप में धर्म-प्रचार

दो वर्ष अमेरिका में बिताकर स्वामीजी अगस्त 1895 में फ्रांस की राजधानी पेरिस पहुँचे। वे वहाँ के प्रतिष्ठित लोगों से मिले, धर्म-चर्चा हुई।

लंदन में उनका स्वागत कु. मूलर ने किया। वह अमेरिका में भी स्वामीजी से मिल चुकी थीं। यह वही देश था जिसने भारत को गुलाम बना रखा था। उन्होंने भारत की दुर्दशा के लिए कम-से-कम आंशिक रूप से विदेशी शासन को भी जिम्मेदार ठहराया। ब्रिटिश शासकों की दृष्टि में भारतवर्ष अंधविश्वास में डूबा हुआ एक अंधकारमय देश था। अत: वे सोच रहे थे कि अंग्रेज लोग क्या उन्हें धैर्यपूर्वक सुन सकेंगे?

लेकिन यहाँ भी शीघ्र ही स्वामीजी के व्याख्यानों की धूम मचने लगी। समाचार-पत्रों में उनकी भूरि-भूरि प्रशंसा होने लगी। एक अखबार में छपा—"लंदन के गण्यमान्य परिवार की महिलाओं को, कुरसियों के अभाव में, ठीक भारतीय शिष्यों की तरह जमीन पर पालथी मारकर बैठे व्याख्यान सुनते हुए देखना वास्तव में एक दुर्लभ दृश्य था। स्वामीजी ने अंग्रेज जाति के हृदय में भारत के प्रति प्रेम और सहानुभूति का जो उद्रेक कर दिया है, वह भारतवर्ष के लिए विशेष रूप से लाभकारी होगा।"

पुनः अमेरिका में

लंदन में अभी तीन महीने हुए थे कि अमेरिकी शिष्यों ने अनुरोध करके उन्हें पुन: अमेरिका बुलवा लिया।

6 सितंबर को वे पुन: अमेरिका पहुँचे। फरवरी 1896 में उन्होंने न्यूयॉर्क में 'वेदांत समिति' की स्थापना की। बाद में उन्होंने डेट्रायल एवं बोस्टन आदि नगरों में भी इसी प्रकार की समितियों का गठन करके उनके संचालन का प्रभार अपने शिष्यों को सौंप दिया।

इसी बीच लंदन से बुलावा आने पर वे अप्रैल 1896 में लंदन पहुँचे। उन्हें सहयोग देने के लिए भारत से गुरुभाई शारदानंद भी लंदन आ पहुँचे थे।

यहाँ आयरलैंड में जनमी मार्गरेट नामक एक शिक्षित महिला स्वामीजी की

शिष्या बनीं, जो बाद में भारत चली आईं और 'भगिनी निवेदिता' के नाम से सुपरिचित हुईं।

लंदन में स्वामी विवेकानंद और शारदानंद के तूफानी व्याख्यान आरंभ हो गए। एक सभा में स्वामीजी का व्याख्यान समाप्त हो जाने पर पके बालोंवाले एक प्रसिद्ध दार्शनिक ने उनसे कहा, "आपका व्याख्यान बड़ा ही सुंदर रहा है, महाशय। परंतु आपने कोई नई बात तो कही नहीं है।"

स्वामीजी ने अविलंब उत्तर दिया, "महाशय! जो सत्य है वही मैंने आप लोगों को बताया है और सत्य उतना ही प्राचीन है जितने कि ये पर्वत, उतना ही प्राचीन है जितनी कि यह मानवता, उतना ही प्राचीन है जितना कि यह ब्रह्मांड और उतना ही प्राचीन है जितना कि परमेश्वर। यदि मैं उसी सत्य को ऐसी भाषा में प्रस्तुत कर सका हूँ जो आपकी विचार-शक्ति को प्रेरित करता है और आपके चिंतन के अनुरूप जीवन-यापन में सहायक होता है, तो क्या मेरा बोलना सार्थक नहीं हुआ?" स्वामीजी के इन वाक्यों का जोर की तालियों के साथ स्वागत हुआ।

ऑक्सफोर्ड में स्वामीजी की भेंट महान् जर्मन संस्कृतज्ञ एवं भारतविद् मैक्समूलर से हुई। मैक्समूलर का भारत-प्रेम देखकर स्वामीजी अभिभूत हो उठे।

यहाँ गुडविन, हेनरियेटा मूलर, स्टर्डी, श्री एवं श्रीमती सेवियर आदि लोग उनके अंतरंग संपर्क में आए और जीवन भर उनके अनन्य शिष्य बने रहे।

लंदन प्रवास के दौरान ही उन्हें कील विश्वविद्यालय के दर्शन के प्राध्यापक सुप्रसिद्ध प्राच्यविद् पॉल डॉयसन का पत्र मिला। उन्होंने स्वामीजी को जर्मनी आने का आमंत्रण दिया था। स्वामीजी उनके आमंत्रण को टाल नहीं सके।

डॉयसन ने स्वामीजी को कील नगरी का भ्रमण करवाया और वेदांत आदि विषयों पर गंभीर चर्चा हुई। कुछ दिन वहाँ रहकर स्वामीजी हॉलैंड और एम्सटरडम होते हुए वापस लंदन आ गए।

लंदन में स्वामीजी पुन: व्यस्त हो गए। इसी बीच भारत से स्वामी अभेदानंद भी लंदन आ गए। 27 अगस्त, 1896 को ब्लूम्सबेरी स्क्वेयर के एक क्लब में स्वामी अभेदानंद का पहला व्याख्यान हुआ। उसे सुनकर स्वामीजी ने कहा, "अब यदि मैं इस लोक से विदा भी हो जाऊँ तो मेरा संदेश इन प्रिय होंठों से उच्चरित होता रहेगा और जगत् सुनेगा।"

इसी प्रकार स्वामी शारदानंद न्यूयॉर्क में स्वामी विवेकानंद के काम को आगे बढ़ा रहे थे और उनकी सफलता के चर्चे अखबारों में छपते रहते थे।

इंग्लैंड में धर्म-प्रवर्तन के कार्य से स्वामीजी सर्वथा संतुष्ट थे, तो भी उन्होंने अमेरिका के समान वहाँ कोई संगठित कार्य आरंभ नहीं किया। उनके तत्कालीन पत्र एवं वार्तालाप से ऐसा लगता था कि वे इस संसार से ऊब रहे थे। यद्यपि जागतिक दृष्टि से वे तब सफलता के शिखर पर पहुँच चुके थे, परंतु वे अब ब्रह्मानुभूति से प्राप्त होनेवाली शांति के लिए व्याकुलता का अनुभव कर रहे थे। उन्हें लग रहा था कि इस जगत् में अब उनका कार्य समाप्त हो चुका है।

16

स्वदेश वापसी

मनुष्य चाँदी के कुछ टुकड़ों के पीछे दौड़ता रहता है और उनकी प्राप्ति के लिए अपने एक सजातीय को भी धोखा देने में नहीं हिचकता; पर यदि वह स्वयं पर नियंत्रण रखे तो कुछ ही वर्षों में अपने चरित्र का ऐसा सुंदर विकास कर सकता है कि यदि वह चाहे तो लाखों रुपए उसके पास आ जाएँ। तब वह अपनी इच्छा–शक्ति से जगत् का परिचालन कर सकता है।

—स्वामी विवेकानंद

लगभग तीन वर्ष विदेश में बिताकर 16 दिसंबर, 1896 को स्वामी विवेकानंद लंदन से स्वदेश के लिए रवाना हुए। उनके साथ गुडविन और सेवियर दंपती आदि भी थे। ये तीन वर्ष सतत यात्रा और व्याख्यान में बीते थे। जहाज की दो सप्ताह की यात्रा के दौरान स्वामीजी ने विश्राम का आनंद लिया और अपनी भावी योजनाओं के बारे में अपने शिष्यों से विचार–विमर्श किया।

15 जनवरी, 1897 को प्रात: जहाज ने कोलंबो समुद्र–तट का स्पर्श किया। वहाँ कैसा दृश्य उपस्थित होगा, किसी ने कल्पना नहीं की थी। जैसे ही स्वामीजी के कदम बंदरगाह पर पड़े, हजारों लोगों ने 'जय–जयकार' की ध्वनि के साथ उनका स्वागत किया। प्रतिष्ठित नागरिकों ने एक विशाल शोभायात्रा का आयोजन किया। उन्हें मानपत्र भी प्रदान किया गया।

श्रीलंका के कैंडी, अनुराधापुरम्, जाफना आदि स्थानों पर स्वामीजी ने दस दिन बिताए और वेदांत दर्शन, सनातन धर्म आदि विषयों पर ओजस्वी व्याख्यान दिए। वहाँ से वे रामेश्वरम्, त्रिचरापल्ली और कुंभकोणम होते हुए मद्रास पहुँचे। वहाँ भी हजारों की भीड़ उनके स्वागत को उमड़ पड़ी। वहाँ उन्होंने पाँच व्याख्यान दिए और नौ दिन बिताए।

स्वामीजी की ओजस्वी वाणी ने भारतवासियों के जीवन में उथल–पुथल मचा दी। निर्भीक जन–जागरण ने संगठित हो राष्ट्रवाद को नई दिशा दी। उन्होंने भविष्य के

भारत में अपना-अपना स्थान ग्रहण करने को आम जनता का आह्वान किया, ''नया भारत निकल पड़े मोदी की दुकान से, भड़भूजे के भाड़ से, कारखाने से, हाट से, बाजार से; निकल पड़े झाड़ियों, जंगलों, पहाड़ों, पर्वतों से।''

जनता ने स्वामीजी की पुकार का उत्तर दिया। वह गर्व के साथ निकल आई। गांधीजी को आजादी की लड़ाई में जो जन-समर्थन मिला, वह विवेकानंद के आह्वान का ही फल था। वस्तुतः स्वामी विवेकानंद भारत के स्वाधीनता आंदोलन के एक प्रमुख प्रेरणा-स्रोत थे।

20 फरवरी, 1897 को स्वामीजी मद्रास से कलकत्ता पहुँचे। वहाँ उनका अभूतपूर्व सार्वजनिक अभिनंदन किया गया। वहाँ लोगों का आह्वान करते हुए उन्होंने कहा, ''अगले पचास वर्षों के लिए राष्ट्र ही हमारा एकमात्र देवता हो। सर्वप्रथम विराट् की पूजा करनी होगी—सेवा नहीं, पूजा। ये मनुष्य, ये पशु—ये ही तुम्हारे ईश्वर हैं, और तुम्हारे प्रथम उपास्य तुम्हारे देशवासी ही हैं।''

रामकृष्ण मिशन की स्थापना

संगठन की शक्ति ने स्वामीजी को मोहित कर लिया था, इसका प्रत्यक्ष प्रभाव वे पश्चिमी देशों में देख चुके थे। अतः धर्म-प्रचार और जन-सेवा कार्य के विस्तार के लिए उन्होंने 1 मई, 1897 को 'रामकृष्ण मिशन' की स्थापना की।

इसके कुछ दिनों बाद ही स्वामी विवेकानंद उत्तर भारत की यात्रा पर निकल पड़े। लखनऊ में उनका हार्दिक स्वागत हुआ। कुछ दिन उन्होंने अल्मोड़ा में बिताए। इसके बाद पंजाब, कश्मीर, सियालकोट, लाहौर और देहरादून होते हुए दिल्ली, अलवर, किशनगढ़, अजमेर, जोधपुर, इंदौर एवं खंडवा भी गए।

स्वामीजी के इस तूफानी दौरे से उनके स्वास्थ्य पर विपरीत प्रभाव पड़ रहा था; लेकिन वे सतत यात्रारत रहे।

मार्च 1898 में कलकत्ता में प्लेग फैलने का समाचार सुनकर स्वामीजी वहाँ लौटकर प्लेग-निवारण के कार्य में जुट गए। प्लेग शांत हो गया तो वे अपने कुछ शिष्यों के साथ नैनीताल की यात्रा पर गए। हिमालय क्षेत्र में एक मठ की स्थापना करना इस यात्रा का उद्देश्य था।

सेवियर दंपती के धन से मार्च 1899 में अल्मोड़ा जिले में 'मायावती' नामक अद्वैत आश्रम (मठ) की स्थापना हुई। मि. सेवियर को उसका अध्यक्ष बनाया गया। स्विट्जरलैंड में आल्प्स पर्वतमाला का परिदर्शन करने के बाद से ही स्वामीजी के मन में हिमालय की निर्जनता में एक ऐसा मठ स्थापित करने की इच्छा घर कर गई थी, जहाँ केवल शुद्ध अद्वैत की ही शिक्षा एवं साधना होगी। श्री एवं श्रीमती सेवियर ने स्वामीजी के इस विचार को रूपायित करने का संकल्प लिया और 65,000 फीट की ऊँचाई पर स्थित मायावती में अद्वैत आश्रम की स्थापना हुई।

17

पुनः विदेश यात्रा

भिनभिनाते रहनेवाले पुरुष के लिए सभी कर्तव्य नीरस होते हैं। उसे कभी किसी चीज से संतोष नहीं होता और फलस्वरूप उसका जीवन दूभर हो उठना और असफल हो जाना स्वाभाविक है। हमें चाहिए कि हम काम करते रहें—जो कुछ भी हमारा कर्तव्य हो, उसे करते रहें। अपना कंधा सदैव काम से भिड़ाए रखें। तभी अवश्य हमें प्रकाश की उपलब्धि होगी।

—स्वामी विवेकानंद

अमेरिका में अभेदानंद स्वामी धर्म-प्रचार में लगे थे। वे और अन्य अनेक शिष्य स्वामी विवेकानंद को वहाँ आने के लिए पत्र लिखते रहते थे। इधर उत्तर भारत की सघन यात्रा ने उनके शरीर को जर्जर करके रख दिया था। चिकित्सकों ने उन्हें पूरे विश्राम की सलाह दी थी। लेकिन अंततः पश्चिम के बुलावे पर वे एक बार पुनः अमेरिका जाने के लिए उद्यत हो उठे।

20 जून, 1899 को कलकत्ता से उनकी यात्रा आरंभ हुई। जहाज में उनके साथ स्वामी तुरीयानंद और भगिनी निवेदिता भी थे। अगस्त के मध्य में वे अमेरिका पहुँचे। वहाँ न्यूयॉर्क, न्यू जर्सी, लॉस एंजिल्स, पॅसाडेना, शिकागो, डेट्रायट और कैलिफोर्निया में अनेक व्याख्यान दिए। उन्होंने स्वामी तुरीयानंद को कैलिफोर्निया में आश्रम की स्थापना के लिए भी प्रेरित किया।

मानव की व्यथा के प्रति वे बहुत संवेदनशील थे। 12 दिसंबर, 1899 के दिन उन्होंने अपने एक अमेरिकी मित्र को लिखा—"अनेक वर्षों पूर्व मैं हिमालय में गया था, इस निश्चय के साथ कि फिर वापस नहीं लौटूँगा। इधर मुझे समाचार मिला कि मेरी बहन ने आत्महत्या कर ली है। फिर मेरे दुर्बल हृदय ने मुझे उस शांति की आशा से दूर फेंक दिया! फिर उसी दुर्बल हृदय ने जिन्हें मैं प्यार करता हूँ, उनके लिए भिक्षा माँगने मुझे भारत से दूर फेंक दिया और आज मैं अमेरिका में हूँ! शांति का मैं प्यासा हूँ;

किंतु प्यार के कारण मेरे हृदय ने मुझे उसे पाने न दिया। संघर्ष और यातनाएँ, यातनाएँ और संघर्ष! खैर, मेरे भाग्य में जो लिखा है, वही होने दो और जितना शीघ्र वह समाप्त हो जाए उतना ही अच्छा है।''

अमेरिका में फिर उन्हें ऊब होने लगी थी। वे स्वदेश लौटने को व्यग्र थे। 20 जुलाई, 1900 को वे अपने चार मित्रों के साथ पेरिस आ गए। वहाँ से विएना, हंगरी, सर्बिया, रोमानिया और बुल्गारिया भ्रमण करते हुए मिस्र की राजधानी काहिरा पहुँचे। वहाँ उन्हें पूर्वाभास हुआ कि श्री सेवियर को कुछ हुआ है। इसके बाद वे भारत लौटने के लिए आतुर हो उठे और जो भी पहला जहाज मिला, उसी से अकेले बंबई की यात्रा की।

18

अंतिम कुछ माह

धर्म ऐसी वस्तु नहीं है कि दवाई की गोली के समान निगल ली जाए। इसके लिए लगातार तथा बड़े अभ्यास की आवश्यकता है। धीरे-धीरे और लगातार अभ्यास से मन काबू में लाया जा सकता है।

—स्वामी विवेकानंद

स्वामीजी जहाज पर से भारत-भूमि (बंबई) को देखते ही प्रफुल्लित हो उठे। बंबई बंदरगाह पर उतरकर उन्होंने तत्काल कलकत्ता की ओर प्रस्थान किया। उन्होंने निश्चय कर लिया था कि इस बार अभिनंदन, भाषण आदि से दूर रहना है। इसलिए उन्होंने अपने इस आगमन का संवाद गुप्त रखा था। वे रेलगाड़ी पर भी चुपचाप औरों की दृष्टि से स्वयं को बचाते हुए चढ़े। गाड़ी 8 दिसंबर, 1900 को हावड़ा पहुँची। उस दिन रात्रि में लगभग 8 बजे वे बेलूर मठ पहुँचे। चूँकि उन्होंने अपने आने की सूचना मठ में भेजी नहीं थी, इसलिए वहाँ इस संबंध में किसी को कुछ मालूम नहीं था। उनके गुरुभाइयों ने जब उन्हें अचानक वहाँ देखा तो सभी प्रसन्नता से झूम उठे। स्वामीजी ने किसी चंचल बालक की तरह उनसे कहा, ''बाहर से भोजन की घंटी सुनकर मैंने सोचा कि यदि तुरंत नहीं पहुँचूँगा तो फिर भोजन नहीं मिलेगा। इसीलिए दीवार फाँदकर चला आया। मुझे बहुत जोर से भूख लगी है। यथाशीघ्र कुछ खाने के लिए दो।'' और फिर उन्होंने सभी के साथ बैठकर खिचड़ी खाई।

मठ में उन्हें सूचना मिली कि श्री सेवियर का निधन हो चुका है। इस बात का पूर्वाभास उन्हें मिस्र में मिल चुका था। कुछ क्षण वे शोक में डूब गए। बाद में अपनीव्यथा को उन्होंने एक पत्र में प्रकट किया था—''इस प्रकार दो अंग्रेज महानुभावों (एक—सेवियर, दूसरे—गुडविन) ने हमारे लिए—हिंदुओं के लिए आत्मोत्सर्ग किया। इसी को शहीद होना कहते हैं। उनके द्वारा स्थापित आश्रम के किनारे से जो नदी बहती है, उसी के तट पर हिंदू रीति से उनका अंतिम संस्कार किया गया...।''

'मायावती मठ' के अध्यक्ष सेवियर के निधन के बाद आश्रम कैसे चल रहा है—यह देखने तथा श्रीमती सेवियर को सांत्वना देने के उद्देश्य से स्वामी विवेकानंद को मायावती मठ जाना था, इसीलिए वे आनन-फानन में विदेश से यहाँ आए थे। यहाँ आते ही उन्होंने 'मायावती मठ' जाने की तैयारी आरंभ कर दी। इस तैयारी में कुछ दिन लगना तो स्वाभाविक ही था। 27 दिसंबर को उन्होंने मठ के लिए प्रस्थान किया। उन दिनों काठगोदाम से आगे जोर का हिमपात हो रहा था। एक तो पहले से ही स्वास्थ्य प्रतिकूल, ऊपर से इतना हिमपात और इन्हीं परिस्थितियों में लंबी यात्रा—स्वामीजी का स्वास्थ्य शिष्यों की यथेष्ट सेवा के बावजूद और भी खराब हो गया। 3 जनवरी, 1901 को मठ पहुँचकर उन्होंने श्रीमती सेवियर से कहा भी, "वस्तुतः मेरा स्वास्थ्य अब टूट गया है; परंतु मेरा मस्तिष्क अभी भी पूर्णतः सबल तथा कार्यक्षम है।"

हिमालय पर स्थित इस सुनसान मठ का शांत परिवेश स्वामीजी को अत्यंत प्रिय लगा। मगर वहाँ भी उन्हें व्यस्त ही रहना पड़ा। शास्त्र-चर्चा तो प्रायः होती ही रहती थी। इसके अतिरिक्त उन्होंने 'प्रबुद्ध भारत' पत्रिका के लिए तीन सारगर्भित लेख भी लिखे, जिनके शीर्षक थे—'आर्य व तमिल', 'थिओसॉफी पर मंतव्य' तथा 'सामाजिक सभा में श्री रानाडे के भाषण की समालोचना'।

मठ में असह्य ठंड के कारण स्वामीजी अंततः 24 जनवरी, 1901 को बेलूर मठ लौट आए। मठ के कार्य पूर्वानुरूप ही चल रहे थे। उनके आने पर वहाँ के संन्यासियों का उत्साह कई गुना बढ़ गया।

स्वामीजी को यह स्मरण था कि उनकी माताजी पूर्वी बंगाल (वर्तमान बँगलादेश) तथा असम के तीर्थस्थानों का दर्शन करने की अभिलाषा कई दिनों से प्रकट कर रही थीं। हालाँकि उन दिनों स्वामीजी का स्वास्थ्य प्रतिकूल था, तथापि इस ओर ध्यान न देकर उन्होंने अपनी माताजी, उनकी अन्य संगिनियों तथा कुछ संन्यासी शिष्यों को साथ लेकर 18 मार्च, 1901 को ढाका के लिए प्रस्थान किया। वहाँ पहुँचने पर उन सभी का, विशेषकर स्वामीजी का, हजारों लोगों ने जोरदार स्वागत किया। 25 मार्च को ब्रह्मपुत्र नदी में स्नान करने के बाद स्वामीजी को हलका ज्वर हो आया। अतः वे ढाका लौट आए। ढाका में भी उनकी धर्म-चर्चा अनवरत जारी रही। 30 मार्च को वहाँ के एक महाविद्यालय में लगभग दो हजार लोगों के सम्मुख 'मैंने क्या सीखा है'

विषय पर उन्होंने दो घंटे तक अंग्रेजी में भाषण दिया। उसके अगले दिन 'मेरा जन्मजात धर्म' विषय पर भी उन्होंने तीन हजार लोगों के सामने दो घंटे तक भाषण दिया।

स्वामीजी ने अपनी माताजी तथा अन्य लोगों के साथ ढाका से कामाख्या पीठ तथा चंद्रनाथ के दर्शन के लिए यात्रा की। रास्ते में खालपाड़ा तथा गुवाहाटी में कुछ दिनों तक रुकना पड़ा। गुवाहाटी में स्वामीजी ने तीन भाषण दिए।

इन्हीं दिनों स्वामीजी का स्वास्थ्य अधिक खराब होता गया। कामाख्या पीठ से गुवाहाटी लौटते समय तो उनका स्वास्थ्य इतना अधिक खराब हो गया कि साथ के सभी लोग चिंतित हो गए। सभी शिष्यों ने यह सोचकर कि शिलांग की जलवायु उनके लिए संभवत: अनुकूल होगी, उन लोगों ने स्वामीजी से शिलांग चलने का अनुरोध किया। स्वामीजी ने यह अनुरोध स्वीकार कर लिया। तब वे सभी लोग वहाँ से शिलांग पहुँचे।

असम के तत्कालीन चीफ कमिश्नर हेनरी कॉटन ने जब स्वामीजी के आगमन का समाचार सुना तो बहुत प्रसन्न हुए। वहाँ स्वास्थ्य में थोड़ा सा सुधार होने पर स्वामीजी ने कॉटन साहब के अनुरोध पर एक भाषण दिया। उक्त समारोह में उपस्थित हजारों लोगों में बड़ी संख्या में स्थानीय यूरोपीय भी मौजूद थे।

स्वामीजी के स्वास्थ्य में सुधार-बिगाड़ जारी था। कॉटन साहब ने उनकी चिकित्सा के लिए स्थानीय सिविल सर्जन को नियुक्त कर दिया। वे नियमित रूप से इस कार्य में लग गए, लेकिन इसका कोई विशेष लाभ नहीं दिखा। एक दिन तो रात में दमा बढ़ जाने के कारण उनका स्वास्थ्य इतना अधिक खराब हो गया कि शिष्यों ने समझा कि अब अंत सन्निकट है। लेकिन संभवत: उन शिष्यों की कातर प्रार्थना के परिणामस्वरूप सुबह होते-होते स्वामीजी का श्वास-कष्ट काफी हद तक कम हो गया।

अंतत: अपनी इस यात्रा का समापन करके स्वामीजी सभी लोगों के साथ बेलूर मठ लौट आए। अब तक उनका दमा और मधुमेह दोनों ही बढ़ गए थे। इससे चिंतित होकर उनके गुरुभाइयों ने तत्काल उनकी चिकित्सा की समुचित व्यवस्था की तथा उनसे अनुरोध किया कि अब वे पूरी तरह विश्राम करें। इस अनुरोध को मानकर उन्होंने अपनी समस्त गतिविधियाँ स्थगित कर दीं तथा वैद्य के परामर्शानुसार परहेज

करते हुए दैनिक जीवन व्यतीत करने लगे, हालाँकि इस परहेज के अनुसार रहना उन्हें अत्यंत कष्टकर प्रतीत होता था। इसीलिए कभी-कभी वे विरक्त होकर अपने शिष्यों से कह भी देते थे, "रहने दो अपने ये नियम। दूसरों के कल्याण के लिए होने दो देहपात, क्या आता-जाता है इससे! घर का दरवाजा बंद करके चुपचाप जीवित रहने से भी क्या लाभ?"

इतने प्रतिकूल स्वास्थ्य के बावजूद स्वामी विवेकानंद की स्मरण-शक्ति कितनी प्रखर थी—इस बात का पता 'विवेकानंदजी के संग में' पुस्तक में वर्णित एक प्रसंग से लगता है। उसके अनुसार—अनाहार तथा अनिद्रा की इस स्थिति में भी स्वामीजी को विश्राम नहीं था। कुछ दिन पूर्व मठ में नई 'ब्रिटानिका इन्साइक्लोपीडिया' खरीदी गई थी। उन पुस्तकों को देखकर एक शिष्य ने स्वामीजी से कहा, "इतनी पुस्तकें तो एक जीवन में पढ़ना कठिन है।"

स्वामीजी ने कहा, "आप इन दस पुस्तकों में से जो पूछना चाहते हैं, पूछ लें।"

शिष्य ने विस्मित होकर पूछा, "क्या आपने इन पुस्तकों को पढ़ लिया है?"

स्वामीजी बोले, "तो क्या बिना पढ़े बोल रहा हूँ?"

इसके बाद स्वामीजी के कहने पर उक्त शिष्य उन दस खंडों में से चुन-चुनकर कठिन विषयों से संबंधित प्रश्न पूछने लगा। वह यह देखकर चकित रह गया कि स्वामीजी ने उन प्रश्नों के उत्तर की पंक्तियाँ शब्दशः कह डालीं। फिर उन्होंने कहा, "एकमात्र ब्रह्मचर्य का पालन ठीक-ठीक कर लेने पर सभी विद्याएँ एक मुहूर्त में ही सीखी जा सकती हैं—मनुष्य श्रुतिधर, स्मृतिधर बन जाता है।"

अगस्त माह तक स्वामीजी के स्वास्थ्य में पर्याप्त सुधार हुआ। उनकी इच्छा से ही मठ में उन दिनों (उस वर्ष) दुर्गा-पूजा, लक्ष्मी-पूजा तथा काली-पूजा शास्त्र-विधि से अनुष्ठित हुई। इस प्रकार स्वामीजी ने आध्यात्मिक जीवन के गठन में धार्मिक अनुष्ठानों की महत्ता प्रतिपादित की। अक्तूबर मास में स्वामीजी का स्वास्थ्य फिर खराब होने लगा। इस बार वे बिस्तर पर पड़ गए। तब कलकत्ता के प्रसिद्ध चिकित्सक डॉ. सेंडर्स उनका इलाज करने लगे; परंतु कोई विशेष लाभ नहीं हुआ। इस कारण उनके शिष्य आगंतुकों के साथ स्वामीजी को अधिक देर तक बातचीत भी नहीं करने देते थे। मगर स्वामीजी चुपचाप बैठनेवाले कहाँ थे? अकसर या समय मिलते ही वे छोटे-छोटे घरेलू कार्य करने लग जाते थे। कभी-कभी देर तक पद्मासन में बैठकर ध्यानमग्न हो जाते थे।

बहुत दिनों से स्वामीजी की अभिलाषा थी कि कलकत्ता में एक वेद विद्यालय की स्थापना की जाए। वे जानते थे कि इस कार्य में विपुल धनराशि एवं कुछ चरित्रवान् धार्मिक तथा वेदज्ञ अध्यापकों की आवश्यकता होगी। अत: उन्होंने इस दिशा में अपने कदम आगे नहीं बढ़ाए। सन् 1901 और 1902 में वे इस कार्य को पूर्ण करना चाहते थे। इस संदर्भ में उन्होंने अपने गुरुभाइयों से विचार-विमर्श किया था। कुछ अर्थ-संग्रह भी उन्होंने कर लिया था। वे चाहते थे कि फिलहाल एक योग्य पंडित की देख-रेख में मठ में ही ऐसे एक विद्यालय की स्थापना कर दी जाए। इसी योजनांतर्गत उन्होंने स्वामी त्रिगुणातीतानंद को परामर्श दिया कि 'उद्बोधन' प्रेस को बेच डालें। उससे जो धन मिला, उसे उक्त विद्यालय की स्थापना के लिए सुरक्षित रखा गया। दुर्भाग्यवश उनकी यह अभिलाषा पूरी नहीं हो पाई।

उसी वर्ष (सन् 1901) के अंत में जापान के दो विख्यात विद्वान् आकर स्वामीजी से मिले। वे चाहते थे कि जापान में एक विश्व धर्म सम्मेलन आयोजित किया जाए।

विकास-पथ पर तीव्रता से अग्रसर हो रहे जापान में धर्म-भाव के अभाव तथा वहाँ धर्म सम्मेलन के आयोजन की बात सुनकर स्वामीजी उल्लास से भर उठे। लेकिन शारीरिक रूप से अस्वस्थ होने के कारण वे जापान नहीं जा सके। वहाँ उनके न जाने का एक कारण और था—उन्हें यह आशा नहीं थी कि जापानी लोग अद्वैतवाद के त्याग के आदर्श की महत्ता को समझ पाएँगे।

अंतत: उक्त दोनों विद्वानों में से एक श्रीयुत ओकाकुरा ने स्वामीजी से अनुरोध किया कि वे उनके साथ बोधगया चलें, जहाँ भगवान् बुद्ध को निर्वाण प्राप्त हुआ था। चूँकि उन दिनों उनका स्वास्थ्य पहले की अपेक्षा कुछ बेहतर था, अत: स्वामीजी वहाँ जाने के लिए तैयार हो गए।

जनवरी 1902 में स्वामीजी ओकाकुरा के साथ बोधगया गए। उल्लेखनीय है कि स्वामीजी श्री रामकृष्ण परमहंस देवजी के जीवनकाल में ही बोधगया गए थे और उसी बोधिवृक्ष के नीचे सत्य-प्राप्ति की इच्छा से ध्यानमग्न हुए थे। वे इस बार पुन: उसी वृक्ष के नीचे पद्मासन में ध्यानमग्न हुए। वहाँ के मठ के महंत महाराज स्वामीजी के नाम और काम को अच्छी तरह जानते थे। उन्होंने उनकी सुविधा के लिए सारी व्यवस्था कर दी। वहाँ कुछ दिनों तक ध्यान के आनंद में व्यतीत करने के पश्चात्

स्वामीजी काशी के लिए प्रस्थान कर गए। उल्लेखनीय है कि पिछली बार जब वे वहाँ गए थे तब उन्होंने कहा था, ''जब तक मैं समाज पर वज्र की भाँति बरस नहीं पड़ूँगा, तब तक अगली बार यहाँ नहीं आऊँगा।'' उन्होंने अपने इस कथन को सिद्ध कर दिया। इस बार यहाँ के पुरोहितों ने उनका भरपूर सम्मान किया। काशी के महाराज ने वहाँ एक मठ की स्थापना के लिए धन भी दिया। स्वामीजी ने इस प्रस्ताव को स्वीकार कर लिया और कलकत्ता लौटने के बाद वहाँ का कार्य आरंभ करने के लिए स्वामी शिवानंद को भेजा।

19

महासमाधि

मेरी अभिलाषा है कि मैं बार–बार जन्म लूँ और हजारों दुःख भोगता रहूँ, ताकि मैं उस एकमात्र संपूर्ण आत्माओं के समष्टि रूप ईश्वर की पूजा कर सकूँ, जिसकी सचमुच सत्ता है और जिसका मुझे विश्वास है सबसे बढ़कर सभी जातियों और वर्णों के पापी, तापी व दरिद्र रूपी ईश्वर ही मेरा विशेष उपास्य है।

—स्वामी विवेकानंद

स्वामीजी का स्वास्थ्य पुन: काफी खराब हो गया, यहाँ तक कि उनके पैर सूज गए तथा शरीर अत्यंत संवेदनशील हो गया। उन्हें नींद नहीं आ रही थी। उन्होंने नमक लेना बिलकुल बंद कर दिया था। वैद्य की सख्त मनाही के कारण उन्होंने जल की एक बूँद भी ग्रहण नहीं की थी। उन्हीं दिनों मठ में श्री रामकृष्ण देव का जयंती समारोह मनाया गया, जिसमें भाग लेने के लिए तीस हजार से भी अधिक श्रद्धालु वहाँ आए थे; किंतु स्वामीजी वहाँ नहीं पहुँच पाए। अपने कमरे से ही वे सबकुछ देखते रहे।

इस समारोह के बाद के दिनों के बारे में भगिनी निवेदिता ने एक स्थान पर लिखा है—"एक दिन स्वामीजी किसी गुरुभाई के साथ अतीत की घटनाओं की चर्चा कर रहे थे। तभी गुरुभाई ने पूछा—अच्छा स्वामीजी, क्या आप समझ सके हैं कि आप कौन हैं? स्वामीजी ने तुरंत उत्तर दिया—हाँ, अब मैं समझ गया हूँ।"

गुरुभाई को स्मरण हो आया श्री रामकृष्ण देव का यह कथन—"वह (नरेंद्रनाथ, अर्थात् स्वामी विवेकानंद) जिस दिन अपने आपको पहचान लेगा उस दिन के बाद उसका शरीर नहीं रहेगा।" गुरुभाई समझ गए कि अब ब्राह्म मुहूर्त में वे शरीर–त्याग कर सकते हैं।

अपना शरीर–त्याग करने के एक सप्ताह पूर्व स्वामी विवेकानंद ने स्वामी शुद्धानंद को एक पंचांग लाने का आदेश किया। पंचांग आने पर उन्होंने उसे अपने

कमरे में सुरक्षित रख दिया। समय-समय पर वे उसे ध्यान से देखते थे, मानो किसी महत्त्वपूर्ण कार्य के लिए किसी विशिष्ट तिथि का चयन और निर्धारण करना चाहते हों, मगर कर नहीं पा रहे हों।

बुधवार, एकादशी के दिन स्वामीजी ने अपने सभी शिष्यों को भोजन स्वयं परोसा—चावल, कटहल के बीज, आलू और दूध। भोजन के समय वे सबसे हँसी-मजाक करते रहे। जब सभी लोग भोजन करके उठे, तब स्वामीजी स्वयं उनके हाथ धुलवाने लगे तथा आचमन के बाद तौलिये से उनके मुँह और हाथों को पोंछने लगे।

जब शिष्यों ने इसपर विनम्रतापूर्वक आपत्ति प्रकट की तब उन्होंने कहा, ''क्या ईसा मसीह ने अपने शिष्यों के पैर नहीं धोए थे?''

यह सुनकर शिष्यों के मन-मस्तिष्क में एक प्रश्न कौंधा—'परंतु वह तो उनका अंतिम दिन था।' लेकिन कोई भी शिष्य स्वामीजी से यह प्रश्न पूछ नहीं सका। उनके कंठ में ही यह प्रश्न अटककर रह गया।

अपने शरीर-त्याग के तीन दिन पूर्व स्वामी विवेकानंद मठ के विस्तृत मैदान में एक स्थान विशेष पर पहुँचे और उसकी ओर अँगुली दिखाकर अपने गुरुभाइयों तथा शिष्यों से बोले, ''मेरा देहांत होने पर इसी स्थान पर मेरा अंतिम संस्कार करना।'' वहाँ उपस्थित लोगों ने इस बात को चुपचाप सुन लिया; किसी ने न तो कुछ कहा, न कुछ पूछा।

4 जुलाई, 1902—शुक्रवार, चतुर्दशी। आज तड़के ही वे जाग गए, परंतु अन्य दिनों की भाँति सभी के साथ ध्यान करने नहीं गए, अतीत की अनेकानेक बातें करते रहते। फिर उन्होंने मठ में काली-पूजा करने की इच्छा प्रकट की। उन्होंने स्वामी शुद्धानंद तथा स्वामी बोधानंद को पूजा का प्रबंध करने के लिए कहा। थोड़ी देर बाद चाय पीकर वे मठ के ठाकुर घर में गए और उसकी सभी खिड़कियों तथा दरवाजों को बंद कर दिया।

तीन घंटे के बाद स्वामीजी ठाकुर घर से निकले। 'मन, चल निज निकेतने' गाना गुनगुनाते हुए वे मठ के प्रांगण में टहलने लगे।

नियत समय पर भोजन करने के लिए वे ठाकुर घर के नीचे बरामदे में सभी के साथ बैठे। भोजन के बाद थोड़ी देर विश्राम करके उन्होंने सभी शिष्यों को संस्कृत की कक्षा में बुला लिया। तीन घंटे तक 'लघुकौमुदी व्याकरण' का पाठ चलता रहा।

बीच-बीच में हास्यपूर्ण छोटी-छोटी कहानियाँ सुनाकर और कभी रोचक व्याख्या करके उन्होंने कठिन बातों को समझाने का प्रयत्न किया।

तीसरे पहर में स्वामी प्रेमानंद के साथ घूमने के लिए वे मठ से बाहर निकले। बातें करते-करते वे दोनों बेलूर मठ तक गए। प्रसंगवश वेद विद्यालय की बातें चलीं। स्वामी प्रेमानंद ने उनसे पूछा, ''स्वामीजी, वेद-पाठ से क्या लाभ होगा?''

स्वामीजी ने सहज भाव से तत्काल सारगर्भित उत्तर दिया, ''कम-से-कम इतना लाभ तो होगा ही कि अनेक कुसंस्कार नष्ट हो जाएँगे।''

थोड़ी देर बाद वे मठ में लौटे और संन्यासियों तथा ब्रह्मचारियों से बातचीत करने लगे। कई लोगों से उन्होंने कुशलक्षेम भी पूछे और उपदेश दिए।

शाम को 7.00 बजे मंदिर में आरती की तैयारी की जाने लगी। ब्रह्मचारीगण बारी-बारी से स्वामीजी को प्रणाम करके ठाकुर घर की ओर चले। स्वामीजी धीरे-धीरे अपने कमरे में चले गए। उसी समय उन्होंने अपने एक शिष्य से कहा, ''जब तक मैं न बुलाऊँ, कोई अंदर न आए।''

एक घंटे तक उन्होंने माला लेकर जप और ध्यान किया। तत्पश्चात् अपने एक शिष्य, जो प्राय: उनके साथ रहता था, से उन्होंने कहा कि सारी खिड़कियाँ और दरवाजे खोल दो। वे धीरे-धीरे दक्षिणेश्वर की तरफ देखने लगे। काफी देर बाद खिड़की के पास से हटे और अपने शिष्य को बाहर बैठकर जप करने का आदेश देकर वे स्वयं हाथ में जपमाला लेकर पद्मासन में बैठ गए। एक घंटे के बाद वे उठकर बिस्तर पर लेट गए और शिष्य को बुलाकर कहा कि वह उनके सिर की ओर पंखा झले।

रात्रि के 9.00 बज रहे थे। वे जपमाला हाथ में लिये हुए ही लेटे थे। कुछ क्षण बाद उनके हाथों में थोड़ा कंपन हुआ और उन्होंने जोर से साँस ली। एक-दो मिनट के उपरांत उन्होंने पुन: उसी तरह साँस ली। उनकी आँखें मध्य में केंद्रित हो गईं और उनका मस्तक सिरहाने से थोड़ा हिल गया।

स्वामीजी को इस स्थिति में देखकर उनका शिष्य यह नहीं समझ सका कि क्या करना चाहिए। घबराकर वह नीचे गया और यह बात अन्य संन्यासियों को बताई। सभी ने ऊपर कमरे में आकर देखा कि महाशांति फैली हुई है। शिष्यों तथा संन्यासियों ने समझा था कि स्वामीजी का जीवन स्थगित हुआ है। अत: वे उन्हें कृत्रिम साँस देने

लगे, किंतु कोई परिवर्तन दृष्टिगोचर नहीं हुआ। तब चिकित्सक को बुलाया गया। चिकित्सक ने भली-भाँति जाँच की और फिर घोषणा कर दी कि स्वामीजी अनंत निद्रा में शयन कर रहे हैं।

स्वामीजी रात्रि 9.10 मिनट पर महासमाधि में लीन हुए थे। तब उनका जीवन था 38 वर्ष 5 माह 24 दिनों का। इस प्रकार शरीर-त्याग करके बहुत पहले अपने संबंध में की गई इस भविष्यवाणी को उन्होंने सत्य सिद्ध कर दिया था कि 'मैं चालीसवाँ वर्ष पार नहीं करूँगा।'

अब सब गुरुभाइयों तथा शिष्यों को यह बात समझ में आई कि उस दिन स्वामीजी बार-बार पंचांग क्यों देख रहे थे।

स्वामीजी के एक गुरुभाई ने बताया था, "उनकी नाक, मुख और आँखों से थोड़े से रक्त के चिह्न दृष्टिगोचर हुए थे।" 'योगशास्त्र' के अनुसार एक सिद्ध योगी का प्राण मस्तक के मध्य स्थित ब्रह्मरंध्र से निकलता है। इसके फलस्वरूप उस योगी के मुख और नासिका-द्वार से थोड़ा रक्त निकल पड़ता है।

चिकित्सकों के अनुसार, स्वामी विवेकानंदजी के महाप्रयाण का कारण था—हृदय गति का अचानक रुक जाना। परंतु संन्यासियों को विश्वास था कि इस युगपुरुष ने समाधि-मार्ग से स्वेच्छापूर्वक शरीर-त्याग किया है।

स्वामीजी के महानिर्वाण का दु:संवाद प्रात: होने तक सर्वत्र फैल गया। उनके अंतिम दर्शन करनेवालों का ताँता लगा रहा। भगिनी निवेदिता दोपहर 2.00 बजे तक स्वामीजी के पार्थिव शरीर को पंखा झलती रहीं। उसके बाद स्वामीजी के अंतिम संस्कार की तैयारी की जाने लगी। शंख एवं घंटे की ध्वनि के साथ उनकी आरती उतारी गई। तत्पश्चात् उनके गुरुभाई, शिष्यगण तथा अन्य लोग उन्हें शोभायात्रा के साथ मठ के प्रांगण में बिल्व वृक्ष के पास ले आए। स्वामीजी ने इसी स्थान पर अपना अंतिम संस्कार करने की इच्छा प्रकट की थी।

चंदन की लकड़ी से सजाई गई चिता पर उनके पार्थिव शरीर को रखा गया। तत्पश्चात् चिता में अग्नि प्रज्वलित की गई। सोलह वर्ष पूर्व इसी गंगा नदी के दूसरे तट पर श्री रामकृष्ण परमहंस देवजी का अंतिम संस्कार किया गया था।

वहाँ खड़े सभी लोग तब रो रहे थे। भगिनी निवेदिता तो बिलख-बिलखकर रो रही थीं। उसी समय अचानक हवा का एक तेज झोंका आया और चिता पर से गैरिक

(गेरुए) वस्त्र का एक टुकड़ा उड़कर उनकी गोद में आ गिरा, जिसे उन्होंने आशीर्वाद के रूप में रख लिया।

चिता का अंतिम अंश बुझते-बुझते शाम हो गई थी। अस्थि-संग्रह करने के पश्चात् चिता स्थल को विधिवत् गंगाजल से धोया गया।

जिस स्थान पर स्वामीजी का अंतिम संस्कार किया गया था, ठीक उसी स्थान पर बाद में एक मंदिर का निर्माण कराया गया। यह मंदिर अभी भी उस दिव्य आत्मा का स्मरण कर उनके प्रति श्रद्धावनत होने की प्रेरणा देता है।

कुछ प्रेरक प्रसंग

श्रद्धावान् भक्त

जब विवेकानंद विश्व धर्म सम्मेलन में भाग लेने के लिए अमेरिका पहुँचे तो स्टीमर से उतरते समय उनका सामान, रुपया आदि सब खो गया। पर ईश्वर में उनका अटूट विश्वास बना रहा। अजनबी देश में उसी श्रद्धा का सहारा लिये वे सड़क पर एक लैंप पोस्ट के नीचे बैठे थे। उधर से एक अमेरिकन महिला निकली, जो स्वामी विवेकानंद के तेजस्वी चेहरे को देख उनकी ओर आकर्षित हुई। बातों के दौरान उसे सब मालूम हो गया। फिर क्या था, ईश्वर के इस श्रद्धावान् भक्त के लिए वस्त्रों, भोजन या अन्य किसी वस्तु की क्या कमी हुई! वे निश्चित समय पर विश्व धर्म सम्मेलन में पधारे, जहाँ उनके ओजस्वी व्याख्यान ने सारे संसार को प्रभावित किया और भारतीय आध्यात्मिकता को सर्वोच्च स्थान मिला।

एकाग्रता में शक्ति

एक बार स्वामी विवेकानंद ने घूमते हुए एक स्थान पर देखा कि कुछ युवक बंदूक के साथ निशानेबाजी का अभ्यास कर रहे थे। लक्ष्य भेदने के लिए उन्होंने कुछ दूरी पर अंडों के खाली खोल लटका रखे थे। उन युवकों ने कई बार निशाना लगाया, पर चूक गए। लड़कों की इस असफलता को देखकर विवेकानंद मुसकरा दिए। लड़कों को उनका मुसकराना अखरा और वे गुस्से से बोले, ''आप जो हमारा मजाक उड़ा रहे हैं, यदि निशाना लगाकर दिखाओ तो जानें।''

स्वामीजी ने कभी बंदूक पकड़ी भी न थी। फिर भी पूर्ण निश्चय के साथ चुनौती स्वीकार कर बंदूक हाथ में थाम ली और पूछा कि कहाँ निशाना लगाना है?

स्वामीजी ने उनके बताए हुए खोल पर फायर किया और उसे उड़ा दिया। यह

देखकर सब हैरान रह गए कि प्रथम बार में ही निशाना लगा दिया। उन्होंने इसका रहस्य पूछा तो विवेकानंदजी ने जवाब दिया, ''यह केवल मन की एकाग्रता का चमत्कार है।''

नरेन की उदारता

स्वामी विवेकानंद का आरंभिक नाम नरेन या नरेंद्रनाथ था। बचपन में वे बहुत शरारती थे। कभी-कभी तो उनकी माताजी उनकी शरारतों से परेशान होकर कहने लगती थीं, ''हे महादेव! मैंने प्रार्थना की थी कि मुझे आप जैसा एक पुत्र चाहिए, लेकिन आपने अपना गण (भूत) दे दिया।''

इसी प्रकार, एक दिन वे अतिथि कक्ष में गए। वहाँ तीन हुक्के रखे थे—एक ब्राह्मणों के लिए, एक क्षत्रियों के लिए और एक मुसलमानों के लिए। उन्होंने तीनों हुक्कों से कश लगाए। तभी उनके पिता ने उन्हें पकड़ लिया, ''यह क्या कर रहे हो?''

''पिताजी, मैं कश लेकर हुक्कों की जाँच कर रहा था। मैंने सोचा था, ब्राह्मणों का हुक्का क्षत्रियों से अधिक अच्छा होगा, क्योंकि वे अधिक महान् होते हैं। और मुसलमान बहुत बहादुर और धार्मिक होते हैं, तो मैंने सोचा था कि उनका हुक्का कुछ खास होगा। लेकिन मैं आपको बताना चाहता हूँ पिताजी, कि इन सभी का स्वाद समान है। कोई भी हुक्का दूसरे से बेहतर नहीं है।''

विवेकानंद के माता-पिता यह सुनकर हतप्रभ रह गए। माता ने तब उन्हें ले जाकर उनके कमरे में बंद कर दिया।

थोड़ी देर बाद उनकी नौकरानी दौड़ती हुई आई। उसने बताया कि बालक नरेन अपने कपड़े और कक्ष में रखी सभी वस्तुएँ नीचे खड़े भिखारियों को बाँट रहा है।

माताजी दौड़कर नरेन के कमरे में पहुँचीं और बोलीं, ''इतने महँगे कपड़े लुटा रहे हो !''

विवेकानंद ने बीच में ही उन्हें रोकते हुए कहा, ''माता, हम बहुत धनी हैं। हम

जब चाहें, जो चाहें खरीद सकते हैं। लेकिन ये गरीब लोग हैं। इनके पास कुछ नहीं है। अगर हम नहीं देंगे तो फिर इन्हें कौन देगा। हमारे पास जरूरत से ज्यादा है, इसलिए मेरा हृदय चाहता है कि ये चीजें मैं इन्हें दे दूँ। इनकी आवश्यकता मेरे देने से अधिक है।''

यह सुनकर माता का हृदय आनंद और प्रसन्नता से खिल उठा। उन्होंने नरेन को गले से लगा लिया।

निस्स्वार्थ सेवा

शिकागो में विश्व धर्म सम्मेलन में व्याख्यान के बाद स्वामी विवेकानंद रातोरात प्रसिद्ध हो गए थे। अनेक धर्मावलंबी लोग उनके मित्र बन गए थे। एक दिन उनके कुछ मित्र उनसे मिलने आए। उन्होंने अनेक विषयों पर उनसे प्रश्न पूछे। आधी रात को वे सभी लौट गए।

उनके जाने के बाद स्वामीजी ने अपनी पगड़ी उतारी और उसे सिरहाना बनाकर फर्श पर सो गए। पास ही आरामदायक पलंग पर मुलायम और कीमती बिछौना बिछा था, लेकिन वह पूरी रात खाली पड़ा रहा।

सुबह उस घर का स्वामी, जो उनका मित्र भी था, उन्हें जगाने आया तो चौंक पड़ा, ''स्वामीजी, आप नीचे फर्श पर सोए हैं! क्या बात है?''

विवेकानंद ने जवाब दिया, ''मेरे हजारों-हजार बहन और भाई भारत में गलियों में खुले आसमान के नीचे सोते हैं। इसलिए मैं कैसे इस आरामदायक बिछौने पर सो सकता हूँ! नहीं, कदापि नहीं; जब तक कि मैं उनके लिए कुछ कर न दूँ तब तक नहीं। यह मेरा आवश्यक कर्तव्य है कि गरीबों और जरूरतमंदों में ईश्वर की सेवा करूँ। अत: जीवन में आराम मेरे लिए नहीं है। निस्स्वार्थ सेवा, समर्पित जीवन और सेवा ही मेरे लक्ष्य हैं।''

सभ्यता और सज्जनता की कसौटी

भगवा वस्त्रधारी स्वामी विवेकानंद अमेरिका के शिकागो नगर में सड़क से जा रहे थे। उनका यह वेश अमेरिकावासियों के लिए कुतूहल की वस्तु था। पीछे आ रही एक अमेरिकन महिला ने अपने साथी पुरुष से कहा, "जरा इन महाशय की इस अजीब पोशाक को तो देखो!"

स्वामीजी ने वह व्यंग्य सुना। वे थोड़ा रुके और मुड़कर उस महिला से बोले, "देवी, आपके देश में दर्जी सभ्यता के उत्पादन और कपड़े सज्जनता की कसौटी माने जाते हैं। पर जिस देश से मैं आया हूँ वहाँ कपड़ों से नहीं, मनुष्य के चरित्र से उसकी पहचान की जाती है।"

यह सुनकर वह महिला बहुत लज्जित हुई।

कर्मण्येवाधिकारस्ते

कलकत्ता में सन् 1899 में भयंकर रूप से प्लेग फैला था। उसकी चपेट में सभी लोग आने लगे। रोगियों की सेवा-शुश्रूषा करनेवाले भी भयभीत हो गए, क्योंकि वे भी बीमार पड़ने लगे; किंतु स्वामी विवेकानंद तनिक भी विचलित न हुए। मानव-सेवा का जो व्रत उन्होंने लिया था। अपने शिष्यों के साथ वे न केवल रोगियों की सेवा करते, बल्कि सड़कों और नालियों को भी साफ करते। पर उनका यह कार्य कुछ धर्मभीरु पंडितों से न देखा गया। वे स्वामीजी से बोले, "आप यह ठीक नहीं कर रहे हैं। आप तो यह भलीभाँति जानते हैं कि प्रत्येक मनुष्य को अपने पापों का फल भोगना पड़ता है। जिन्होंने पाप किया है, वे प्लेग से पीड़ित हो रहे हैं। भगवान् उन्हें उनके पापों का दंड दे रहे हैं। तब आप उनकी शुश्रूषा कर भगवान् के कार्य में व्यर्थ ही क्यों बाधक बन रहे हैं?"

यह सुन स्वामीजी ने उत्तर दिया, "इसमें कोई शंका नहीं कि बुरे कर्म करने वाले को ही कष्ट सहना पड़ता है; किंतु कष्ट पानेवाले को जो कष्ट से मुक्त कराते हैं,

उन्हें क्या पुण्य प्राप्त न होगा? जिस प्रकार इन रोगियों के भाग्य में कष्ट पाना लिखा हुआ है, उसी प्रकार हमारे भाग्य में उन्हें कष्टों से मुक्ति दिलाकर पुण्य प्राप्त करना लिखा हुआ है। इस कारण हम पुण्य कार्य कर रहे हैं, न कि ईश्वर के कार्य में बाधा डाल रहे हैं।'' यह उत्तर सुन उन पंडितों से आगे कुछ बोलते न बना और वे चुपचाप वहाँ से खिसक गए।

मुक्ति

रामकृष्ण परमहंस ने एक बार स्वामी विवेकानंद से पूछा, ''तुम्हें मुक्ति चाहिए?''

विवेकानंद ने तुरंत जवाब दिया, ''नहीं, मुझे मुक्ति नहीं चाहिए।''

परमहंस को आश्चर्य हुआ। उन्होंने कहा, ''मुक्ति ऐसी चीज है, जिसकी कामना मानवमात्र करता है, चाहे वह गृहस्थ हो या संन्यासी; फिर क्या कारण है कि तुम मुक्ति नहीं चाहते हो?''

विवेकानंद ने अपनी भावना व्यक्त करते हुए कहा, ''जब तक मेरे करोड़ों भारतवासी भाई-बहनों को मुक्ति नहीं मिल जाती तब तक मुझे मुक्ति नहीं चाहिए। जब भारत के नागरिकों की मुक्ति के लिए पंक्ति लगेगी तो विवेकानंद उस पंक्ति का अंतिम आदमी होगा।''

यह सुनकर परमहंस ने उन्हें गले से लगा लिया।

भलाई का संदेश

स्वामी विवेकानंद अमेरिका जाने वाले थे। अमेरिका जाने से पूर्व माँ शारदा का आशीर्वाद लेने गए और कहा, ''माँ, मैं अमेरिका जा रहा हूँ। मुझे आपका आशीर्वाद चाहिए।''

यह सुनकर भी माँ पर तो जैसे कोई प्रभाव ही नहीं पड़ा। स्वामीजी ने माँ से

फिर आशीर्वाद माँगा, माँ फिर चुप्पी साधे रहीं।

काफी देर बाद माँ ने स्वामीजी से कमरे की ताक में पड़ा चाकू ले आने को कहा। उन्होंने चाकू झट से लाकर दे दिया। पर आशीर्वाद से चाकू का क्या रिश्ता है, यह वे न समझ सके।

इधर माँ ने चाकू पाते ही आशीर्वाद की झड़ी-सी लगा दी। स्वामीजी को बड़ा आश्चर्य हुआ और वे माँ से चाकू एवं आशीर्वाद का संबंध पूछ ही बैठे।

माँ ने मुसकराते हुए जवाब दिया, ''पुत्र, जब मैंने तुमसे चाकू माँगा तो तुम चाकू का फल तो अपने हाथ में पकड़े रहे और दूसरी ओर से चाकू मुझे थमा दिया। इससे मैं समझ गई कि तुम सारी बुराइयों को अपने पास रखकर लोगों की भलाई करोगे। स्वयं चाहे तुम विष ले लो, परंतु लोगों में अमृत ही बाँटोगे। मैं तुम्हें हृदय से आशीर्वाद दे रही हूँ।''

यह सुनकर स्वामीजी बड़े निश्छल भाव से कहने लगे, ''पर माँ, मैंने तो यह सब सोचा भी नहीं था। मैं चाकू का फल इस कारण पकड़े रहा, जिससे तुम्हें चोट न लगे।''

माँ और भी प्रसन्न होकर कहने लगीं कि ''तब तो और भी अच्छा है। तुम्हारे तो स्वभाव में ही भलाई है, तुम किसी का बुरा कभी नहीं करोगे। तुम जन्म से ही महान् हो, सहज संत्त हो।''

इस तरह माँ से भलाई का संदेश लेकर स्वामीजी ने उनसे प्रसन्नतापूर्वक विदा ली।

संदेश

स्वामी रामकृष्ण के देहावसान के बाद शिष्यगण बहुत ही दुःखी हुए। उन्हें अंतःकरण से दुःखी देख विवेकानंद ने समझाते हुए कहा, ''मित्रो, गुरुदेव ने हमें कोई संपत्ति तो दी नहीं है। मात्र एक संदेश देकर गए हैं कि हमें किस प्रकार संयमित जीवन जीकर लोक-मंगल का कार्य करना है। हमें उनके इस संदेश को ही जन-जन तक पहुँचाना है। इसी से हम अपनी संस्कृति को पुनः जाग्रत् कर साधन एकत्र कर लेंगे।''

आज उसी संदेश का जादू है, जो 'रामकृष्ण मिशन' के नाम से जाना जाता है।

शब्द की महिमा

स्वामी विवेकानंद अपने प्रवचन में भगवान् के नाम की महत्ता बता रहे थे। एक तार्किक बोला, "शब्दों में क्या रखा है? उन्हें रटने से क्या लाभ?"

विवेकानंद ने उन्हें सप्रमाण समझाने के उद्देश्य से मूर्ख, जाहिल, नीच आदि अपशब्दों से संबोधित किया।

तार्किक आगबबूला होकर बोला, "आप जैसे संन्यासी के मुँह से ऐसे शब्द शोभा नहीं देते। आपके वचनों से मुझे बहुत चोट लगी है।"

स्वामीजी हँसते हुए बोले, "भाई, वे तो शब्द मात्र थे। शब्दों में क्या रखा है? मैंने कोई पत्थर तो नहीं मारे थे।"

सुननेवालों का समाधान हो गया कि जब अपशब्द क्रोध का कारण बन सकते हैं तो प्रिय शब्द आशीर्वाद नहीं दिलवा सकते!

अपशब्द

एक दिन बालकोचित चंचलता के वशीभूत हो नरेंद्र ने अपनी माता के प्रति कुछ कटु शब्दों का प्रयोग किया। इसके लिए पुत्र को भर्त्सना देने के बदले उनके पिता ने (विश्वनाथ ने) सर्वथा भिन्न उपाय अपनाया, जिस कमरे में नरेंद्र अपने सहपाठी तथा मित्रों के साथ वार्तालाप या लिखाई-पढ़ाई करते थे, उस कमरे की दीवार पर विश्वनाथ ने कोयले से बड़े-बड़े अक्षरों में लिख दिया—"नरेंद्र बाबू ने आज अपनी माता के प्रति इन दुर्वचनों का प्रयोग किया है।" इससे नरेंद्रनाथ को जो लज्जा और पश्चात्ताप हुआ था, उसका उन्हें आजीवन स्मरण रहा।

हनुमानजी के दर्शन की लगन

श्रीरामचंद्रजी के कार्य में अपने जीवन को अर्पित कर देनेवाले वीरभक्त हनुमान के अलौकिक कार्यों की कथाएँ सुनना नरेन को बहुत ही अच्छा लगता था। माता से उन्होंने सुना कि हनुमानजी अमर हैं। वे अभी भी जीवित हैं। तब से उन्हें देखने के लिए नरेंद्र के प्राण छटपटाने लगे। एक दिन नरेंद्र कथा सुनने गए। कथाकार पंडितजी नाना प्रकार की आलंकारिक भाषा में हास्यरस मिलाकर हनुमानजी के चरित्र का वर्णन कर रहे थे। उसी समय नरेंद्र धीरे–धीरे उनके पास जा पहुँचे। बालक ने उनसे पूछा, ''पंडितजी, आपने जो कहा कि हनुमानजी केला खाना पसंद करते हैं और केले के बगीचे में ही रहते हैं, तो क्या मैं वहाँ जाकर उनके दर्शन पा सकूँगा?''

बालक ने किस गंभीर विश्वास, किस परिपूर्ण आंतरिकता के साथ वह प्रश्न पूछा, इसे समझने का अवसर या सामर्थ्य कथाकार पंडितजी में न था। उन्होंने हँसते हुए कह दिया, ''हाँ बेटा, केले के बगीचे में ढूँढ़ने पर तुम उन्हें पा सकते हो।''

नरेंद्र फिर घर न लौटे। सचमुच वे मकान के पासवाले एक बगीचे में जाकर केले के पेड़ के नीचे बैठ गए और हनुमानजी की प्रतीक्षा करने लगे। काफी समय बीत गया, पर हनुमानजी न आए। अंत में लाचार होकर अधिक रात बीतने पर निराश हो वे घर लौटे। अभिमान के साथ माता को सारी घटना सुनाकर उन्होंने इसका कारण पूछा। बालक के विश्वास के मूल पर आघात करना बुद्धिमती माता ने उचित न समझा। पुत्र के दिव्य मुखमंडल को चूमकर उन्होंने कहा, ''तुम दुःख न करो, संभव है, आज हनुमानजी श्रीरामजी के काम से कहीं दूसरी जगह गए हों, किसी और दिन मिलेंगे।''

आशामुग्ध बालक का चित्त शांत हुआ। उसके मुँह पर फिर से हँसी की रेखा आ गई।

संन्यास सर्वोच्च अभिव्यक्ति

सन् 1892 के सितंबर मास में बंबई से पूना जानेवाली रेलगाड़ी के द्वितीय श्रेणी के एक डिब्बे में स्वामीजी बैठे थे—डिब्बे में और भी तीन महाराष्ट्रीय युवक यात्री थे। उनमें घोर तर्कयुद्ध छिड़ा था। तर्क का विषय था—संन्यास। दो युवक रानडे आदि सुधारकों के स्वर में स्वर मिलाकर संन्यास की अकर्मण्यता तथा उसके दोषों का प्रदर्शन कर रहे थे, तीसरे व्यक्ति उनके मतों का खंडन कर भारत के प्राचीन संन्यास की महिमा का गुणगान कर रहे थे। यह युवक लोकमान्य बाल गंगाधर तिलक ही थे।

पास बैठे हुए संन्यासी विवेकानंद इन तर्करत युवकों की युक्ति व उक्तियों को ध्यान से सुन रहे थे। अंत में लोकमान्य तिलक का पक्ष लेकर वे भी तर्कयुद्ध में सम्मिलित हो गए। अंग्रेजी जाननेवाले इस संन्यासी की प्रखर प्रतिभा से वे युवकगण उनकी ओर विशेष रूप से आकृष्ट हुए। स्वामीजी ने धीर-गंभीर भाव से समझा दिया कि संन्यासियों ने ही भारत के विभिन्न प्रांतों में भ्रमण करते हुए जातीय जीवन के उच्च आदर्शों का आज तक समस्त भारतवर्ष में प्रचार किया है। भारतीय सभ्यता की सर्वोच्च अभिव्यक्ति यह संन्यासी ही है, जो शिष्य परंपरा द्वारा जातीय जीवन के आदर्श की रक्षा नाना प्रकार की विघ्न-बाधाओं के बीच में से इतने दिनों तक करता आया है। हाँ, यह अवश्य सत्य है कि ढोंगी व स्वार्थी व्यक्तियों के हाथों बीच-बीच में संन्यास लांछित तथा विकृत हुआ है; परंतु किसी विशेष व्यक्ति के ढोंग के लिए भारत के समस्त संन्यासी संप्रदाय को जिम्मेदार ठहराना उचित नहीं।

इस विद्वान् संन्यासी की वाक्पटुता तथा गंभीर पांडित्य देखकर लोकमान्य तिलक बड़े मुग्ध हुए और पूना स्टेशन पर उतरकर स्वामीजी को अपने घर ले गए। स्वामीजी भी तिलकजी की प्रखर प्रतिभा तथा उनका वेदादि शास्त्रों पर अधिकार देखकर आनंदित हुए और हर्ष के साथ उनके घर में रहने लगे। दोनों आपस में वेदों के गूढ़ार्थ की चर्चा कर बड़े तृप्त होते थे।

भय का कोई कारण नहीं

अमेरिका के प्रसिद्ध वक्ता श्री रॉबर्ट इंगरसोल जैसे स्वातंत्र्यपरायण व्यक्ति भी स्वामीजी के विश्वस्त मित्र बन गए थे—इसी से अनुमान लगाया जा सकता है कि उनके व्यक्तिगत चरित्र का कैसा असाधारण प्रभाव था।

दर्शन व साहित्य में प्रवीण होते हुए भी श्री इंगरसोल संदेहवादी व भोगवादी थे। धर्म, ईश्वर, उपासना आदि विषयों की वे सदैव ही उपहास के साथ उपेक्षा करते थे; परंतु वे इतने लोकप्रिय वक्ता थे कि एकमात्र भाषण देकर ही लाखों रुपए कमा लेते थे। उधर दूसरी ओर स्वामी विवेकानंद कठोर संयमी संन्यासी, प्रत्येक धर्म के समर्थक वेदांत दर्शन के प्रचारक थे। इन दोनों में मेल-मिलाप वास्तव में आश्चर्यजनक था।

एक दिन किसी दार्शनिक तत्त्व की चर्चा करते-करते इंगरसोल बोल उठे, ''यह जगत् एक संतरे की तरह है, जितना हो सके, इसे निचोड़कर इसका रस पीना चाहिए। जब इस बात का कोई प्रमाण नहीं प्राप्त हो रहा है कि परलोक नाम का कुछ है भी तो इस जीवन को भी एक झूठी आशा के आधार पर सांसारिक सुख से वंचित रखने में क्या लाभ है? कौन जाने कब मृत्यु होगी, अत: जहाँ तक संभव हो, तत्परता के साथ इस जगत् का उपभोग करना चाहिए।''

स्वामीजी ने मृदु हास्य के साथ उसी समय उत्तर दिया, ''परंतु जगत् रूपी संतरे का रस निकालने का उपाय मैं तुमसे अधिक अच्छी तरह जानता हूँ और इसलिए तुमसे अधिक रस पाता हूँ। मैं जानता हूँ, मेरी मृत्यु नहीं है। अत: तुम्हारी तरह मुझे जल्दबाजी नहीं है। मुझे जगत् से किसी प्रकार के भय का कोई कारण नहीं है। स्त्री-पुत्र, परिवार, संपत्ति आदि का कोई बंधन नहीं है। मेरी दृष्टि में जगत् के सभी स्त्री-पुरुष समान रूप से प्रेम के पात्र हैं। सभी मेरी दृष्टि में ईश्वर-स्वरूप हैं। सोचो तो, मनुष्य को भगवान् रूप में देखकर मुझे कितना आनंद होता है! मैं निश्‍चिंत होकर रसपान कर रहा हूँ। तुम भी मेरी प्रणाली के अनुसार इस जगत् रूपी संतरे को निचोड़ना आरंभ कर दो—तब देखोगे, हजार गुना अधिक रस मिलेगा। एक बूँद भी बाकी न रहेगा।'' स्वामीजी के इस प्रकार के स्पष्ट, सरल परंतु स्नेहपूर्ण उत्तरों ने ही

इंगरसोल के दृढ़ हृदय पर विजय प्राप्त कर ली थी। मतों की भिन्नता होते हुए भी उस समय के अमेरिका के दो प्रसिद्ध वक्ताओं की मित्रता का यह दृश्य वास्तव में बड़ा मधुर था!

कभी-कभी ऐसा भी हुआ है कि कई लोग स्वामीजी के निर्भीक व स्पष्ट उत्तर से आहत होकर सभास्थल छोड़कर चले गए। स्वजाति या स्वदेश की निंदा वे कभी भी सहन नहीं कर सकते थे। स्वधर्म या स्वजाति का पक्ष समर्थन कर सिंह की तरह जब वे ग्रीवा उठाकर खड़े होते थे तो उन्हें देखकर ऐसा लगता था मानो वे अभिमानशून्य उदासीन संन्यासी नहीं, बल्कि मध्य युग के कोई गर्वित जात्याभिमानी अहंकारी राजपूत वीर हैं।

लंदन में इस प्रकार की घटनाएँ अकसर होती थीं, क्योंकि अनेक अंग्रेज विद्वान् भारतवर्ष के संबंध में मिशनरियों का अद्‌भुत विवरण पढ़कर अज्ञ होकर भी विज्ञ समालोचक का आसन ग्रहण करने में संकुचित न होते थे। एक दिन सभा के बीच में स्वामीजी भारत के गौरव का वर्णन कर रहे थे। एक समालोचक ने प्रश्न किया, ''भारत के हिंदुओं ने क्या किया है? वे आज तक किसी जाति पर विजय प्राप्त नहीं कर सके।''

''नहीं कर सके नहीं—कहिए कि उन्होंने की नहीं। और यही हिंदू जाति का गौरव है कि उसने कभी दूसरी जाति के रक्त से पृथ्वी को रंजित नहीं किया। वे दूसरों के देश पर अधिकार क्यों करेंगे? तुच्छ धन की लालसा से? भगवान् ने हमेशा से भारत को दाता के महिमामय आसन पर प्रतिष्ठित किया है। भारतवासी जगत् के धर्मगुरु रहे हैं। वे दूसरों के धन को लूटनेवाले रक्तपिपासु दस्यु न थे। और इसीलिए मैं अपने पूर्वजों के गौरव से गर्व का अनुभव करता हूँ।''

फिर किसी दूसरे व्यक्ति ने प्रश्न किया, ''आपके पूर्वज यदि मानव-समाज को धर्मदान देने के लिए इतने व्यग्र थे तो वे इस देश में धर्म-प्रचार करने के लिए क्यों न आए?''

मृदु हास्य के साथ स्वामीजी ने उत्तर दिया, ''उस समय तुम्हारे पूर्वज तो जंगली बर्बर थे, पत्तों के हरे रंग से अपनी उलंग देहों को रंजित करके पर्वतों की गुफाओं में निवास करते थे। क्या वे अरण्य में धर्म-प्रचार करने आते?''

स्वामीजी की दयालुता

एक समय जब स्वामीजी कुछ उच्च वंशीय शिक्षित व धनी व्यक्तियों के साथ वार्तालाप कर रहे थे, तब उन्होंने देखा कि थोड़ी दूर पर उनका एक निर्धन शिष्य मलिन वेश में खड़ा प्यासी आँखों से उनकी ओर देख रहा है। स्वामीजी ने उसी समय उसे अपने पास बुला लिया। शिष्य ने आनंदपूर्वक आकर उनकी पद-धूलि ली और स्वामीजी उसे अपने पास बिठाकर अपने दूसरे शिष्यों की कुशल-क्षेम उससे पूछने लगे। और इधर जो अनेक भद्र महोदयगण बैठे थे, उनको तो मानो वे थोड़ी देर के लिए भूल ही-से गए। उनके पूर्व परिचित मित्र व भक्तगण यह देखकर बड़े विस्मित हुए कि विश्वव्यापी प्रतिष्ठा, यश व सम्मान प्राप्त करके भी स्वामीजी वैसे ही उदार, स्नेहपरायण, मित्र-वत्सल तथा उदासीन संन्यासी ही हैं। वे अपने निर्धन शिष्य व भक्तों के घर में जाकर पहले की तरह सरल भाव से भिक्षा ग्रहण करने लगे। इससे पूर्व स्वामीजी ने किसी एक निर्धन भक्तिमती विधवा महिला का भी आतिथ्य ग्रहण किया था। अनेक वर्ष पुरानी बात होने पर भी वे उसे न भूले थे।

एक दिन उन्होंने उस महिला के पास समाचार भेजा कि वे अपने शिष्यों सहित उनके घर में भिक्षा ग्रहण करेंगे और वह पहले की ही तरह चपाती बनाकर रखें। यह समाचार सुनकर उस महिला का हृदय आनंद से भर गया। अपने सामर्थ्य के अनुसार वह अतिथि-सेवा की तैयारी करने लगी। स्वामीजी जब शिष्यों के साथ भोजन करने बैठे तो वह डबडबाई आँखों से चपाती परोसती हुई रुद्ध कंठ से बोली, "मैं गरीब हूँ, इच्छा होते हुए भी तुम्हें देने लायक मिठाई आदि कहाँ से पाऊँ, बाबा?" पर स्वामीजी ने आनंद के साथ परोसी हुई सामग्री को ही खाते हुए कहा, "माँ, तुम्हारी इन चपातियों जैसा मधुर भोजन मैंने और कभी नहीं खाया।"

शिष्यों से कहा, "देखा, कैसी भक्तिमती महिला है! इस प्रकार का सात्त्विक आहार मेरे भाग्य में अनेक दिनों से प्राप्त नहीं हुआ।"

स्वामीजी उस वृद्ध महिला की पारिवारिक शोचनीय अवस्था के बारे में भलीभाँति जानते थे, इसीलिए उस महिला के परोक्ष में घर के किसी अन्य पुरुष के हाथ पर उन्होंने सौ रुपए का नोट रख दिया। उसे लेने में उस व्यक्ति ने आपत्ति तो बहुत की, परंतु स्वामीजी ने उसकी एक न सुनी।

ब्रह्मराक्षस

नरेंद्र के एक पड़ोसी साथी के घर में चंपक फूल का एक पेड़ था। उस पेड़ की शाखा में पैर की गोंफ डालकर सिर और हाथ नीचे लटकाकर झूलना नरेंद्र का प्रिय खेल था।

घर के बूढ़े मालिक एक दिन नरेंद्र को ऊँची टहनी पर उस प्रकार झूलते देखकर भयभीत हो गए। इधर नरेंद्र के उत्पात से टहनी के टूटने की भी काफी आशंका थी। वे नरेंद्र के स्वभाव से परिचित थे। जानते थे कि धमकाने से उलटा फल होगा। अत: मीठी बोली में बोले, ''बेटा, उस पेड़ पर न चढ़ो।''

नरेंद्र ने पूछा, ''क्यों? इस पेड़ पर चढ़ने से क्या होता है?''

वृद्ध ने कहा, ''इस पेड़ पर ब्रह्मराक्षस रहता है।'' यह कहकर वृद्ध ने ब्रह्मराक्षस की विकट आकृति का वर्णन किया और साथ ही दो-चार उदाहरण देकर यह भी समझाया कि ब्रह्मराक्षस अपने आश्रित वृक्ष का अपमान सहन नहीं करेंगे।

नरेंद्र को चुप देखकर वृद्ध ने सोचा कि उनका मतलब बन गया। वहाँ से वृद्ध के जाते ही नरेंद्र फिर पेड़ की टहनी पर चढ़ बैठे। मन-ही-मन सोचने लगे, 'ब्रह्मराक्षस महोदय को एक बार देखूँ तो!'

नरेंद्र का साथी काफी भयभीत हो गया था। कातर कंठ से उसने कहा, ''नहीं भाई, ब्रह्मराक्षस की बात कौन जाने? न मालूम कब किधर से आकर गरदन मरोड़ दे।''

नरेंद्र ने हँसते हुए कहा, ''तू भी निपट मूर्ख ठहरा! तेरे दादा डराने के लिए झूठ-मूठ बात बना गए। अगर सचमुच इस पेड़ पर ब्रह्मराक्षस रहता तो उसने मेरी गरदन कब की मरोड़ दी होती!''

दूसरों से सुनकर जिस किसी भी बात पर विश्वास कर लेना नरेंद्र के स्वभाव के विरुद्ध था। बचपन से ही बिना प्रत्यक्ष प्रमाण के किसी बात पर विश्वास कर लेना वे नहीं जानते थे। युवावस्था में इसी भाव की प्रेरणा से नरेंद्रनाथ पुस्तक में लिखे दार्शनिक तत्त्व की आलोचना से तृप्त न होकर सत्य की प्राप्ति के लिए साधना में प्रवृत्त हुए थे।

अपूर्व आनंद

एक दिन संध्या के कुछ ही पूर्व नरेंद्र अपने साथियों के साथ खेल के कमरे में उपस्थित हुए। उनकी देखा-देखी सभी लड़के शरीर पर भस्म लगाकर ध्यान में बैठे। इसी बीच एक बालक ने आँखें खोलकर देखा तो सामने एक बड़ा साँप फन काढ़े था! डरकर वह लड़का 'साँप, साँप' चिल्ला उठा। सभी लड़के हड़बड़ाकर कमरे से बाहर निकल गए।

नरेंद्र बाह्य ज्ञान-शून्य थे। उनके कान में चीत्कार, कोलाहल कुछ भी न पहुँचा। लड़कों ने जल्दी से उतरकर सबको यह समाचार सुनाया।

नरेंद्र के माता-पिता तथा अन्य सभी लोग दौड़कर छत पर आए। उस समय आकाश में चंद्रमा निकल चुका था।

कोमल चंद्र-किरणों की छटा में नरेंद्र का किशोर सुंदर मुखमंडल एक स्वर्गीय आभा से शोभायमान प्रतीत होता था। देह स्पंदनहीन थी; कुमार-योगी पद्मासन पर ध्यानमग्न थे और सामने विषधर सर्प फन फैलाकर मंत्रमुग्ध निश्चल पड़ा हुआ था। उस भयंकर दृश्य के सम्मुख उपस्थित दर्शकगण भी भय-विह्वल हो किंकर्तव्यविमूढ़-से खड़े रहे।

थोड़ी देर बाद साँप चला गया और ढूँढ़ने पर भी फिर देखने में न आया। ध्यान से बाहर आने पर आँखें खोलकर नरेंद्र ने घरवालों को जब उस दशा में देखा तो कुछ विस्मित-से हुए। साँप की बात सुनकर उन्होंने आश्चर्यचकित होकर कहा, "मैं साँप की बात कुछ भी नहीं जानता। मैं तो एक अपूर्व आनंद में डूबा हुआ था!"

विवेकानंद की अमर वाणी

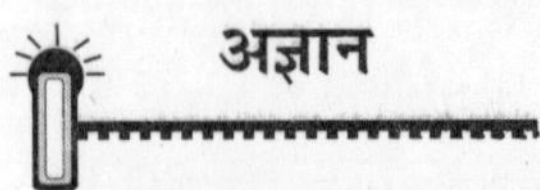

अज्ञान

अपने चारों ओर हम जो अशुभ तथा क्लेश देखते हैं, उन सबका केवल एक ही मूल कारण है—अज्ञान! मनुष्य को ज्ञान-लोक दो, उसे पवित्र एवं आध्यात्मिक बल-संपन्न करो और शिक्षित बनाओ, तभी संसार से दुःख का अंत हो पाएगा, अन्यथा नहीं।

अहंकार

बहुत से लोग ऐसे होते हैं जो स्वयं होते तो बड़े अज्ञानी हैं, परंतु फिर भी अहंकार से अपने को सर्वज्ञ समझते हैं; इतना ही नहीं, बल्कि दूसरों को भी अपने कंधों पर ले जाने को तैयार रहते हैं। इस प्रकार अंधा अंधे का अगुआ बन दोनों ही गड्ढे में गिर पड़ते हैं।

यह सोचना कि मेरे ऊपर कोई निर्भर है तथा मैं किसी का भला कर सकता हूँ, अत्यंत दुर्बलता का चिह्न है। यह अहंकार ही समस्त आसक्ति की जड़ है और इस आसक्ति से ही समस्त दुःखों की उत्पत्ति होती है। हमें अपने मन को यह भली-भाँति समझा देना चाहिए कि इस संसार में हम पर कोई भी निर्भर नहीं है!

अहिंसा

अहिंसा ठीक है, निश्चय ही बड़ी बात है। कहने में बात तो अच्छी है, पर

शास्त्र कहते हैं—तुम गृहस्थ हो, तुम्हारे गाल पर यदि कोई एक थप्पड़ मारे और यदि उसका जवाब तुम दस थप्पड़ों से न दो तो तुम पाप करते हो!

अहिंसा की कसौटी है—ईर्ष्या का अभाव! कोई व्यक्ति भले ही क्षणिक आवेश में आकर अथवा किसी अंधविश्वास से प्रेरित हो या पुरोहितों के छक्के-पंजे में पड़कर कोई भला काम कर डाले अथवा खास दान दे डाले, पर मानव जाति का सच्चा प्रेमी तो वह है जो किसी के प्रति ईर्ष्या-भाव नहीं रखता। बहुधा देखा जाता है कि संसार में जो बड़े मनुष्य कहे जाते हैं, वे अकसर एक-दूसरे के प्रति केवल थोड़े से नाम, कीर्ति या चाँदी के कुछ टुकड़ों के लिए ईर्ष्या करने लगते हैं। जब तक यह ईर्ष्या-भाव मन में रहता है तब तक अहिंसा-भाव में प्रतिष्ठित होना बहुत दूर की बात है।

यदि हम पवित्रता या अपवित्रता का अर्थ अहिंसा या हिंसा के रूप में लें, तब तो हम चाहे जितना प्रयत्न करें, हमारा कोई भी कार्य संपूर्णतया पवित्र या अपवित्र नहीं हो सकता। हम बिना किसी की हिंसा किए साँस तक नहीं ले सकते। भोजन का प्रत्येक ग्रास हम किसी-न-किसी के मुँह से छीनकर ही खाते हैं। हमारा जीवन ही अन्य कुछ प्राणियों का अस्तित्व मिटा दे रहा है। चाहे वे मनुष्य हों या पशु अथवा छोटे-छोटे पौधे, पर कहीं-न-कहीं, किसी-न-किसी को हमारे लिए मिटना ही पड़ता है।

आगे बढ़ो

यदि हम एक जगह स्थिर रहें तो हमारी मृत्यु अनिवार्य है। हमें या तो आगे बढ़ना होगा या पीछे हटना होगा—हमें उन्नति करते रहना होगा, नहीं तो हमारी अवनति अपने आप होती जाएगी। हमारे पूर्व-पुरुषों ने प्राचीन काल में बहुत बड़े-बड़े काम किए हैं; पर हमें उनकी अपेक्षा भी उच्चतर जीवन का विकास करना होगा तथा उनकी अपेक्षा और भी महान् कार्यों की ओर अग्रसर होना पड़ेगा।

आचार्य

आचार्य या गुरु होने की अपेक्षा जीवन्मुक्त होना सहज है, क्योंकि जीवन्मुक्त संसार को स्वप्नवत् मानता है और उससे कोई वास्ता नहीं रखता। पर आचार्य को यह ज्ञान होने पर भी कि जगत् स्वप्नवत् है, उसमें रहना और कार्य करना पड़ता है। हर एक के लिए आचार्य होना संभव नहीं। आचार्य तो वह है जिसके माध्यम से दैवी शक्ति कार्य करती है।

हर कोई आचार्य या गुरु नहीं हो सकता, किंतु मुक्त बहुत से लोग हो सकते हैं। मुक्त पुरुष को यह जगत् स्वप्नवत् जान पड़ता है, किंतु आचार्य को मानो स्वप्न औरजाग्रत्—इन दोनों अवस्थाओं के बीच खड़ा होना पड़ता है। उसे यह ज्ञान रखना ही पड़ता है कि जगत् सत्य है, अन्यथा वह शिक्षा क्यों कर देगा? फिर यदि उसे यह अनुभूति न हुई हो कि जगत् स्वप्नवत् है तो उसमें और एक साधारण आदमी में अंतर ही क्या! और वह शिक्षा भी क्या दे सकेगा!

आत्मत्याग

आत्मत्याग का अर्थ है—मिथ्या आत्मा या 'व्यक्तित्व' का त्याग, सब प्रकार की स्वार्थपरता का त्याग। यह अहंकार और ममता पूर्व कुसंस्कारों के फल हैं और जितना ही इस 'व्यक्तित्व' का त्याग होता जाता है उतनी ही आत्मा अपने नित्य स्वरूप में, अपनी पूर्ण महिमा में अभिव्यक्त होती है। यही वास्तविक आत्मत्याग है।

सर्वोच्च आदर्श है—चिरंतन और संपूर्ण आत्मत्याग, जिसमें किसी प्रकार का 'मैं' नहीं, केवल 'तू' ही 'तू' है।

इस संसार में हमें कई प्रकार के मनुष्य मिलेंगे। प्रथम तो देव-मानव जो पूर्ण आत्मत्यागी हैं, अपने जीवन की भी बाजी लगाकर दूसरों का भला करते हैं। ये सर्वश्रेष्ठ पुरुष हैं। यदि किसी देश में ऐसे सौ मनुष्य भी हों तो उस देश को फिर किसी बात की चिंता नहीं। परंतु खेद है, ऐसे लोग बहुत कम हैं।

आत्मविश्वास

हमारा पहला कर्तव्य यह है कि अपने प्रति घृणा न करें, क्योंकि आगे बढ़ने के लिए आवश्यक है कि पहले हम स्वयं में विश्वास रखें और फिर ईश्वर में! जिसे स्वयं में विश्वास नहीं उसे ईश्वर में कभी भी विश्वास नहीं हो सकता।

आत्मसंयम

जिस मनुष्य ने स्वयं पर अधिकार प्राप्त कर लिया है, उसके ऊपर बाहर की कोई भी चीज अपना प्रभाव नहीं डाल सकती। उसके लिए किसी प्रकार की दासता शेष नहीं रह जाती। उसका मन स्वतंत्र हो जाता है।

पाश्चात्य देशवाले वहाँ इस बात की चेष्टा कर रहे हैं कि मनुष्य अधिक-से-अधिक कितना वैभव संग्रह कर सकता है, और यहाँ हम लोग इस बात की चेष्टा करते हैं कि कम-से-कम कितने में हमारा काम चल सकता है। यह द्वंद्वयुद्ध और पार्थक्य अभी तक जारी है। परंतु यदि इतिहास में कुछ भी सत्यता है—वर्तमान लक्षणों में भविष्य का कुछ भी आभास दिखाई देता है तो अंत में उन्हीं की विजय होगी जो बहुत ही कम द्रव्यों पर निर्भर रहते हुए जीवन व्यतीत करने और अच्छी तरह से आत्मसंयम का अभ्यास करने की चेष्टा करते हैं; और जो भोग-विलास तथा ऐश्वर्य के उपासक हैं, वे वर्तमान में कितने ही बलशाली क्यों न हों, अंत में अवश्य ही विनष्ट होंगे तथा संसार से विलुप्त हो जाएँगे।

आत्मा

आत्मा एक ऐसा वृत्त है, जिसकी परिधि कहीं भी नहीं है, पर जिसका केंद्र किसी शरीर में है। मृत्यु इस केंद्र का स्थानांतर मात्र है। परमात्मा एक ऐसा वृत्त है, जिसकी परिधि कहीं भी नहीं है और जिसका केंद्र सर्वत्र है। जब हम शरीर के इस समीप केंद्र से बाहर निकलने में समर्थ हो सकेंगे, तभी हम परमात्मा की—अपने वास्तविक स्वरूप की उपलब्धि कर सकेंगे।

आत्मा न कभी आती है, न जाती है; यह न तो कभी जन्म लेती है और न कभी मरती है। प्रकृति ही आत्मा के सम्मुख गतिशील है और इस गति की छाया आत्मा पर पड़ती रहती है। भ्रमवश आत्मा सोचती रहती है कि प्रकृति नहीं, बल्कि वही गतिशील है। जब तक आत्मा ऐसा सोचती रहती है तब तक बंधन में रहती है; किंतु जब उसे यह पता चल जाता है कि वह सर्वव्यापक है तो मुक्ति का अनुभव करती है। जब तक आत्मा बंधन में रहती है तब तक उसे जीव कहते हैं। इस तरह तुमने देखा कि समझने की सुविधा के लिए ही हम ऐसा कहते हैं कि आत्मा आती है और जाती है—ठीक वैसे ही जैसे खगोल-शास्त्र में सुविधा के लिए यह कल्पना करने के लिए कहा जाता है कि सूर्य पृथ्वी के चारों तरफ घूमता है; यद्यपि वस्तुतः बात वैसी नहीं है। तो जीवन, अर्थात् आत्मा, ऊँचे या नीचे स्तर पर आता-जाता रहता है। यही सुप्रसिद्ध पुनर्जन्मवाद का नियम है; सृष्टि इसी से बद्ध है।

आत्मा ही मन तथा प्रत्येक वस्तु में प्रतिबिंबित होती है। आत्मा का प्रकाश ही मन को चैतन्य प्रदान करता है। प्रत्येक वस्तु आत्मा का ही प्रकाश है; मन विभिन्न दर्पणों के समान है। जिन्हें तुम प्रेम, भय, घृणा, सद्गुण और दुर्गुण कहते हो, वे सब आत्मा ही के प्रतिबिंब हैं। जब दर्पण मैला रहता है तो प्रतिबिंब भी बुरा आता है।

हमें विश्वास है कि सभी प्राणी ब्रह्म हैं। प्रत्येक आत्मा मानो बादल से ढके हुए सूर्य के समान है और एक मनुष्य से दूसरे का अंतर केवल यही है कि कहीं सूर्य के

ऊपर बादलों का घना आवरण है और कहीं कुछ पतला। हमें विश्वास है कि यही सब धर्मों की नींव है, चाहे उसे जानें या न जानें। और मनुष्य की भौतिक, मानसिक अथवा आध्यात्मिक उन्नति के सारे इतिहास का मूल तत्त्व यही है कि एक ही आत्मा भिन्न-भिन्न उपाधि या आवरण द्वारा अपने को प्रकाशित करती है।

आदर्श

आदर्श बहुत से हैं। मुझे कोई अधिकार नहीं कि मैं आपको बताऊँ कि आपका आदर्श क्या होना चाहिए, या कि आपके गले जबरदस्ती कोई आदर्श मढ़ दूँ मेरा तो यह कर्तव्य होगा कि आपके सम्मुख मैं इन विभिन्न आदर्शों को रख दूँ, और आपको अपनी प्रकृति के अनुसार जो आदर्श सबसे अधिक अनुकूल जँचे, उसे ही आप ग्रहण करें और उसी ओर अनवरत प्रयत्न करें। वही आपका 'इष्ट' है, वही आपका विशेष आदर्श है।

प्रत्येक मनुष्य का कर्तव्य है कि वह अपना आदर्श लेकर उसे चरितार्थ करने का प्रयत्न करे। दूसरों के ऐसे आदर्शों को लेकर चलने की अपेक्षा—जिनको वह पूरा ही नहीं कर सकता—अपने ही आदर्श का अनुसरण करना सफलता का अधिक निश्चित मार्ग है। उदाहरणार्थ, यदि हम एक छोटे बच्चे से एकदम बीस मील चलने को कह दें तो या तो वह बेचारा मर जाएगा या यदि हजार में से एकाध रेंगता-राँगता कहीं पहुँचा भी तो वह अधमरा हो जाएगा।

किसी समाज के सब स्त्री-पुरुष न एक मन के होते हैं, न एक ही योग्यता के और न एक ही शक्ति के। अतएव, उनमें से एक का भी उपहास करने का हमें कोई अधिकार नहीं। अपने आदर्श को प्राप्त करने के लिए प्रत्येक को, जितना हो सके, यत्न करने दो। फिर यह भी ठीक नहीं कि मैं तुम्हारे अथवा तुम मेरे आदर्श द्वारा जाँचे जाओ। सेब के पेड़ की तुलना ओक से नहीं होनी चाहिए और न ओक की सेब से। सेब के पेड़ का विचार करने के लिए सेब का मापक ही लेना होगा और ओक के लिए उसका अपना मापक!

हम अपने आदर्श को कभी न भूलें।

आदर्श पुरुष तो वे हैं, जो परम शांति एवं निस्तब्धता के बीच भी तीव्र कर्म का तथा प्रबल कर्मशीलता के बीच भी मरुस्थल की शांति एवं निस्तब्धता का अनुभव करते हैं।

आनंद

यदि मन प्रशंसा से प्रसन्न हो तो वह निंदा से दुःखी होगा। इंद्रियों के या मन के भी सभी आनंद क्षणभंगुर हैं, किंतु हमारे अंतर में एक सच्चा असंबद्ध आनंद है, जो किसी बाह्य वस्तु पर निर्भर नहीं है। यह आत्मा का आनंद ही है, जिसे संसार धर्म कहता है! जितना ही अधिक हमारा आनंद हमारे अंतर में होगा उतने ही अधिक आध्यात्मिक हम होंगे। हम आनंद के लिए संसार पर निर्भर न हों।

आलोचना

दूसरों की आलोचना करने में हम सदा यह मूर्खता करते हैं कि किसी एक विशेष गुण को हम अपने जीवन का सर्वस्व समझ लेते हैं और उसी को मापदंड मानकर दूसरों के दोषों को खोजने लगते हैं। इस प्रकार दूसरों को पहचानने में हम भूलें कर बैठते हैं।

आसक्ति

अपने बच्चों को तुम जो देते हो क्या उसके बदले में उनसे कुछ माँगते हो? यह तो तुम्हारा कर्तव्य है कि तुम उनके लिए काम करो, और बस वहीं पर बात समाप्त हो

जाती है। इसी प्रकार किसी दूसरे पुरुष, किसी नगर अथवा देश के लिए तुम जो कुछ करो, उसके प्रति भी वैसा ही भाव रखो—उनसे किसी प्रकार के प्रतिदान की आशा न रखो। यदि तुम सदैव ऐसा ही भाव रख सको कि तुम केवल दाता ही हो—जो कुछ तुम देते हो, उससे किसी प्रकार से प्रतिदान की आशा नहीं रखते—तो उस कर्म से तुम्हें किसी प्रकार की आसक्ति नहीं होगी। आसक्ति तभी आती है जब हम प्रतिदान की आशा रखते हैं।

इच्छा-शक्ति

इच्छा परिवर्तन के द्वारा सबल नहीं की जा सकती। वह तो उससे दुर्बल और पराधीन बन जाती है। परंतु हमें सदैव आत्मसात् करते रहना चाहिए। आत्मसात् करते रहने से इच्छा-शक्ति बल पाती है। संसार में इच्छा-शक्ति ऐसी शक्ति है जिसकी प्रशंसा हम जाने या अनजाने में करते हैं। इच्छा-शक्ति की अभिव्यक्ति करने के कारण ही सती को संसार महान् मानता है।

संसार में हम जो सब कार्य-कलाप देखते हैं, मानव-समाज में जो सब गति हो रही है, हमारे चारों ओर जो कुछ हो रहा है, वह सारा-का-सारा केवल मन का ही खेल है—मनुष्य की इच्छा-शक्ति का प्रकाश मात्र है। अनेक प्रकार के यंत्र, नगर, जहाज, युद्धपोत आदि सभी मनुष्य की इच्छा-शक्ति के विकास मात्र हैं।

ईर्ष्या

ईर्ष्यालु व्यक्ति नम्र और प्रेममय नहीं होता। ईर्ष्या एक भयंकर व भयावह पाप है; यह मनुष्य में अत्यंत रहस्यमय रीति से प्रवेश कर जाती है। अपने से पूछो, तुम्हारा मन घृणा अथवा ईर्ष्या की प्रतिक्रिया करता है या नहीं ? संसार में जो टनों घृणा और क्रोध उड़ेला जा रहा है, उससे भले कार्यों का निरंतर निराकरण हो रहा है।

क्या कारण है कि हिंदू राष्ट्र अपनी अद्‌भुत बुद्धि एवं अन्यान्य गुणों के रहते

हुए भी टुकड़े-टुकड़े हो गया? मैं इसका उत्तर दूँगा—ईर्ष्या। कभी भी कोई जाति एक-दूसरे से क्षुद्र भाव से ईर्ष्या करनेवाली, या एक-दूसरे के सुयश से ऐसी डाह करनेवाली न होगी जैसी कि यह अभागी हिंदू जाति। और यदि आप कभी पश्चिमी देशों में जाएँ तो पश्चिमी राष्ट्रों में इसके अभाव का अनुभव सबसे पहले करेंगे।

एकाग्रता

एकाग्रता समस्त ज्ञान का सार है। उसके बिना कुछ नहीं किया जा सकता! साधारण मनुष्य अपनी विचार-शक्ति का 90 प्रतिशत अंश व्यर्थ नष्ट कर देता है और इसलिए वह निरंतर भारी भूलें करता रहता है। प्रशिक्षित मनुष्य अथवा मन कभी कोई भूल नहीं करता। जब मन एकाग्र होता है और पीछे मोड़कर स्वयं पर ही केंद्रित कर दिया जाता है तो हमारे भीतर जो भी है, वह हमारा स्वामी न रहकर हमारा दास बन जाता है।

ज्ञान की प्राप्ति के लिए एकमात्र उपाय है—एकाग्रता। रसायनविद् अपनी प्रयोगशाला में जाकर अपने मन की समस्त शक्तियों को केंद्रीभूत करके जिन वस्तुओं का विश्लेषण करता है, उन पर प्रयोग करता है और इस प्रकार वह उनके रहस्य जान लेता है। ज्योतिषी अपने मन की समग्र शक्तियों को एकत्रित करके दूरबीन के भीतर से आकाश में प्रक्षिप्त करता है और बस, त्यों ही सूर्य, चंद्र एवं तारे अपने-अपने रहस्य उसके निकट खोल देते हैं। मैं जिस विषय पर बातचीत कर रहा हूँ, उस विषय में जितना मनोनिवेश कर सकूँगा उतना ही इस विषय का गूढ़ तत्त्व तुम लोगों के निकट प्रकट कर सकूँगा। तुम लोग मेरी बात सुन रहे हो और तुम लोग जितना इस विषय में मनोनिवेश करोगे उतनी ही मेरी बात की स्पष्ट रूप से धारणा कर सकोगे।

कर्तव्य

अपनी सामाजिक अवस्था के अनुरूप एवं हृदय तथा मन को उन्नत बनानेवाले कार्य करना ही हमारा कर्तव्य है।

कर्तव्य का पालन शायद ही कभी मधुर होता हो! कर्तव्य-चक्र तभी हलका और आसानी से चलता है, जब उसके पहियों में प्रेम रूपी चिकनाई लगी होती है, अन्यथा वह एक अविराम घर्षण मात्र है। यदि ऐसा न हो तो माता-पिता अपने बच्चों के प्रति, बच्चे अपने माता-पिता के प्रति, पति अपनी पत्नी के प्रति तथा पत्नी अपने पति के प्रति अपना-अपना कर्तव्य कैसे निभा सकें?

कर्तव्य वहीं तक अच्छा है जहाँ तक कि यह पशुत्व भाव को रोकने में सहायता प्रदान करता है। उन निम्नतम श्रेणी के मनुष्यों के लिए, जो और किसी उच्चतर आदर्श की कल्पना ही नहीं कर सकते, शायद कर्तव्य की यह भावना किसी हद तक अच्छी हो; परंतु जो कर्मयोगी बनना चाहते हैं, उन्हें तो कर्तव्य के इस भाव को एकदम त्याग देना चाहिए।

कर्तव्य है क्या? वह है शरीर और हमारी आसक्ति का आवेग मात्र। जब कोई आसक्ति दृढ़ हो जाती है तो उसे हम कर्तव्य कहने लगते हैं। उदाहरणार्थ, जहाँ विवाह की प्रथा नहीं है, उन सब देशों में पति-पत्नी का आपस में कोई कर्तव्य नहीं होता। जब विवाह-प्रथा आ जाती है, तब पति-पत्नी आसक्ति के कारण एक साथ रहने लगते हैं। कई पीढ़ियों के बाद जब उनका यह एकत्रवास एक प्रथा-सा हो जाता है तो वह कर्तव्य रूप में परिणत हो जाता है।

जीवन के विभिन्न कर्तव्यों के प्रति मनुष्य का जो मानसिक और नैतिक दृष्टिकोण रहता है, वह अनेक अंशों में उसके जन्म और उसकी अवस्था द्वारा नियमित होता है। इसीलिए जिस समाज में हमारा जन्म हुआ हो, उसके आदर्शों और

व्यवहार के अनुरूप उदात्त एवं उन्नत बनानेवाले कार्य करना ही हमारा कर्तव्य है।

प्रकृति हमारे लिए जिस कर्तव्य का विधान करती है, उसका विरोध करना व्यर्थ है। यदि कोई मनुष्य छोटा कार्य करे तो उसी कारण वह छोटा नहीं कहा जा सकता। कर्तव्य के केवल ऊपरी रूप से ही मनुष्य की उच्चता या नीचता का निर्णय करना उचित नहीं; देखना तो यह चाहिए कि वह अपना कर्तव्य किस भाव से करता है।

मानव-स्वभाव की एक विशेष कमजोरी यह है कि वह स्वयं अपनी ओर कभी नजर नहीं डालता। वह तो सोचता है कि मैं भी राजा के सिंहासन पर बैठने के योग्य हूँ और यदि मान लिया जाए कि वह है भी, तो सबसे पहले उसे यह दिखा देना चाहिए कि वह अपनी वर्तमान स्थिति का कर्तव्य भलीभाँति कर चुका है; ऐसा होने पर ही उसके सामने उच्चतर कर्तव्य आएँगे।

हम देखते हैं कि देश, काल व पात्र के अनुसार हमारे कर्तव्य कितने बदल जाते हैं; और सबसे श्रेष्ठ कर्म तो यह है कि जिस विशिष्ट समय पर हमारा जो कर्तव्य हो, उसी को हम भलीभाँति निबाहें। पहले तो हमें जन्म से प्राप्त कर्तव्य को पूरा करना चाहिए और उसे कर चुकने के बाद समाज एवं जीवन में हमारी स्थिति के अनुसार जो कर्तव्य हो, उसे संपन्न करना चाहिए।

हमें विश्वास है कि हर एक मनुष्य को चाहिए कि वह दूसरे मनुष्य को इसी तरह—अर्थात् ईश्वर समझकर सोचे और उससे उसी तरह अर्थात् ईश्वर-दृष्टि से बरताव करे; उससे किसी तरह भी घृणा या निंदा करना अथवा उसे हानि पहुँचाने की चेष्टा करना उसे बिलकुल उचित नहीं। यह केवल संन्यासी का ही नहीं वरन् सभी नर-नारियों का कर्तव्य है।

प्रत्येक कर्तव्य पवित्र है और कर्तव्यनिष्ठा भगवत्-पूजा का सर्वोत्कृष्ट रूप है। बद्ध जीवों की भ्रांत, अज्ञान-तिमिराच्छन्न आत्माओं का ज्ञान और मुक्ति दिलाने में यह कर्तव्यनिष्ठा निश्चय ही बहुत सहायक है।

केवल बाह्य कार्यों के आधार पर कर्तव्य की व्याख्या करना नितांत असंभव है! अमुक कार्य कर्तव्य है तथा अमुक अकर्तव्य—कर्तव्याकर्तव्य का इस प्रकार विभाग-निर्देश नहीं किया जा सकता। परंतु फिर भी, आंतरिक दृष्टिकोण से कर्तव्य की व्याख्या हो सकती है। यदि किसी कर्म द्वारा हम भगवान् की ओर बढ़ते हैं तो वह सत् कर्म है और वह हमारा कर्तव्य है; परंतु जिस कर्म द्वारा हम नीचे गिरते हैं, वह बुरा है—वह हमारा कर्तव्य नहीं।

कर्म

इस पृथ्वी को कर्मभूमि कहा जाता है। अच्छे-बुरे सभी कर्म यहीं करने होते हैं। मनुष्य स्वर्गकाम होकर सत्कार्य करने पर स्वर्ग में जाकर देवता हो जाता है; इस अवस्था में वह कोई नया कर्म नहीं करता—वह तो बस, पृथ्वी पर किए हुए अपने सत्कर्मों के फलों का ही भोग करता है। और जब वे सत्कर्म समाप्त हो जाते हैं तो उसी समय जो असत् या बुरे कर्म उसने पृथ्वी पर किए थे, उन सबका संचित फल वेग के साथ उस पर आ जाता है और उसे वहाँ से फिर एक बार पृथ्वी पर घसीट लाता है।

जब तुम कोई कर्म करो तब अन्य किसी बात का विचार ही मत करो; उसे एक उपासना के—बड़ी-से-बड़ी उपासना—के बतौर करो और उस समय तक के लिए उसमें अपना सारा तन-मन लगा दो।

प्रेम सहित कर्म करो। 'प्रेम' शब्द का यथार्थ अर्थ समझना बहुत कठिन है। बिना स्वाधीनता के प्रेम आ ही नहीं सकता। दास में सच्चा प्रेम होना संभव नहीं। यदि तुम एक गुलाम मोल ले लो और उसे जंजीरों से बाँधकर उससे अपने लिए काम करवाओ तो वह कष्ट उठाकर किसी प्रकार काम करेगा अवश्य, पर उसमें किसी प्रकार का प्रेम नहीं रहेगा। इसी तरह जब हम संसार के लिए दासवत् कर्म करते हैं तो उसके प्रति हमारा प्रेम नहीं रहता और इसलिए वह सच्चा कर्म नहीं हो सकता। हम अपने बंधु-बांधवों के लिए जो कर्म करते हैं, यहाँ तक कि हम अपने स्वयं के लिए

भी जो कर्म करते हैं, उसके बारे में भी ठीक यही बात है। स्वार्थ के लिए किया गया कार्य दास का कार्य है। और कोई कार्य स्वार्थ के लिए है अथवा नहीं, इसकी पहचान यह है कि प्रेम के साथ किया हुआ प्रत्येक कार्य आनंददायक होता है। सच्चे प्रेम के साथ किया हुआ कोई भी कार्य ऐसा नहीं है, जिसके फलस्वरूप शांति और आनंद न प्राप्त हो।

यह कर्म क्या है? संसार के प्रति उपकार करने का क्या अर्थ है? क्या हम सचमुच संसार का कोई उपकार कर सकते हैं? उपकार का अर्थ यदि 'निरपेक्ष उपहार' लिया जाए तो उत्तर है—नहीं, परंतु सापेक्ष दृष्टि से—हाँ! संसार के प्रति ऐसा कोई भी उपकार नहीं किया जा सकता, जो चिरस्थायी हो। यदि ऐसा कभी होता तो यह संसार इस रूप में कभी न रहता जैसा उसे हम आज देख रहे हैं। हम किसी मनुष्य की भूख अल्प समय के लिए भले ही शांत कर दें, परंतु बाद में वह फिर भूखा हो जाएगा। किसी व्यक्ति को हम जो कुछ भी सुख दे सकते हैं, वह क्षणिक होता है। सुख और दुःख के इस सतत ज्वर का कोई भी सदा के लिए उपचार नहीं कर सकता।

प्रत्येक देश में कुछ ऐसे नर-रत्न होते हैं, जो केवल कर्म के लिए ही कर्म करते हैं। वे नाम-यश अथवा स्वर्ग की भी परवाह नहीं करते। वे केवल इसलिए कर्म करते हैं कि उसमें कुछ कल्याण होगा। कुछ लोग ऐसे भी होते हैं जो और भी उच्चतर उद्देश्य लेकर गरीबों के प्रति भलाई तथा मनुष्य जाति की सहायता करने के लिए अग्रसर होते हैं, क्योंकि वे शुभ में विश्वास करते हैं और उससे प्रेम करते हैं। नाम तथा यश के लिए किया गया कार्य बहुधा शीघ्र फलित नहीं होता। ये चीजें हमें उस समय प्राप्त होती हैं, जब हम वृद्ध हो जाते हैं और जिंदगी की आखिरी घड़ियाँ गिनते रहते हैं।

यह स्मरण रखना चाहिए कि समस्त कर्मों का उद्देश्य है—मन के भीतर पहले से ही स्थित शक्ति को प्रकट कर देना, आत्मा को जाग्रत् कर देना। प्रत्येक मनुष्य के भीतर शक्ति और पूर्ण ज्ञान विद्यमान है। भिन्न-भिन्न कर्म इन महान् शक्तियों को जाग्रत् करने तथा बाहर प्रकट कर देने के लिए आघात सदृश हैं।

कर्म करके कर्मफल की आकांक्षा न करना, किसी मनुष्य की सहायता करके उससे किसी प्रकार की कृतज्ञता की आशा न रखना, कोई सत्कर्म करके भी इस बात की ओर ध्यान तक न देना कि वह हमें यश और कीर्ति देगा अथवा नहीं—इस संसार में सबसे कठिन बात है ! संसार जब प्रशंसा करने लगता है, तब एक कायर व्यक्ति भी बहादुर बन जाता है। समाज के समर्थन तथा प्रशंसा से एक मूर्ख भी वीरोचित कार्य कर सकता है; परंतु अपने आस-पास के लोगों की निंदा-स्तुति की बिलकुल परवाह न करते हुए सर्वदा सत्कार्य में लगे रहना वास्तव में सबसे बड़ा त्याग है।

कर्मफल में आसक्ति रखनेवाला व्यक्ति अपने भाग्य में आए हुए कर्तव्य पर भिनभिनाता है। अनासक्त पुरुष को सब कर्तव्य समरूप से शुभ हैं। उसके लिए तो वे कर्तव्य स्वार्थपरता तथा इंद्रिय-परायणता को नष्ट करके आत्मा को मुक्त कर देने के लिए शक्तिशाली साधन हैं। हम सब अपने को बहुत बड़ा मानते हैं। प्रकृति ही सदैव कड़े नियम से हमारे कर्मों के अनुसार उचित कर्मफल का विधान करती है। और इसलिए अपनी ओर से चाहे हम किसी कर्तव्य को स्वीकार करने के लिए भले ही अनिच्छुक हों, फिर भी वास्तव में हमारे कर्मफल के अनुसार ही हमारे कर्तव्य निर्दिष्ट होंगे।

कर्मयोग के अनुसार, बिना फल उत्पन्न किए कोई भी कर्म नष्ट नहीं हो सकता। प्रकृति की कोई भी शक्ति उसे फल उत्पन्न करने से रोक नहीं सकती। यदि मैं कोई बुरा कर्म करूँ तो उसका फल मुझे भोगना ही पड़ेगा। विश्व में ऐसी कोई शक्ति नहीं जो इसे रोक सके। इसी प्रकार, यदि मैं कोई सत्कार्य करूँ तो विश्व में ऐसी कोई शक्ति नहीं जो उसके शुभ फल को रोक सके। कारण से कार्य होता ही है—इसे कोई भी रोक नहीं सकता।

कर्मयोग कर्म को एक विज्ञान ही बना लेता है, जिसके द्वारा तुम यह जान सकते हो कि संसार के समस्त कार्यों का सर्वोत्तम उपयोग किस प्रकार करना चाहिए। कर्म तो अनिवार्य है—करना ही पड़ेगा, किंतु सर्वोच्च ध्येय को सम्मुख रखकर कार्य करो।

कर्मयोग का अर्थ क्या है ? उसका अर्थ है—मौत के मुँह में भी जाकर बिना तर्क-वितर्क किए सबकी सहायता करना। भले ही तुम लाखों बार ठगे जाओ, पर मुँह से एक बात तक न निकालो; और तुम जो कुछ भले कार्य कर रहे हो उनके संबंध में सोचो तक नहीं। निर्धन के प्रति किए गए उपकार पर गर्व मत करो और न उससे कृतज्ञता की ही आशा रखो, बल्कि उलटे तुम ही उससे कृतज्ञ होओ—यह सोचकर कि उसने तुम्हें दान देने का यह अवसर दिया है।

कर्मयोग शिक्षा देता है कि सबसे पहले तुम स्वार्थपरता के अंकुर के बढ़ने की प्रवृत्ति को नष्ट कर दो। और जब तुममें इसके दमन की क्षमता आ जाए तो मन को बस वहीं रोक लो—स्वार्थपरता की इन लहरों में उसे मत बह जाने दो! फिर तुम संसार में चले जा सकते हो, जहाँ चाहो जा सकते हो, तुम्हें कुछ भी स्पर्श न कर सकेगा।

कर्मयोग हमें शिक्षा देता है—"संसार को मत छोड़ो, संसार में ही रहो। जितना चाहो, सांसारिक भाव ग्रहण करो। परंतु यदि वह अपने ही भोग के निमित्त हो तो फिर तुम्हारा कर्म करना व्यर्थ है।" तुम्हारा लक्ष्य भोग नहीं होना चाहिए। पहले अहंभाव को नष्ट कर डालो और फिर समस्त संसार को आत्मस्वरूप देखो।

निस्स्वार्थ कर्म द्वारा मानव जीवन के चरम लक्ष्य—इस मुक्ति को प्राप्त कर लेना ही कर्मयोग है। अतएव हमारा प्रत्येक स्वार्थपूर्ण कार्य अपने इस लक्ष्य तक हमारे पहुँचने में बाधक होता है तथा प्रत्येक निस्स्वार्थ कर्म हमें उसकी ओर आगे बढ़ाता है।

वेदांत की शिक्षा यही है कि अपने भाग्य के निर्माता हम ही हैं। तुम्हारा यह शरीर तुम्हारे ही कर्मों के अनुसार बना है—और किसी ने तुम्हारे लिए वह गठित नहीं किया है। सर्वव्यापी परमेश्वर तुम्हारे अज्ञान के कारण तुमसे छिपा रहा है और उसका दायित्व तुम्हारे ही ऊपर है। तुम यह न समझना कि इस घोर तमोमय संसार में तुम बिना अपनी इच्छा के ही ला पटके गए हो, वरन् तुम्हें यह समझ लेना चाहिए कि ठीक जैसे तुम इस क्षण अपने इस शरीर को बना रहे हो, पहले भी तुम्हीं ने थोड़ा-थोड़ा करके इसका निर्माण किया था। तुम स्वयं ही खाते हो, कोई और तो तुम्हारे लिए नहीं

खाता। फिर जो तुम खा लेते हो, उसे तुम्हीं अपने लिए पचाते हो, और कोई तो नहीं पचाता। फिर उसी से तुम अपना रक्त, पेशी तथा शरीर बनाते हो—दूसरा कोई कुछ नहीं करता। बस, यही तुम बराबर करते आए हो।

हमें कर्म करते रहना चाहिए तथा यह पता लगाना चाहिए कि उस कार्य के पीछे हमारी प्रेरक शक्ति क्या है ? ऐसा होने पर हम देखेंगे कि आरंभिक वर्षों में प्राय: हमारे सभी कार्यों का हेतु स्वार्थपूर्ण रहता है। किंतु धीरे-धीरे यह स्वार्थ-परायणता अध्यवसाय से नष्ट हो जाएगी, जब हम वास्तव में स्वार्थ से रहित होकर कार्य करने के योग्य हो सकेंगे।

कल्पना

कल्पना की जिस मानसिक शक्ति को हम लोग स्वप्नों और विचारों में लगाते हैं, वही सत्य तक पहुँचने का भी साधन है। जब कल्पना अति शक्तिशाली होती है, तब ध्येय दृश्यमान हो जाता है।

कामना

कामना की दृष्टि में हम केवल कामना ही पाते हैं और तब अधिक तथा और अधिक की अनंत कामना ही करते हैं। अतृप्त कामनाओं से भरे हुए, मरने पर, उनकी परितुष्टि की निरर्थक खोज में बार-बार जन्म लेना पड़ता है।

कामना हमें दास बनाती है, मानो वह एक अतृप्त अत्याचारी शासिका है, जो अपने शिकार को चैन नहीं लेने देती। किंतु जीवन्मुक्त इस ज्ञान तक पहुँचकर कि वह अद्वितीय ब्रह्म है और उसे अन्य कुछ काम नहीं है, सभी कामनाओं को जीत लेता है।

जब हम कामना के अनंत ज्वर को—उस अनंत तृष्णा को जो हमें चैन नहीं

लेने देती—त्याग देंगे, जब हम सदा के लिए कामना को जीत लेंगे, तब हम शुभ-अशुभ दोनों से छूट पाएँगे; क्योंकि तब हम उन दोनों का अतिक्रमण कर जाएँगे। कामना की पूर्ति उसे केवल और अधिक बढ़ाती है, जैसे कि अग्नि में डाला हुआ घी उसे और भी तीव्रता से प्रज्वलित कर देता है।

कार्य

शरीर के माध्यम से शक्ति की जो छोटी-छोटी अभिव्यक्तियाँ होती हैं, उन्हीं को कार्य कहते हैं। बिना विचार या चिंतन के कोई कार्य नहीं हो सकता! अत: मस्तिष्क को ऊँचे-ऊँचे विचारों, ऊँचे-ऊँचे आदर्शों से भर लो और उनको दिन-रात मन के सम्मुख रखो। ऐसा होने पर इन्हीं विचारों से बड़े-बड़े कार्य होंगे।

मुझे योजनाओं पर ज्यादा बहस करना पसंद नहीं; बल्कि मैं अपनी योजनाओं के विषय में चर्चा करने की अपेक्षा करके कुछ दिखाना चाहता हूँ। जीवन की सार्थकता तो इसी में है कि वह किसी महान् आदर्श के पीछे लगाया जाए। भारत में करने लायक बड़ा काम इस समय यही है। मैं इस वर्तमान धार्मिक जागरण का स्वागत करता हूँ और मुझसे महामूर्खता का काम होगा, यदि मैं लोहे के गरम रहते हुए उस पर हथौड़े की चोट लगाने के इस शुभ मुहूर्त को हाथ से जाने दूँगा।

गुरु

गुरु के संबंध में हमें पहले यह जान लेना होगा कि उनका चरित्र कैसा है ? और तब फिर देखना होगा कि वे कहते क्या हैं ? उन्हें पूर्ण रूप से शुद्धचित्त होना चाहिए, तभी उनके शब्दों का मूल्य होगा; क्योंकि केवल तभी वे सच्चे संचारक हो सकते हैं। यदि स्वयं उनमें आध्यात्मिक शक्ति न हो तो वे संचार ही क्या करेंगे ? उनके मन में आध्यात्मिकता का इतना प्रबल स्पंदन होना चाहिए, जिससे वह सहज रूप से शिष्य के मन में संचरित हो जाए। वास्तव में गुरु का काम यह है कि वे शिष्य में आध्यात्मिक शक्ति का संचार कर दें, न कि शिष्य की बुद्धिवृत्ति अथवा अन्य किसी शक्ति को

उत्तेजित मात्र करें। यह स्पष्ट अनुभव किया जा सकता है कि गुरु से शिष्य में सचमुच एक शक्ति आ रही है। अतः गुरु का पवित्र होना आवश्यक है।

गुरु ही धर्म-पिपासु की आँखें खोलनेवाले होते हैं। अतः गुरु के साथ हमारा संबंध ठीक वैसा ही है जैसा पूर्वज के साथ उसके वंशज का। गुरु के प्रति श्रद्धा, नम्रता, विनय और आदर के बिना हममें धर्मभाव पनप ही नहीं सकता। और यह एक महत्त्वपूर्ण बात है कि जिन देशों में गुरु और शिष्य में इस प्रकार का संबंध विद्यमान है, केवल वहीं असाधारण आध्यात्मिक पुरुष उत्पन्न हुए हैं; और जिन देशों में इस प्रकार के गुरु-शिष्य संबंध की उपेक्षा हुई है, वहाँ धर्मगुरु एक वक्ता मात्र रह गया है। गुरु का मतलब रहता है अपनी 'दक्षिणा' से और शिष्य का मतलब रहता है गुरु के शब्दों से, जिन्हें वह अपने मस्तिष्क में ठूस लेना चाहता है।

जो 'श्रोत्रिय' हैं—वेदों का रहस्य समझते हैं और जो अवृजिन हैं—निष्पाप हैं, जो 'अकामहत' हैं—जिन्हें काम छू भी नहीं गया है, जो तुम्हें शिक्षा देकर तुमसे अर्थ-प्राप्ति की आशा नहीं रखते वे ही संत हैं, वे ही साधु हैं। जिस प्रकार वसंत आकर हर एक पेड़-पौधे को पत्तियों और कलियों से हरा-भरा कर देता है, परंतु पौधे से प्रतिदान नहीं माँगता, क्योंकि भलाई करना उसका स्वाभाविक धर्म है—प्रवृत्त गुरु ठीक इसी प्रकार के होते हैं।

सच्चा गुरु वह है जो समय-समय पर आध्यात्मिक शक्ति के भंडार के रूप में अवतीर्ण होता है और गुरु-शिष्य परंपरा द्वारा उस शक्ति को पीढ़ी-दर-पीढ़ी के लोगों में संचरित करता है। जिस प्रकार एक विशाल नदी अपने पुराने मार्ग को छोड़कर एक दूसरे ही मार्ग से बहने लगती है, उसी प्रकार इस आध्यात्मिक शक्ति का प्रवाह भी समय-समय पर अपनी गति बदलता रहता है। अतएव देखा जाता है कि कालांतर में धर्म के पुराने संप्रदाय निर्जीव हो जाते हैं और नव-जीवन की अग्नि से भरे नूतन संप्रदायों का अभ्युदय होता है।

जिस व्यक्ति की आत्मा से दूसरी आत्मा में शक्ति का संचार होता है, वह 'गुरु' कहलाता है और जिसकी आत्मा में यह शक्ति संचरित होती है उसे शिष्य कहते हैं।

किसी भी आत्मा में इस प्रकार शक्ति-संचार करने के लिए आवश्यक है कि पहले तो जिस आत्मा से यह संचार होता हो, उसमें स्वयं इस संचार की शक्ति विद्यमान रहे और दूसरे, जिस आत्मा में यह शक्ति संचरित की जाए, वह इसे ग्रहण करने योग्य हो।

गृहस्थ

गृहस्थ ही समाज-जीवन का केंद्र है। उसके लिए धन कमाना तथा उसे सत्कर्मों में व्यय करना ही उपासना है। जिस प्रकार एक संन्यासी को अपनी कुटी में बैठकर की हुई उपासना उसके मुक्ति-लाभ में सहायक होती है, उसी प्रकार एक गृहस्थ की भी सदुपाय तथा सदुद्देश्य से धनी होने की चेष्टा उसके मुक्ति-लाभ में सहायक होती है; क्योंकि इन दोनों में ही हम ईश्वर तथा जो कुछ ईश्वर का है उस सबके प्रति भक्ति से उत्पन्न हुए आत्मसमर्पण एवं आत्म-त्याग का ही प्रकाश पाते हैं; भेद है केवल प्रकाश के रूप भर में।

शत्रु के सम्मुख शूरता प्रकट करके उसे उस पर शासन करना चाहिए—यह गृहस्थ का आवश्यक कर्तव्य है। गृहस्थ को घर के कोने में बैठकर रोना और 'अहिंसा परमो धर्मः' कहकर खाली बकवास न करना चाहिए। यदि वह शत्रु के सम्मुख वीरता नहीं दिखाता तो वह अपने परम कर्तव्य की अवहेलना करता है। किंतु अपने बंधु-बांधव, आत्मीय-स्वजन एवं गुरु के निकट उसे गो के समान शांत एवं निरीह भाव का अवलंबन करना चाहिए।

एक गृहस्थ का जीवन भी उतना ही श्रेष्ठ है जितना कि एक ब्रह्मचारी का, जिसने अपना जीवन धर्मकार्य के लिए उत्सर्ग कर दिया है। यह कहना व्यर्थ है कि 'गृहस्थ से संन्यासी श्रेष्ठ है।' संसार को छोड़कर, स्वच्छंद और शांत जीवन में रहकर ईश्वरोपासना करने की अपेक्षा संसार में रहते हुए ईश्वर की उपासना करना बहुत कठिन है।

चरित्र

देश के प्रत्येक घर को हम सदावर्त में भले ही परिणत कर दें, देश को अस्पतालों से भले ही भर दें; परंतु जब तक मनुष्य का चरित्र परिवर्तित नहीं होता तब तक दु:ख-क्लेश बना ही रहेगा।

यदि तुम सचमुच किसी मनुष्य के चरित्र को जाँचना चाहते हो तो उसके बड़े कार्यों से उसकी जाँच मत करो। एक मूर्ख भी किसी विशेष अवसर पर बहादुर बन जाता है। मनुष्य के अत्यंत साधारण कार्यों की जाँच करो और वास्तव में वे ही ऐसी बातें हैं, जिनसें तुम्हें एक महान् पुरुष के वास्तविक चरित्र का पता लग सकता है। आकस्मिक अवसर तो छोटे-से-छोटे मनुष्य को भी किसी-न-किसी प्रकार का बड़प्पन दे देते हैं। परंतु वास्तव में बड़ा तो वही है, जिसका चरित्र सदैव और सब अवस्थाओं में महान् रहता है।

यदि हम इतिहास को देखें तो विदित होगा कि जो विचारधारा सर्वश्रेष्ठ होगी, वही जीवित रहेगी और चरित्र की अपेक्षा अन्य ऐसी कौन सी शक्ति है जो जीने की योग्यता प्रदान कर सकती है। विचारशील मनुष्य जाति का भावी धर्म अद्वैत ही होगा, इसमें संदेह नहीं। और सब संप्रदायों में उन्हीं की विजय होगी, जो अपने जीवन में सबसे अधिक चरित्र का उत्कर्ष दिखा सकेंगे—चाहे वे संप्रदाय कितने ही दूर भविष्य में क्यों न जन्म लें।

संसार के सारे धर्म प्राणहीन, परिहास की वस्तु हो गए हैं। जगत् को जिस वस्तु की आवश्यकता है, वह है चरित्र। संसार को ऐसे लोग चाहिए, जिनका जीवन स्वार्थहीन ज्वलंत प्रेम का उदाहरण है। वह प्रेम एक-एक शब्द को वज्र के समान प्रभावशाली बना देगा।

चित्त

चित्त वह वस्तु है, जिससे हमारे मन का निर्माण होता है और जो निरंतर बाह्य तथा आंतरिक प्रभावों से प्रमथित होकर (संकल्प-विकल्प की) तरंगें उछालता रहता है।

जाति

जाति का मूल अर्थ था—प्रत्येक व्यक्ति की अपनी प्रकृति को अपने विशेषत्व को प्रकाशित करने की स्वाधीनता—और यही अर्थ हजारों वर्षों तक प्रचलित भी रहा। आधुनिक शास्त्र-ग्रंथों में भी जातियों का आपस में खाना-पीना निषिद्ध नहीं हुआ है और न किसी प्राचीन ग्रंथ में उनका आपस में ब्याह-शादी करना मना है। तो फिर भारत के अध:पतन का कारण क्या था? जाति संबंधी इस भाव का त्याग। जैसे गीता कहती है—जाति नष्ट हुई कि संसार भी नष्ट हुआ! अब क्या यह सत्य प्रतीत होता है कि इस विविधता का नाश होते ही जगत् का भी नाश हो जाएगा? आजकल का वर्ण विभाग यथार्थ में जाति नहीं है, बल्कि जाति की प्रगति में वह एक रुकावट ही है।

यदि जाति न होती तो आज आप कहाँ होते? यदि जाति न होती तो आपका ज्ञान-भंडार और दूसरी वस्तुएँ कहाँ होतीं? यदि जाति न होती तो आज यूरोपवालों को अध्ययन करने के लिए कुछ भी न बचा होता, मुसलमानों ने सबकुछ नष्ट कर दिया होता।

जाति-व्यवस्था का नाश नहीं होना चाहिए; उसे केवल समय-समय पर परिस्थितियों के अनुकूल बनाया जाना चाहिए। हमारी पुरानी व्यवस्था के भीतर इतनी जीवनी-शक्ति है कि उससे दो लाख नई व्यवस्थाओं का निर्माण किया जा सकता है। जाति-व्यवस्था को मिटाने की बात करना कोरी बुद्धिहीनता है। नई रीति यह है कि पुरातन का विकास हो।

मुझे अपने देशवासियों से यही कहना है कि जाति-प्रथा उठा देने से ही भारत का पतन हुआ है। प्रत्येक दृढ़मूल आभिजात्य वर्ग अथवा विशेष अधिकार प्राप्त संप्रदाय जाति का घातक है—वह जाति नहीं है। 'जाति' को स्वतंत्रता दो, जाति की राह से प्रत्येक रोड़े को हटा दो, बस तभी हमारा उत्थान होगा।

मैं जातियों को किसी प्रकार निपटाने की बात नहीं कहता। जाति-प्रथा बहुत अच्छी व्यवस्था है। जाति वह योजना है, जिसके अनुसार हम चलना चाहते हैं। जाति वास्तव में क्या है, यह लाखों में से एक भी नहीं समझता।

जीवन

जितने क्षण हमारा जीवन समस्त जगत् में व्याप्त रहता है—दूसरों में व्याप्त रहता है, उतने ही क्षण हम जीवित रहते हैं।

जीवन और मृत्यु एक ही चीज की विभिन्न अभिव्यक्तियाँ हैं—केवल अलग-अलग दृष्टिकोणों से भिन्न-भिन्न दिखाई देती हैं। वे एक ही तरंग के उत्थान और पतन हैं और दोनों को मिलाने से ही एक संपूर्ण वस्तु बनती है। एक व्यक्ति पतन को देखता है और निराशावादी बन जाता है, दूसरा उत्थान देखता है और आशावादी बन जाता है।

यदि तुम्हें जीवन की अभिलाषा हो तो उसके लिए तुम्हें प्रतिक्षण मरना होगा! जीवन और मृत्यु एक ही चीज की विभिन्न अभिव्यक्तियाँ हैं—अलग-अलग दृष्टिकोणों से भिन्न-भिन्न दिखाई मात्र देती हैं। वे एक ही तरंग के उत्थान और पतन हैं, और दोनों को मिलाने से ही एक संपूर्ण वस्तु बनती है। एक व्यक्ति पतन देखता है और निराशावादी बन जाता है, दूसरा उत्थान देखता है और आशावादी बन जाता है। बालक पाठशाला जाता है, माता-पिता उसकी पूरी देखभाल करते हैं, तब उसे हर एक वस्तु सुखप्रद मालूम होती है। उसकी आवश्यकताएँ बिलकुल साधारण हुआ करती

हैं। वह बड़ा आशावादी बन जाता है। पर एक वृद्ध को देखो, जिसे संसार के अनेक अनुभव हो चुके हैं—वह अपेक्षाकृत शांत हो जाता है और उसकी गरमी काफी ठंडी पड़ जाती है।

ज्ञान

जिस प्रकार एक चकमक पत्थर के टुकड़े में अग्नि निहित रहती है, उसी प्रकार मनुष्य के मन में ज्ञान रहता है। उद्दीपक कारण घर्षण स्वरूप ही उस ज्ञानाग्नि को प्रकाशित कर देता है।

मनुष्य का अंतिम ध्येय सुख नहीं वरन् ज्ञान है, क्योंकि सुख और आनंद का तो एक-न-एक दिन अंत हो ही जाता है, अत: यह मान लेना कि सुख ही परम लक्ष्य है—मनुष्य की भारी भूल है। संसार में सब दु:खों का मूल यही है कि मनुष्य अज्ञानवश यह समझ बैठता है कि सुख ही उसका चरम लक्ष्य है। पर कुछ समय बाद मनुष्य को यह बोध होता है कि जिसकी ओर वह जा रहा है, वह सुख नहीं वरन् ज्ञान है। सुख और दु:ख दोनों ही महान् शिक्षक हैं—और जितनी शिक्षा उसे सुख से मिलती है उतनी ही दु:ख से भी।

ज्ञानमार्ग अच्छा है, परंतु उसके शुष्क वाद-विवाद में परिणत हो जाने का डर रहता है। भक्ति बड़ी ही उच्च वस्तु है, पर उससे निरर्थक भावुकता पैदा होने के कारण वास्तविक चीज ही के नष्ट हो जाने की संभावना रहती है। हमें इन सभी का समन्वय ही चाहिए।

ज्ञान की दृष्टि में भक्ति मुक्ति का एक साधन मात्र है; पर भक्त के लिए वह साधन भी है और साध्य भी। मेरी दृष्टि में तो यह भेद नाममात्र का है—ज्ञानी और भक्त दोनों ही अपनी-अपनी साधना-प्रणाली पर विशेष जोर देते हैं; वे यह भूल जाते हैं कि पूर्ण भक्ति के उदित होने से पूर्ण ज्ञान बिना माँगे ही मिल जाता है और इसी प्रकार पूर्ण ज्ञान के साथ पूर्ण भक्ति भी अभिन्न है।

त्याग

ईश्वर को पाना चाहते हो तो काम-कांचन का त्याग करना होगा। (अंधकार और प्रकाश क्या कभी एक साथ रह सकते हैं?) यह संसार असार, मायामय और मिथ्या है। लाख यत्न करो, पर इसे बिना छोड़े कदापि ईश्वर को नहीं पा सकते। यदि यह न कर सको तो मान लो कि तुम दुर्बल हो; किंतु स्मरण रहे कि अपने आदर्श को कदापि नीचा न करो। सड़ते हुए मुरदे को सोने के पत्ते से ढकने का यत्न न करो। अस्तु, यदि धर्म की उपलब्धि करनी है, यदि ईश्वर की प्राप्ति करनी है तो भूल-भुलैया का खेल खेलना छोड़ना होगा।

केवल त्याग के द्वारा ही इस अमृतत्व की प्राप्ति होती है। त्याग से ही महाशक्ति का आविर्भाव होता है। वह और की तो बात क्या, विश्व की ओर नजर उठाकर नहीं देखता। तभी सारा ब्रह्मांड उसके निकट गोष्पद-सा नजर आता है—'ब्रह्माण्ड गोष्पदायते'। त्याग ही भारत की (सनातन) पताका है। इसी पताका को समग्र जगत् में फहराकर, मरती हुई सभी जातियों को भारत यही एक शाश्वत विचार बार-बार प्रेषित कर उन्हें सब प्रकार के अत्याचारों एवं असाधुताओं के विरुद्ध सावधान कर रहा है। वह मानो ललकारकर उनसे कह रहा है, ''सावधान! त्याग के पथ का, शांति के पथ का अवलंबन करो, नहीं तो मर जाओगे!''

त्याग का अर्थ है—स्वार्थ का संपूर्ण अभाव। बाह्य रूप से संपर्क न रखने से त्याग नहीं हो जाता। जैसे हम अपना धन दूसरे के पास रखें और स्वयं उसे छुएँ तो नहीं, पर उससे लाभ पूरा उठाएँ—क्या वह त्याग कहा जा सकता है?

धर्म का एकमात्र पथ यही है—त्याग दो और विरक्त बनो।

पूर्णता की प्राप्ति के लिए त्याग ही एकमात्र साधन है।

बिना त्याग के भक्ति का विचार कैसा?

बीज को कुछ दिन मिट्टी के नीचे रहकर कार्य करना पड़ता है। उसे अपने आपको खंड-खंड कर देना होता है, मानो अपना कुछ पतन करना पड़ता है। और इसी पतन से उसका फिर पुनरुत्थान होता है।

बुद्ध ने जो अपना राजवैभव तथा सिंहासन छोड़ दिया, उसे हम सच्चा त्याग कह सकते हैं; परंतु एक भिखारी के संबंध में त्याग का कोई प्रश्न ही नहीं उठता, क्योंकि उसके पास तो त्याग करने के लिए कुछ है ही नहीं।

पुरुषत्व का लोप करनेवाली जो विलासिता भारत में घुसकर हमारा खून पी रही है, सारी जाति को कपटाचरण की शिक्षा दे रही है, उस विलासिता के स्थान पर त्याग का आदर्श रखकर समग्र जाति को सावधान करने के लिए उनकी अत्यंत आवश्यकता है। अतएव हमें त्याग का अवलंबन करना ही पड़ेगा। प्राचीन काल में भारत में त्याग ही की विजय थी; अब भी यह भारत में विजय प्राप्त करेगा।

दान

इस अपूर्व दानशील हिंदू जाति की ओर देखो। इस निर्धन—अत्यंत निर्धन देश में लोग कितना दान करते हैं, इसकी ओर भी जरा नजर डालो। यहाँ का अतिथि-सत्कार इस प्रकार का है कि कोई आदमी बिना अपने साथ कुछ लिये उत्तर से दक्षिण तक यात्रा कर सकता है और हर स्थान पर उसका ऐसा सत्कार होगा मानो वह परम मित्र हो। यदि यहाँ कहीं रोटी का एक टुकड़ा भी है तो कोई भिक्षुक भूख से नहीं मर सकता।

दान से बढ़कर और कोई धर्म नहीं है। सबसे नीच मनुष्य वह है, जिसका हाथ सदा अपनी ओर रहता है—और जो अपने ही लिए सब पदार्थों को लेने में लगा रहता है। और सबसे उत्तम पुरुष वह है, जिसका हाथ बाहर की ओर है तथा जो दूसरों को देने में लगा है। हाथ इसीलिए बनाए गए हैं कि सदा दान देते रहो। तुम स्वयं भूखे रहकर भी अपने पास का रोटी का अंतिम टुकड़ा, अन्न का अंतिम ग्रास तक दूसरों को दे डालो।

संसार में सर्वदा दाता का आसन ग्रहण करो। सर्वस्व दे दो, पर बदले में कुछ न चाहो! प्रेम दो, सहायता दो, सेवा दो—इनमें से जो कुछ तुम्हारे पास देने के लिए है, वह दे डालो। किंतु सावधान रहो, उनके बदले में कुछ लेने की इच्छा कभी न करो। किसी तरह की कोई शर्त मत रखो। ऐसा करने पर तुम्हारे लिए भी कोई किसी तरह की शर्त नहीं रखेगा। अपनी हार्दिक दानशीलता के कारण ही हम देते चलें—ठीक उसी प्रकार जिस प्रकार ईश्वर हमें देता है।

दु:ख

जो मनुष्य सदा अपने को दु:खी मानता है, उसे ईश्वर की प्राप्ति नहीं हो सकती। 'मैं कितना दु:खी हूँ', ऐसा सोचते रहना आसुरी भावना है, धर्म नहीं। हर मनुष्य को अपना बोझ ढोना है। यदि तुम दु:खी हो तो सुखी बनने का प्रयत्न करो, अपने दु:खों पर विजय प्राप्त करो।

यदि हम संसार के महापुरुषों के चरित्र का अध्ययन करें तो मैं कह सकता हूँ कि अधिकांश दशाओं में हम यही देखेंगे कि सुख की अपेक्षा दु:ख ने तथा संपत्ति की अपेक्षा दारिद्र्य ने ही उन्हें अधिक शिक्षा दी है एवं प्रशंसा की अपेक्षा निंदा रूपी आघात ने ही उनकी अंत:स्थ ज्ञानाग्नि को अधिक प्रस्फुटित किया है।

बहुत कम मनुष्यों को इस बात का ज्ञान है कि दु:ख के साथ सुख और सुख के साथ दु:ख लगा हुआ है और सुख भी उतना ही घृणित है जितना कि दु:ख, क्योंकि सुख और दु:ख दोनों यमज बंधु हैं। जिस तरह दु:ख के पीछे दौड़ना हमारे मनुष्यत्व की विडंबना है, उसी तरह सुख के पीछे दौड़ना भी। जिसकी बुद्धि संतुलित है, उसे दोनों का ही त्याग करना चाहिए। प्रकृति के हाथ का खिलौना न बनने का प्रयत्न हम क्यों न करें। अभी हम पर कोड़े बरस रहे हैं और जब हम रोने लगते हैं तो प्रकृति हमारे हाथ पर एक डॉलर रख देती है। फिर कोड़े बरसते हैं और हम फिर रोने लगते हैं। अब की बार प्रकृति रोटी का टुकड़ा दे देती है और हम फिर हँसने लगते हैं।

दुराग्रह

मनुष्य पहले यह जान ले कि आसक्तिरहित होकर उसे किस प्रकार कर्म करना चाहिए, तभी वह दुराग्रह और मदांधता से परे हो सकता है। जब हमें यह ज्ञात हो जाएगा कि संसार कुत्ते की टेढ़ी दुम की तरह है और कभी भी सीधा नहीं हो सकता तब हम दुराग्रही नहीं होंगे।

मेरा अनुभव यह है कि दुराग्रहपूर्ण सभी सुधारों से अलग रहना ही बुद्धिमानी है। संसार धीरे-धीरे चलता ही जा रहा है, उसे इसी प्रकार चलने दो। तुम्हें इतनी जल्दी क्यों पड़ी है? अच्छी नींद सोओ और स्नायुओं को स्वस्थ-मजबूत रखो, उचित प्रकार का भोजन करो और संसार के साथ सहानुभूति रखो। दुराग्रही केवल घृणा ही अर्जन करते हैं। जब तुम दुराग्रहियों का साथ छोड़ोगे, तभी जानोगे कि सच्चा प्रेम और सच्ची सहानुभूति किस प्रकार की जाती है। तुममें सहानुभूति और प्रेम जितना भी बढ़ेगा, तुम इन बेचारों को उतना ही कम दोष दोगे; बल्कि उनके दोषों से तुम्हें सहानुभूति हो जाएगी।

सौ में नब्बे दुराग्रहियों का यकृत खराब होता है, या वे मंदाग्नि अथवा किसी अन्य रोग से पीड़ित रहते हैं। धीरे-धीरे चिकित्सक लोगों को भी ज्ञात हो जाएगा कि दुराग्रह एक प्रकार का रोग है। मैंने ऐसा बहुत देखा है। परमात्मा मुझे ऐसे रोग से बचाए।

हममें किसी प्रकार का भी दुराग्रह नहीं होना चाहिए, क्योंकि दुराग्रह प्रेम का विरोधी है।

जो ठंडे मस्तिष्कवाला और शांत है, जो उत्तम ढंग से विचार करके कार्य करता है, जिसके स्नायु सहज ही उत्तेजित नहीं हो उठते तथा जो अत्यंत प्रेम और सहानुभूति-संपन्न है, केवल वही व्यक्ति संसार में महान् कार्य कर सकता है और इस तरह उससे अपना भी कल्याण कर सकता है। दुराग्रही व्यक्ति मूर्ख और सहानुभूति-शून्य होता है। वह न तो कभी संसार को सीधा कर सकता है और न स्वयं ही शुद्ध एवं पूर्ण हो सकता है।

दुर्बल

दुर्बलता से मनुष्य गुलाम बनता है। दुर्बलता से ही सब प्रकार के शारीरिक और मानसिक दु:ख आते हैं। दुर्बलता ही मृत्यु है। लाखों-करोड़ों कीटाणु हमारे आस-पास हैं; पर जब तक हम दुर्बल नहीं होते, जब तक शरीर उनके प्रति पूर्व-प्रवृत्त नहीं होता तब तक वे हमें कोई हानि नहीं पहुँचा सकते।

बलहीन को ईश्वर की प्राप्ति नहीं होती, अत: दुर्बल कदापि न बनो। तुम्हारे अंदर असीम शक्ति है, तुम्हें शक्तिशाली बनना है। अन्यथा तुम किसी भी वस्तु पर विजय कैसे प्राप्त करोगे? शक्तिशाली हुए बिना तुम ईश्वर को कैसे प्राप्त कर सकोगेबलहीन को ईश्वर की प्राप्ति नहीं होती, अत: दुर्बल कदापि न बनो। तुम्हारे अंदर असीम शक्ति है, तुम्हें शक्तिशाली बनना है। अन्यथा तुम किसी भी वस्तु पर विजय कैसे प्राप्त करोगे? शक्तिशाली हुए बिना तुम ईश्वर को कैसे प्राप्त कर सकोगे?

यदि जगत् में कोई पाप है तो वह है दुर्बलता। दुर्बलता ही मृत्यु है, दुर्बलता ही पाप; इसलिए सब प्रकार से दुर्बलता का त्याग कीजिए! प्राचीन पंथावलंबी सभी लोग कट्टर होने पर भी मनुष्य थे। उन सभी लोगों में एक दृढ़ता थी।

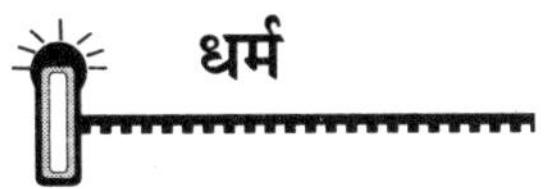

धर्म

जब तक धर्म कुछ इने-गिने पंडे-पादरियों के हाथों में रहा तब तक इसका दायरा मंदिर, मसजिद, गिरजाघर और धर्म-ग्रंथों तथा धार्मिक नियमों, अनुष्ठानों और बाह्याचारों तक सीमित रहा। पर जब हम सचमुच आध्यात्मिक और विश्व व्यापक धरातल पर आ जाएँगे तब धर्म यथार्थ हो उठेगा, सजीव हो उठेगा, हमारे जीवन का अंग बन जाएगा, हमारी हर गतिविधि में रहेगा, समाज की पोर-पोर में भिद जाएगा और तब इसकी शिवात्मक शक्ति पहले की अपेक्षा अनंत गुनी अधिक हो जाएगी।

धर्म कहीं बाहर से नहीं आता, बल्कि व्यक्ति के आभ्यंतर से ही उदित होता है। मेरी यह आस्था है कि धार्मिक विचार मनुष्य की रचना में ही सन्निहित हैं और यह बात इस सीमा तक सत्य है कि चाहकर भी मनुष्य धर्म का त्याग तब तक नहीं कर सकता जब तक उसका शरीर है, मन है, मस्तिष्क है, जीवन है। जब तक मनुष्य में सोचने की शक्ति रहेगी तब तक यह संघर्ष चलता ही रहेगा और तब तक किसी-न-किसी रूप में धर्म रहेगा ही।

धर्म न तो मतों में है, न पंथों में और न तार्किक विवाद में ही। धर्म का अर्थ है—आत्मा की ब्रह्मस्वरूपता को जान लेना, उसका प्रत्यक्ष अनुभव प्राप्त कर लेना और तद्‌रूप हो जाना।

धर्म रोटी में नहीं है, मकान में नहीं है। बार-बार लोग प्रश्न करते हैं—"धर्म में आखिर कौन सी भलाई होगी? क्या यह गरीबों की दरिद्रता दूर कर सकेगा? उनके लिए वस्त्रों का प्रबंध कर सकेगा?" मान लो कि धर्म यह सब नहीं कर सकता, तो क्या इससे धर्म की असत्यता सिद्ध हो जाएगी? मान लो, तुम ज्योतिष के किसी सिद्धांत की चर्चा कर रहे हो और कोई बच्चा आकर कहने लगे, "क्या यह मीठी रोटी ला देगा?" तुम कहोगे, "नहीं, यह नहीं लानेवाला है।" इस पर बच्चा कहेगा, "तब तो यह बेकार है।" विश्व को देखने का बच्चों का अपना दृष्टिकोण है—वही रोटी ला देनेवाला। और ठीक ऐसी ही बातें संसार के ये नादान बच्चे भी करते हैं।

यद्यपि मानव जीवन में धर्म ही सर्वाधिक शांतिदायी है, तथापि धर्म ने ऐसी भयंकरता की सृष्टि की है, जैसी कि और किसी दूसरे ने नहीं की थी। धर्म ने ही सर्वापेक्षा अधिक शांति एवं प्रेम का विस्तार किया है और साथ ही धर्म ने सर्वापेक्षा भीषण घृणा और विद्वेष की भी सृष्टि की है। धर्म ने ही मनुष्य के हृदय में भ्रातृभाव की प्रतिष्ठा की है, साथ ही धर्म ने मनुष्यों में सर्वापेक्षा कठोर शत्रुता और विद्वेष का भाव भी उद्‌दीप्त किया है। धर्म ने ही मनुष्यों और पशुओं तक के लिए सबसे अधिक दातव्य चिकित्सालयों की स्थापना की है और साथ ही धर्म ने ही पृथ्वी में सबसे अधिक रक्त की नदियाँ बहाई हैं।

किसी धर्म का उद्देश्य जितना ही उच्च होता है, उसका संगठन जितना ही सूक्ष्म होता है, उसकी क्रियाशीलता भी उतनी ही अद्भुत होती है। धर्म-प्रेरणा से मनुष्यों ने संसार में जो खून की नदियाँ बहाई हैं, मनुष्य के हृदय की और किसी प्रेरणा ने वैसा नहीं किया। और धर्म-प्रेरणा से मनुष्यों ने जितने चिकित्सालय, धर्मशाला, अन्नक्षेत्र आदि बनाए उतने और किसी प्रेरणा से नहीं। मनुष्य हृदय की और कोई वृत्ति उसे सारी मानव-जाति की ही नहीं, निकृष्टतम प्राणियों तक की सेवा करने को प्रवृत्त नहीं करती।

कट्टरता और धर्मांधता द्वारा किसी धर्म का प्रचार बड़ी जल्दी किया जा सकता है, किंतु नींव उसी धर्म की दृढ़ होती है जो हर एक को विचार की स्वतंत्रता देता है और इस तरह उसे उच्चतर मार्ग पर आरूढ़ कर देता है, भले ही इससे धर्म का प्रचार शनैः-शनैः हो।

धर्म का एक ही स्वरूप सभी के लिए उपयुक्त नहीं होगा। सभी धर्म एक सूत्र में गुहे मोतियों के समान हैं। हम लोगों को अन्य सब बातों को अलग रखते हुए सभी में व्यक्तित्व को खोजने की चेष्टा करनी चाहिए। मनुष्य किसी धर्म में जन्म नहीं लेता, उसका धर्म तो उसकी आत्मा में ही सन्निहित होता है। कोई पद्धति, जिससे व्यक्तिगत विशेषता का नाश होता है, वह अंततोगत्वा विनाशक सिद्ध होती है। हर जीवन में एक धारा प्रवाहित हो रही है और वही उसे अंत में ईश्वर को प्राप्त करा देगी। हर एक धर्म का लक्ष्य तथा साध्य भगवत्प्राप्ति ही है। सभी शिक्षाओं से बड़ी शिक्षा केवल भगवान् की ही आराधना करने की है। यदि हर मनुष्य अपना आदर्श चुन ले और उसको अपनाए रहे तो सभी धार्मिक वाद-विवाद मिट जाएँगे।

ईश्वर ने यदि कुछ पुस्तकों में ही निखिल सत्य को निबद्ध किया है तो उसने वे ग्रंथ हमें इसलिए नहीं दिए हैं कि हम उनके शब्दार्थ पर झगड़ा करें। तथ्य यही प्रतीत होता है। ऐसा क्यों होता है ? यदि ईश्वर सचमुच किसी ग्रंथ में समस्त सत्य को लिख देता, तब भी कोई उद्देश्य सिद्ध नहीं होता। कारण, कोई उसे समझ नहीं सकता।

धर्म-प्रेरणा से मनुष्य जितना निष्ठुर हो जाता है उतना और किसी प्रेरणा से

नहीं। उसी प्रकार धर्म-प्रेरणा से मनुष्य जितना कोमल हो जाता है उतना और किसी प्रवृत्ति से नहीं। अतीत में ऐसा ही हुआ है और संभवत: भविष्य में भी ऐसा ही होगा।

धर्मांध अधिक कार्य नहीं कर पाता। वह अपनी शक्ति का तीन-चौथाई व्यर्थ ही नष्ट कर देता है।

यह सोचना भूल है कि धर्मांधता द्वारा मानव जाति की उन्नति हो सकती है। बल्कि उलटे, यह तो हमें पीछे हटानेवाली शक्ति है, जिससे घृणा और क्रोध उत्पन्न होकर मनुष्य एक-दूसरे से लड़ने-भिड़ने लगते हैं और सहानुभूतिशून्य हो जाते हैं। हम सोचते हैं कि जो कुछ हमारे पास है अथवा जो कुछ हम करते हैं, वही संसार में सर्वश्रेष्ठ है और जो कुछ हम नहीं करते अथवा जो कुछ हमारे पास नहीं है, वह एक कौड़ी मूल्य का भी नहीं।

धर्म के बारे में कभी झगड़ा मत करो। धर्म संबंधी सभी झगड़ा-फसादों से केवल यह प्रकट होता है कि आध्यात्मिकता कहीं नहीं है। धार्मिक झगड़े सदा खोखली बातों के लिए होते हैं। जब पवित्रता नहीं रहती, जब आध्यात्मिकता विदा हो जाती है और आत्मा को नीरस बना देती है तब झगड़े शुरू होते हैं, इसके पहले नहीं।

पुराने धार्मिक संप्रदाय अजायबघर में सुरक्षित रखे हुए किसी समय के भीमकाय पशुओं के कंकाल के समान हैं। तो भी, इन प्राचीन संप्रदायों का हमें उचित आदर करना चाहिए, भले ही जिस प्रकार आम का एक सूखा पेड़ रसीले आम खाने की हमारी इच्छा की पूर्ति नहीं कर सकता, उसी प्रकार से संप्रदाय सर्वोच्च की उपलब्धि के लिए आत्मा की यथार्थ लालसा को शांत नहीं कर सकते।

नास्तिक-आस्तिक

कोई आदमी संसार के सारे संप्रदायों में विश्वास करता हो, समस्त धर्मग्रंथों का ज्ञान वहन करता हो अथवा संसार की सभी पवित्र नदियों में स्नान कर पुण्य कमा

चुका हो; पर यदि उसे ईश्वर का साक्षात्कार नहीं हुआ है तो मैं उसे परले सिरे का नास्तिक मानूँगा। और यदि कोई कभी किसी गिरजाघर या मसजिद में न गया हो, न उसने कभी कोई पूजादि कर्म किया हो, फिर भी अपने भीतर ईश्वर को अनुभव करता हो और इस तरह संसार के आडंबरों से ऊपर उठ चुका हो तो वह वस्तुतः सच्चा साधु है, चाहे तुम उसे जो भी कहो।

निर्भयता

अपने में वह साहस लाओ, जो सत्य को जान सके, जो जीवन में निहित सत्य को दिखा सके, जो मृत्यु से न डरे प्रत्युत उसका स्वागत करे, जो मनुष्य को यह ज्ञान करा दे कि वह आत्मा है और सारे जगत् में ऐसी कोई भी वस्तु नहीं जो उसका विनाश कर सके। तब तुम मुक्त हो जाओगे। तब तुम अपनी प्रवृत्त आत्मा को जान लोगे।

डरना नहीं, क्योंकि मनुष्य जाति के इतिहास में देखा जाता है कि जितनी शक्तियों का विकास हुआ है, सभी साधारण मनुष्यों के भीतर से ही हुआ है। संसार में बड़े-बड़े जितने प्रतिभाशाली मनुष्य हुए हैं, सभी साधारण मनुष्यों के भीतर से ही हुए हैं—और इतिहास की घटनाओं की पुनरावृत्ति होगी ही। किसी बात से मत डरो। तुम अद्भुत कार्य करोगे। जिस क्षण तुम डर जाओगे उसी क्षण तुम बिलकुल शक्तिहीन हो जाओगे। संसार में दुःख का मुख्य कारण भय ही है। यही सबसे बड़ा अंधविश्वास है, यही भय हमारे दुःखों का कारण है। और यह निर्भीकता है, जिससे क्षण भर में स्वर्ग प्राप्त होता है। अतएव उत्तिष्ठत जाग्रत् प्राप्य वरान्निबोधत्!

यदि तुम वेदों को पढ़ो तो देखोगे कि उसमें—'नाभयेत्' 'अभी'! अर्थात् किसी से भी डरना नहीं चाहिए—यह बात बार-बार कथित हुई है। भय दुर्बलता का चिह्न है। और यह दुर्बलता ही मनुष्य को ईश्वर-प्राप्ति के मार्ग से हटाकर उसे नाना प्रकार के पाप कर्मों की ओर खींच लेती है। इसलिए संसार के उपहास अथवा व्यंग्य की ओर तनिक भी ध्यान न देकर मनुष्य को निर्भय होकर अपना कर्तव्य करते रहना चाहिए।

वह क्या है ? जिसके सहारे मनुष्य खड़ा होता है और काम करता है ? वह है बल। बल ही पुण्य है तथा दुर्बलता ही पाप है। उपनिषदों में यदि कोई एक ऐसा शब्द है, जो वज्र वेग से अज्ञान-राशि के ऊपर पतित होता है, उसे बिलकुल उड़ा देता है, वह है 'अभय'—निर्भयता। संसार को यदि किसी एक धर्म की शिक्षा देनी चाहिए तो वह है 'निर्भीकता'। यह सत्य है कि इस ऐहिक जगत् में अथवा आध्यात्मिक जगत् में भय ही पतन तथा पाप का कारण है। भय से ही दुःख होता है। यही मृत्यु का कारण है तथा इसी के कारण सारी बुराई होती है।

निर्भीक बनो, तथ्यों का सामना तथ्यों की भाँति करो। अशुभ के भय से विश्व में इधर-उधर न भागो। अशुभ अशुभ है। उससे क्या ?

निस्स्वार्थ

ईश्वर का स्मरण स्वार्थी मनुष्य नहीं कर पाता है। हम जितना ही अपने से बाहर दृष्टि डालेंगे, जितना ही दूसरों का उपकार करेंगे उतना ही हमारे हृदय की शुद्धि होगी और उसमें परमात्मा का निवास होगा।

बदले में कुछ भी न चाहनेवाला—बिलकुल निस्स्वार्थ व्यक्ति ही सबसे अधिक सफल व्यक्ति होता है।

हम सभी यह आशा कर सकते हैं कि जीवन-पथ में संघर्ष करते-करते किसी-न-किसी दिन वह समय अवश्य ही आएगा, जब हम पूर्णरूप से निस्स्वार्थ बन जाएँगे; और ज्यों ही हम उस अवस्था को प्राप्त कर लेंगे, हमारी समस्त शक्तियाँ केंद्रीभूत हो जाएँगी तथा हमारा आभ्यंतरिक ज्ञान प्रकट हो जाएगा।

जो कार्य हमारे सामने आते जाएँ, उन्हें हम हाथ में लेते जाएँ और शनैः-शनैः हम अपने को दिन-प्रतिदिन निस्स्वार्थ बनाने का प्रयत्न करें। हमें कर्म करते रहना

चाहिए तथा यह पता लगाना चाहिए कि उस कार्य के पीछे हमारा हेतु क्या है ? ऐसा होने पर हम देख पाएँगे कि आरंभावस्था में प्राय: हमारे सभी कार्यों का हेतु स्वार्थपूर्ण रहता है। किंतु धीरे-धीरे यह स्वार्थपरायणता अध्यवसाय से नष्ट हो जाएगी और अंत में वह समय आ जाएगा, जब हम वास्तव में स्वार्थ से रहित होकर कार्य करने के योग्य हो सकेंगे।

प्रत्येक सफल मनुष्य के स्वभाव में कहीं-न-कहीं एक विशाल ईमानदारी और सच्चाई छिपी रहती है और उसी के कारण उसे जीवन में इतनी सफलता मिलती है। वह संपूर्ण रूप से स्वार्थहीन होता तो उसकी सफलता वैसी ही महान् होती जैसी बुद्ध या ईसा की। सर्वत्र निस्स्वार्थता की मात्रा पर ही सफलता की मात्रा निर्भर रहती है।

मनुष्य मूर्खतावश सोचता है कि वह अपने को सुखी बना सकता है; परंतु वर्षों के घोर संघर्ष के बाद उसकी आँखें खुलती हैं तथा वह यह अनुभव करता है कि वास्तविक सुख तो स्वार्थपरता को नष्ट कर देने में है, और सिवा अपने उसे और कोई सुखी नहीं बना सकता।

यदि शीशे पर धूल पड़ी है तो उसमें हम अपना प्रतिबिंब नहीं देख सकते। अज्ञान तथा पाप ही हमारे हृदय रूपी शीशे पर धूल की भाँति जमा हो गए हैं। स्वार्थपरता ही, अर्थात् स्वयं के संबंध में पहले सोचना सबसे बड़ा पाप है। जो मनुष्य यह सोचता रहता है कि मैं ही पहले खा लूँ, मुझे ही सबसे अधिक धन मिल जाए, मैं ही सर्वस्व का अधिकारी बन जाऊँ, मेरी ही सबसे पहले मुक्ति हो जाए तथा मैं ही औरों से पहले सीधा स्वर्ग को चला जाऊँ, वही व्यक्ति स्वार्थी है।

आवश्यकता है केवल प्रेम, अकपटता और धैर्य की। जीवन का अर्थ ही वृद्धि अर्थात् विस्तार, यानी प्रेम है। इसलिए प्रेम ही जीवन है—यही जीवन का एकमात्र गति-नियामक है और स्वार्थपरता ही मृत्यु है। इहलोक एवं परलोक में यही बात सत्य है। यदि कोई कहे कि देह के विनाश के पीछे और कुछ नहीं रहता तो भी उसे यह

मानना ही पड़ेगा कि स्वार्थपरता ही यथार्थ मृत्यु है।

मैं अपने ईश्वर से, अपने धर्म से, अपने देश से और सर्वोपरि जो मेरे निर्धन भक्षुक हैं, उनसे प्रेम करता हूँ—जो दरिद्र हैं, अशिक्षित हैं, दलित हैं, उनसे मैं प्रेम करता हूँ—उनके लिए मेरा हृदय द्रवित होता है। कितनी आंतरिकता से ऐसा होता है, भगवान् ही जानते हैं। वे ही मुझे रास्ता दिखाएँगे। मानवी सम्मान या छिद्रान्वेषण की मैं तनिक भी परवाह नहीं करता। मैं उनमें से अधिकांश को शोर मचानेवाले नादान बालक समझता हूँ। सहानुभूति एवं निस्स्वार्थ प्रेम का मर्म समझना उनके लिए कठिन है।

परोपकार

यदि सचमुच तुम पर-हित के लिए कटिबद्ध हो तो सारा ब्रह्मांड भले ही तुम्हारा विरोध करे, तुम्हारा बाल भी बाँका न होगा। यदि तुम निस्स्वार्थ और हृदय के सच्चे हो तो तुम्हारे अंतर में निहित परमात्मा की शक्ति के समक्ष ये सारी विघ्न-बाधाएँ क्षार-क्षार हो जाएँगी।

परोपकार का प्रत्येक कार्य, सहानुभूति का प्रत्येक विचार, दूसरों की सहायतार्थ किया गया प्रत्येक कर्म, प्रत्येक शुभ कार्य हमारे क्षुद्र अहंभाव को प्रति क्षण घटाता रहता है और हममें यह भावना उत्पन्न करता है कि हम न्यूनतम और तुच्छतम हैं; और इसीलिए यह सब कार्य श्रेष्ठ हैं। ज्ञान, भक्ति और कर्म—तीनों इस बिंदु पर मिलते हैं।

परोपकार ही जीवन है। परोपकार न करना ही मृत्यु है। जितने नरपशु तुम देखते हो, उनमें 90 प्रतिशत मृत हैं, वे प्रेमरहित हैं; क्योंकि मेरे बच्चो, जिसमें प्रेम नहीं है, वह जी भी नहीं सकता। मेरे बच्चो, सबके लिए तुम्हारे दिल में दर्द हो—गरीब, मूर्ख एवं पददलित मनुष्यों के दुःख को तुम महसूस करो—तब तक महसूस करो जब तक तुम्हारे हृदय की धड़कन न रुक जाए, मस्तिष्क चकराने न लगे और तुम्हें ऐसा प्रतीत होने लगे कि तुम पागल हो जाओगे; फिर ईश्वर के चरणों में अपना दिल

खोलकर रख दो और तब तुम्हें शक्ति, सहायता एवं अदम्य उत्साह की स्वत: प्राप्ति होगी।

संसार का उपकार करना अपना ही उपकार करना है। दूसरों के लिए किए गए कार्य का मुख्य फल है—अपनी स्वयं की आत्मशुद्धि। दूसरों के प्रति निरंतर भलाई करते रहने से हम स्वयं को भूलने का प्रयत्न करते रहते हैं। और यह आत्म-विस्मृति ही एक बहुत बड़ी शिक्षा है, जो हमें जीवन में सीखनी है।

सभी नीति-संहिताओं में एक ही भाव भिन्न-भिन्न रूप से प्रकाशित हुआ है और वह है—दूसरों का उपकार करना। मनुष्यों के प्रति, सारे प्राणियों के प्रति दया ही मानव जाति के समस्त सत्कर्मों का पथ-प्रदर्शक एवं प्रेरक है और ये सब—'मैं ही जगत् हूँ, यह जगत् एक अखंडस्वरूप है', इसी सनातन सत्य के विभिन्न भाव मात्र हैं।

हमें सदैव परोपकार करते ही रहना चाहिए। यदि हम सदैव यह ध्यान रखें कि दूसरों की सहायता करना एक सौभाग्य है तो परोपकार करने की इच्छा एक सर्वोत्तम प्रेरणा-शक्ति है। एक दाता के ऊँचे आसन पर खड़े होकर और अपने हाथ में दो पैसे लेकर यह मत कहो, "ऐ भिखारी! ले, यह मैं तुझे देता हूँ।" बल्कि तुम स्वयं इस बात के लिए कृतज्ञ होओ कि तुम्हें वह निर्धन मिला, जिसे दान देकर तुमने स्वयं अपना उपकार किया। धन्य पानेवाला नहीं होता, देनेवाला होता है। इस बात के लिए कृतज्ञ होओ कि इस संसार में तुम्हें अपनी दयालुता का प्रयोग करने और इस प्रकार पवित्र एवं पूर्ण होने का अवसर प्राप्त हुआ।

प्रार्थना

प्रत्येक धर्म में प्रार्थनाएँ हैं। पर एक बात ध्यान में रखनी होगी कि आरोग्य या धन के लिए प्रार्थना करना भक्ति नहीं है, वह सब कर्म है। किसी भौतिक लाभ के लिए प्रार्थना करना निरा कर्म है; जैसे स्वर्ग-प्राप्ति अथवा अन्य किसी कार्य के लिए प्रार्थना करना। जो ईश्वर से प्रेम करना चाहता है, भक्त होना चाहता है, उसे ऐसी

प्रार्थनाएँ छोड़ देनी चाहिए। जो ज्योतिर्मय प्रदेश में प्रवेश चाहता है, उसे इस क्रय-विक्रय, इस 'दुकानदारी' के धर्म की गठरी बाँधकर अलग धर देनी होगी।

सोई हुई शक्ति प्रार्थना से आसानी से जाग उठती है और यदि सच्चे दिल से की जाए तो सभी इच्छाएँ पूरी हो सकती हैं। किंतु यदि सच्चे दिल से न की जाए तो दस में से एक की पूर्ति होती है। परंतु इस तरह की प्रार्थना स्वार्थपूर्ण होती है, अत: वह त्याज्य है।

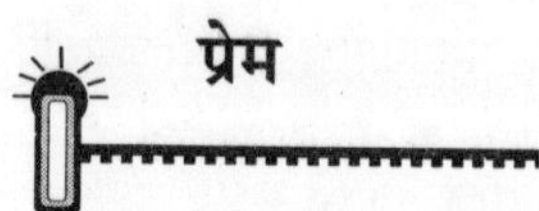

प्रेम

दूसरों को बिना प्यार किए हम कैसे रह सकते हैं? भगवान् के प्रति प्रेम के साथ ही, उसके निश्चित फलस्वरूप, सर्वभूतों के प्रति भी प्रेम अवश्य आएगा। हम ईश्वर के जितने समीप आते-जाते हैं उतने ही अधिक स्पष्ट रूप से देखते हैं कि सब कुछ उसी में है। जब जीवात्मा इस परम प्रेमानंद को आत्मसात् करने में सफल होता है, तब वह ईश्वर को सर्वभूतों में देखने लगता है। इस प्रकार हमारा हृदय प्रेम का एक अनंत स्रोत बन जाता है।

पुस्तकें और विद्या, योग, ध्यान और ज्ञान, प्रेम की तुलना में ये सब धूलि के समान हैं। प्रेम से अलौकिक शक्ति मिलती है। प्रेम से भक्ति उत्पन्न होती है। प्रेम ही ज्ञान देता है और प्रेम ही मुक्ति की ओर ले जाता है। यह निश्चय ही उपासना है, क्षण-भंगुर मानवीय शरीर में यही ईश्वर की उपासना है।

प्रेम कभी निष्फल नहीं होता।

प्रेम का पुरस्कार प्रेम ही है और यह कैसा उत्तम पुरस्कार है। यही एक वस्तु है जो समस्त दु:खों को दूर कर देती है। यही एक प्याला है, जिसे पीने से इस संसार रूपी व्याधि का नाश हो जाता है। मनुष्य ईश्वरोन्मत्त बन जाता है और मैं मनुष्य हूँ, यह तक भूल जाता है।

प्रेम कोई पुरस्कार नहीं चाहता। प्रेम सर्वदा प्रेम के लिए होता है। भक्त इसलिए

प्रेम करता है कि बिना प्रेम किए वह रह ही नहीं सकता। जब तुम किसी मनोहर प्राकृतिक दृश्य को देखकर उस पर मोहित हो जाते हो तो उस दृश्य से तुम किसी फल की याचना नहीं करते और न वह दृश्य ही तुमसे कुछ माँगता है। फिर भी, उस दृश्य का दर्शन तुम्हारे मन को बड़ा आनंद देता है। वह तुम्हारे मन के घर्षणों को हलका कर तुम्हें शांत कर देता है और उस समय तक के लिए मानो तुम्हें अपनी नश्वर प्रकृति से ऊपर उठाकर एक स्वर्गीय आनंद से भर देता है। सच्चे प्रेम का यह भाव उक्त त्रिकोणात्मक प्रेम का पहला कोण है। अपने प्रेम के बदले में कुछ मत माँगो, सदैव देते ही रहो। भगवान् को अपना प्रेम दो, परंतु बदले में उससे कुछ भी नहीं माँगो।

प्रेम प्रश्न नहीं करता। वह भिखारी नहीं होता। भिखारी का प्रेम बिलकुल प्रेम नहीं है। प्रेम का पहला चिह्न है—कुछ न माँगना, सबकुछ अर्पित करना। यह है सच्ची आध्यात्मिक उपासना, प्रेम द्वारा उपासना।

प्रेम मनुष्य और मनुष्य के बीच भेद नहीं उत्पन्न करता; चाहे आर्य और म्लेच्छ हो, चाहे ब्राह्मण और चांडाल हो, यहाँ तक कि नर और नारी में भी। समग्र विश्व को प्रेम अपने घर जैसा बना लेता है।

प्रेम में किसी प्रकार का भय नहीं रहता। प्रेम में डर हो ही कैसे सकता है? क्या कभी बकरी शेर पर, चूहा बिल्ली पर या गुलाम मालिक पर प्रेम करता है? गुलाम लोग कभी-कभी प्रेम दिखाया करते हैं, पर क्या वह प्रेम है? क्या डर में तुमने कभी प्रेम देखा है? ऐसा प्रेम सदा बनावटी रहता है। जब तक मनुष्य की ऐसी भावना है कि ईश्वर बादलों के ऊपर बैठा है, एक हाथ में वह पुरस्कार लिये है और दूसरे में दंड, तब तक प्रेम नहीं हो सकता। प्रेम के साथ भय अथवा किसी भयदायक वस्तु का विचार तक नहीं आता।

'प्रेम' शब्द का यथार्थ अर्थ समझना बहुत कठिन है। बिना स्वाधीनता के प्रेम आ ही नहीं सकता। दास में सच्चा प्रेम होना संभव नहीं। यदि तुम एक गुलाम मोल ले लो और उसे जंजीरों से बाँधकर उससे अपने लिए काम कराओ तो वह कष्ट उठाकर किसी प्रकार काम करेगा अवश्य, पर उसमें किसी प्रकार का प्रेम नहीं रहेगा। इसी तरह जब हम संसार के लिए दासवत् कर्म करते हैं तो उसके प्रति हमारा प्रेम नहीं

रहता और इसलिए वह सच्चा कर्म नहीं हो सकता।

प्रेम सदैव सर्वोच्च आदर्श है। जब वह सौदागरी छोड़ देता है और समस्त भय को दूर भगा देता है, तब वह ऐसा अनुभव करने लगता है कि प्रेम ही सर्वोच्च आदर्श है। कितनी ही बार एक रूपवती स्त्री किसी कुरूप पुरुष को प्यार करते देखी गई है। कितनी ही बार एक सुंदर पुरुष किसी कुरूप स्त्री से प्रेम करते देखा गया है। ऐसे प्रसंगों में आकर्षक वस्तु कौन सी है? बाहर से देखनेवालों को तो कुरूप पुरुष या कुरूप स्त्री ही दीख पड़ती है, प्रेम नहीं दीखता। पर प्रेमी की दृष्टि में तो उससे बढ़कर सुंदरता और कहीं नहीं दिखाई देती।

प्रेमियों के लिए दुनिया प्रेम से भरी है, पर द्वेष करनेवालों के लिए द्वेष से। झगड़नेवाले केवल लड़ाई ही देखते हैं, पर शांत व्यक्ति देखते हैं केवल शांति।

प्रेम ही तो पुरस्कार और दंड, भय और शंका, वैज्ञानिक या अन्य प्रभाव आदि सारी बातों के परे पहुँच गया है। उसके लिए प्रेम का आदर्श ही पर्याप्त है, और क्या यह स्वयंसिद्ध बात नहीं है कि यह संसार प्रेम का ही प्रकट स्वरूप है? वह कौन सी वस्तु है जो अणुओं को लाकर अणुओं से मिलाती है, परमाणुओं को परमाणुओं से मिलाती है, बड़े-बड़े ग्रहों को आपस में एक-दूसरे की ओर आकृष्ट करती है। पुरुष को स्त्री की ओर, स्त्री को पुरुष की ओर, मनुष्य को मनुष्य की ओर, पशुओं को पशुओं की ओर—मानो समस्त संसार को एक ही केंद्र की ओर खींचती हो। यह वही वस्तु है, जिसे 'प्रेम' कहते हैं।

शुद्ध प्रेम का कोई उद्देश्य नहीं होता। उसका कोई स्वार्थ नहीं होता।

हम उस चिरंतन प्रेम का अध्ययन करना चाहते हैं, जिसके कारण मनुष्य ने अपने हाथों के लिए शृंखला बनाई है, जिसके लिए वह दुःख भोगता है। हम दूसरों को भूलना नहीं चाहते। हिमालय की हिम-धाराओं को, कश्मीर के धान के खेतों को गले लगाना होगा। बिजली की कड़क के स्वरों को पक्षियों के कलरव के साथ अपना संगीत बैठाना होगा।

हम प्रेम से बढ़कर सुख या आनंद की कल्पना नहीं कर सकते। पर इस 'प्रेम' शब्द का अर्थ भिन्न है। इसका अर्थ संसार का साधारण स्वार्थमय प्रेम नहीं है। इस

संसारी प्रेम को प्रेम कहना अधर्म होगा। अपने बच्चों और स्त्री के प्रति हमारा जो प्रेम होता है, वह केवल पाशविक प्रेम है। जो प्रेम पूर्णतया निस्स्वार्थ हो, वही 'प्रेम' है और वह ईश्वर का प्रेम है।

भक्ति

इहलोक या परलोक में पुरस्कार की प्रत्याशा से ईश्वर से प्रेम करना बुरी बात नहीं; पर केवल प्रेम के लिए ही ईश्वर से प्रेम करना सबसे अच्छा है और उसके निकट यही प्रार्थना करना उचित है—"हे भगवान्! मुझे न तो संपत्ति चाहिए, न संतति, न विद्या। यदि तेरी इच्छा है तो सहस्त्रों बार जन्म-मृत्यु के चक्र में पड़ूँगा; पर हे प्रभो! केवल इतना ही दे कि मैं फल की आशा छोड़कर तेरी भक्ति करूँ, केवल प्रेम के लिए ही तुझपर मेरा निस्स्वार्थ प्रेम हो।"

भक्तियोग उच्चतर प्रेम का विज्ञान है। वह हमें दरशाता है कि हम प्रेम को ठीक रास्ते से कैसे लगाएँ, कैसे उसे वश में लाएँ, उसका सद्व्यवहार किस प्रकार करें, किस प्रकार एक नए मार्ग में उसे मोड़ दें और उससे श्रेष्ठ व महत्तम फल अर्थात् जीवन्मुक्त अवस्था किस प्रकार प्राप्त करें। भक्तियोग कुछ छोड़ने-छाड़ने की शिक्षा नहीं देता, वह केवल कहता है—परमेश्वर में आसक्त होओ। और जो परमेश्वर के प्रेम में उन्मत्त हो गया है, उसकी स्वभावत: नीच विषयों में कोई प्रवृत्ति नहीं रह सकती।

भक्तियोग का रहस्य यह है कि मनुष्य के हृदय में जितने प्रकार की वासनाएँ और भाव हैं, उनमें से कोई भी स्वरूपत: अधम नहीं है—उन्हें धीरे-धीरे वश में लाकर उनको उत्तरोत्तर उच्च दिशा में उन्मुख करना होगा, जिससे वे अंतत: परमोच्च दशा को प्राप्त हो जाएँ। उनकी सर्वोच्च दिशा है वह, जो ईश्वर की ओर ले जाती है और शेष सब दिशाएँ निम्नाभिमुखी हैं।

भक्तियोग हमें इस बात का आदेश देता है कि हम भगवत्-प्राप्ति के विभिन्न मार्गों में से किसी के भी प्रति घृणा न करें, किसी को भी अस्वीकार न करें।

भगवान्

जब हम ईश्वर को तत्त्वत: उसके निर्माण, पूर्ण स्वरूप में सोचने का प्रयत्न करते हैं तो हम अनिवार्य रूप से उसमें बुरी तरह असफल होते हैं; क्योंकि जब तक हम मनुष्य हैं तब तक मनुष्य से उच्चतर रूप में हम उसकी कल्पना ही नहीं कर सकते। एक समय ऐसा आएगा, जब हम अपनी मानवी प्रकृति के परे चले जाएँगे और तब हम उसे उसके वास्तविक स्वरूप में देख सकेंगे। पर जब तक हम मनुष्य हैं तब तक हमें उसकी उपासना मनुष्य में और मनुष्य के रूप में ही करनी होगी।

जो मनुष्यों के विनाश के दुर्भाग्य को बदल सके, वह भगवान् है। कोई भी साधु, चाहे वह कितना भी पहुँचा हुआ क्यों न हो, इस अनुपम पद के लिए दावा नहीं कर सकता। मुझे कोई ऐसा व्यक्ति नहीं दिखाई पड़ता, जो राम-कृष्ण को भगवान् समझता हो। हमें कभी-कभी इसकी धुँधली प्रतीति मात्र हो जाती है, बस। उन्हें भगवान् के रूप में जान लेने और साथ ही संसार से आसक्ति रखने में कोई संगति नहीं है।

भगवान् मानो एक बड़े चुंबक हैं और हम सब लोहे के समान हैं। हम लोग उनके द्वारा सतत खींचे जा रहे हैं। हम सभी उन्हें प्राप्त करने का प्रयत्न कर रहे हैं। संसार में हम जो नानाविध प्रयत्न करते हैं, वे सब केवल स्वार्थ के लिए नहीं हो सकते। अज्ञानी लोग जानते नहीं कि उनके जीवन का उद्देश्य क्या है। वास्तव में वे लगातार परमात्मा रूप उस बड़े चुंबक की ओर ही अग्रसर हो रहे हैं। हमारे इस अविराम, कठोर जीवन-संग्राम का लक्ष्य है—अंत में उनके निकट पहुँचकर उनके साथ एकीभूत हो जाना।

भाग्य

भाग्य चपला स्त्री के समान है—जो उसे चाहता है, उसकी वह परवाह ही नहीं करती; पर जो व्यक्ति उसकी परवाह नहीं करता, उसके चरणों पर वह लोटती रहती है। जिसे धन की कोई कामना नहीं, लक्ष्मी उसके घर छप्पर फाड़कर आती है। इसी प्रकार नाम-यश भी अयाचक के पास ढेर-के-ढेर में आता है, यहाँ तक कि यह सब उसके लिए कष्टप्रद बोझा हो जाता है।

हम स्वयं अपने भाग्य के विधाता हैं। हमारा भाग्य यदि खोटा हो तो भी कोई दूसरा दोषी नहीं—और यदि हमारे भाग्य अच्छे हों तो भी कोई दूसरा प्रशंसा का पात्र नहीं। वायु सर्वदा बह रही है। जिन-जिन जहाजों के पाल खुले रहते हैं, वायु उन्हीं का साथ देती है और वे आगे बढ़ जाते हैं। पर जिनके पाल नहीं खुले रहते उन पर वायु नहीं लगती, तो क्या यह वायु का दोष है? हममें कोई सुखी है तो कोई दुःखी। यह क्या उस करुणामय पिता का दोष है, जिनकी कृपा-वायु दिन-रात बह रही है, जिनकी दया का अंत नहीं है? हम स्वयं अपने भाग्य के निर्माता हैं।

भारत

कितने शास्त्रों का उद्‍गम भारतवर्ष में हुआ है। गणितशास्त्र का आरंभ वहाँ ही हुआ। आज भी तुम लोग संस्कृत अंक गणना-पद्धति के अनुसार एक, दो, तीन इत्यादि शून्य तक गिनते हो और तुम्हें यह भी मालूम है कि बीजगणित का उदय भारत में ही हुआ। उसी तरह, न्यूटन का जन्म होने के हजारों वर्ष पूर्व ही भारतीयों को गुरुत्वाकर्षण का सिद्धांत अवगत था।

जिस किसी के भी पैर इस पावन धरती पर पड़ते हैं वही—चाहे वह विदेशी हो, चाहे इसी धरती का पुत्र, यदि उसकी आत्मा जड़-पशुत्व की कोटि तक पतित नहीं हो गई तो अपने आपको पृथ्वी के उन सर्वोत्कृष्ट और पावनतम पुत्रों के देवत्व तक पहुँचाने के लिए श्रम करता रहे। यहाँ की वायु भी आध्यात्मिक स्पंदनों से पूर्ण है। यह धरती दर्शनशास्त्र और आध्यात्मिकता के लिए उन सबके लिए जो पशु को बनाए रखने के हेतु चलनेवाले अविरत संघर्ष से मनुष्य को विश्राम देता है, उस समस्त शिक्षा-दीक्षा के लिए जिससे मनुष्य पशुता का जामा उतार फेंकता है और जन्म-मरणहीन सदानंद अमर आत्मा के रूप में आविर्भूत होता है, पवित्र है।

जीवात्मा, परमात्मा और ब्रह्मांड के ये अपूर्व, अनंत, उदात्त और व्यापक धारणाओं में निहित जो महान् तत्त्व हैं, वे भारत में ही उत्पन्न हुए हैं। केवल भारत ही ऐसा देश है, जहाँ के लोगों ने अपने कबीले के छोटे-छोटे देवताओं के लिए यह

कहकर लड़ाई नहीं की है कि 'मेरा ईश्वर सच्चा है, तुम्हारा झूठा। आओ, हम दोनों लड़कर इसका फैसला कर लें।' छोटे-छोटे देवताओं के लिए लड़कर फैसला करने की बात यहाँ के लोगों के मुँह से कभी सुनाई नहीं दी।

भारत तभी जागेगा जब विशाल हृदयवाले सैकड़ों स्त्री-पुरुष भोग-विलास और सुख की सभी इच्छाओं को विसर्जित कर मन, वचन एवं शरीर से उन करोड़ों भारतीयों के कल्याण के लिए सचेष्ट होंगे जो दरिद्रता तथा मूर्खता के अगाध सागर में निरंतर नीचे डूबते जा रहे हैं।

यदि पृथ्वी पर ऐसा कोई देश है, जिसे हम धन्य, पुण्यभूमि कह सकते हैं; यदि ऐसा कोई स्थान है जहाँ पृथ्वी के सब जीवों को अपना कर्मफल भोगने के लिए आना पड़ता है; यदि ऐसा कोई स्थान है जहाँ भगवान् की ओर उन्मुख होने के प्रयत्न में संलग्न रहनेवाले जीवमात्र को अंतत: आना होगा; यदि ऐसा कोई देश है जहाँ मानव-जाति की क्षमा, धृति, दया, शुद्धता आदि सद्वृत्तियों का सर्वाधिक विकास हुआ है और यदि ऐसा कोई देश है जहाँ आध्यात्मिकता तथा सर्वाधिक आत्मान्वेषण का विकास हुआ है तो वह भूमि भारत ही है।

यही वह देश है जहाँ, और केवल जहाँ, पर धर्म व्यावहारिक एवं यथार्थ था और केवल यहीं पर नर-नारी लक्ष्य-सिद्धि के लिए, परम पुरुषार्थ के लिए साहसपूर्वक कर्मक्षेत्र में कूदे, जैसे अन्य देशों में लोग अपने से दुर्बल अपने ही बंधुओं को लूटकर जीवन के भोगों को प्राप्त करने के लिए विक्षिप्त होकर झपटते हैं। यहाँ और केवल यहीं पर मानव-हृदय इतना विस्तीर्ण हुआ कि उसने केवल मनुष्य जाति को ही नहीं वरन् पशु-पक्षी और वनस्पति तक को भी अपने में समेट लिया—सर्वोच्च देवताओं से लेकर बालू के कण तक, महानतम और लघुतम सभी को मनुष्य के विशाल और अनंत बुद्धि हृदय में स्थान मिला और केवल यहीं पर मानवात्मा ने इस विश्व का अध्ययन एक अविच्छिन्न एकता के रूप में किया, जिसका हर स्पंदन उसका अपना स्पंदन है।

यह देश (हमारी मातृभूमि) दर्शन, धर्म, आचरण-शास्त्र, मधुरता, कोमलता और प्रेम की मातृभूमि है। ये सब चीजें अभी भी भारत में विद्यमान हैं। मुझे दुनिया के संबंध में जो जानकारी है, उसके बल से मैं दृढ़तापूर्वक कह सकता हूँ कि इन बातों में पृथ्वी के अन्य देशों की अपेक्षा भारत अब भी श्रेष्ठ है।

त्याग भारत के आदर्शों में अब भी सर्वश्रेष्ठ और सर्वोच्च है। यह बुद्ध की भूमि, रामानुज की भूमि, रामकृष्ण परमहंस की भूमि, त्याग की भूमि, वह भूमि जहाँ प्राचीन काल से कर्मकांड के विरुद्ध प्रतिवाद किया गया और जहाँ आज भी ऐसे सैकड़ों महापुरुष हैं, जिन्होंने सब विषयों का त्याग कर दिया और जीवन्मुक्त बने बैठे हैं—क्या वह भूमि अपने आदर्श को छोड़ देगी? कदापि नहीं। यहाँ ऐसे मनुष्य रह सकते हैं, जिनका मस्तिष्क पश्चिमी विलासिता के आदर्श से विकृत हो गया है। यहाँ ऐसे हजारों नहीं, लाखों मनुष्य रह सकते हैं, जो विलास-मद में चूर हो रहे हैं—जो पश्चिम के शाप में—इंद्रिय-परतंत्रता में—संसार के शाप में डूबे हुए हैं। किंतु इतने पर भी हमारी मातृभूमि में हजारों ऐसे भी होंगे, जिनके लिए धर्म शाश्वत सत्य है—और जो जरूरत पड़ने पर फलाफल का विचार किए बिना ही सबकुछ त्याग देने के लिए सदा तैयार हो जाएँगे।

मैं इस निष्कर्ष पर पहुँच गया हूँ कि संसार में केवल एक ही देश है, जो धर्म को समझ सकता है—वह है भारत। हिंदू अपनी संपूर्ण बुराइयों के बावजूद नीति एवं अध्यात्म में दूसरे राष्ट्रों से बहुत ऊँचे हैं एवं उसके निस्स्वार्थी सुपुत्रों की समुचित सावधानी, प्रयास एवं संघर्ष के द्वारा पाश्चात्य देशों के वीरोचित तत्त्वों को हिंदुओं के शांत गुणों के साथ मिलाते हुए एक ऐसे मानव-समुदाय की सृष्टि की जा सकती है, जो इस संसार में अब तक पैदा हुई किसी भी जाति से कई गुना महान् होगा।

अमेरिका और इंग्लैंड में मैं बहुत बार केवल अपनी वेशभूषा के कारण भीड़ द्वारा प्रायः आक्रांत किया गया हूँ। पर भारत में मैंने ऐसी बात कभी नहीं सुनी कि भीड़ किसी मनुष्य की वेशभूषा के कारण उसके पीछे पड़ गई हो। अन्य सभी बातों में हमारी जनता यूरोप की जनता की अपेक्षा कहीं अधिक सभ्य है।

पाश्चात्य देशों में स्त्री को पत्नी की दृष्टि से देखा जाता है। वहाँ स्त्री में पत्नीत्व की कल्पना की जाती है; परंतु इसके विपरीत, प्रत्येक भारतीय नारी में मातृत्व की कल्पना करता है। पाश्चात्य देशों में गृह की स्वामिनी और शासिका पत्नी है। भारतीय गृहों में घर की स्वामिनी और शासिका माता है। पाश्चात्य गृह में यदि माता हो भी तो उसे पत्नी के अधीन रहना पड़ता है, क्योंकि गृह-स्वामिनी पत्नी है। हमारे घरों में माता ही सबकुछ है। पत्नी को उसकी आज्ञा का पालन करना ही चाहिए। आदर्श की भिन्नता से दोनों घरों के जीवन में कितना अंतर हो जाता है!

भारतीय राष्ट्र कभी बलशाली—दूसरों को पराजित करनेवाला—राष्ट्र नहीं बनेगा, कभी नहीं! वह कभी भी राजनीतिक शक्ति नहीं बन सकेगा; ऐसी शक्ति बनना उसका व्यवसाय ही नहीं; राष्ट्रों की संगीत-संगति में भारत इस प्रकार का स्वर कभी दे ही नहीं सकेगा। पर आखिर भारत का स्वर होगा क्या? वह स्वर होगा ईश्वर, केवल ईश्वर का। भारत उससे कठोर मृत्यु की तरह चिपटा हुआ है। इसीलिए वहाँ अभी आशा है।

भारतीय विचारधारा

वाणिज्य द्रव की भाँति विचारों का समूह भी किसी के बनाए हुए मार्ग से ही चलता है। विचार-राशि के एक देश से दूसरे देश को जाने के पहले उसके जाने का मार्ग तैयार होना चाहिए। संसार के इतिहास में जब कभी किसी बड़े दिग्विजयी राष्ट्र ने संसार के भिन्न-भिन्न देशों को एकसूत्र में बाँधा है, तब उसके बनाए हुए मार्ग से भारत की विचारधारा बह चली है और प्रत्येक जाति की नस-नस में समा गई है।

बहुतों को भारतीय विचार, भारतीय प्रथा, भारतीय आचार-व्यवहार, भारतीय दर्शन और साहित्य पहले-पहल कुछ अनोखे-से मालूम होते हैं; परंतु यदि वे धैर्यपूर्वक उक्त विषयों पर विवेचन करें—मन लगाकर अध्ययन करें और इन तत्त्वों में निहित महान् सिद्धांतों का परिचय प्राप्त करें तो फलस्वरूप 99 प्रतिशत लोग आकर्षित होकर उनसे विमुग्ध हो जाएँगे।

मत

विभिन्न मत एक-एक अवस्था या क्रम मात्र हैं—उनके इस सिद्धांत से वेदों का अर्थ समझ में आ सकता है और शास्त्रों में सामंजस्य स्थापित हो सकता है। दूसरे धर्म या मत के लिए हमें केवल सहनशीलता का प्रयोग नहीं करना चाहिए, बल्कि उन्हें स्वीकार कर प्रत्यक्ष जीवन में परिणत करना चाहिए। सत्य ही सब धर्मों की नींव है।

सर्वदा देखा गया है कि प्रत्येक युग में इन समस्त विभिन्न मतवादों के संघर्ष के फलस्वरूप अंत में एक ही मतवाद जीवित रहता है। अन्य सब तरंगें उसी मतवाद में विलीन होने के लिए एवं उसे एक वृहद् भाव-तरंग में परिणत करने के लिए ही उठती हैं, जो समाज को अप्रतिहत वेग के साथ प्लावित कर देता है।

संसार का इतिहास यह स्पष्ट दरशाता है कि एक विश्वव्यापी राजनीतिक साम्राज्य स्थापित करने और एक विश्वव्यापी धार्मिक साम्राज्य स्थापित करने के दो स्वप्न बहुत समय से मनुष्य जाति के सम्मुख रहे हैं; परंतु महानतम विजेताओं की योजनाएँ, संसार का एक अल्पांश विजय कर पाने के पूर्व ही, बारंबार उनके अधीनस्थ प्रदेशों के विद्रोह-विच्छेद से भंग हो गईं और इसी प्रकार प्रत्येक धर्म अपने पालने से भलीभाँति बाहर निकलने भी न पाया और विभिन्न मतों-संप्रदायों में विभक्त हो गया।

मतांध व्यक्ति अपनी सारी विचार-शक्ति खो बैठता है। व्यक्तिगत विषयों की ओर उसकी इतनी अधिक नजर रहती है कि वह यह जानने को बिलकुल इच्छुक नहीं रह जाता कि कोई व्यक्ति कहता क्या है—वह सही है या गलत! उसका एकमात्र ध्यान रहता है यह जानने में कि वह बात कहता कौन है? जो व्यक्ति अपने मत के लोगों के प्रति दयालु है, भला और सच्चा है, सहानुभूति-संपन्न है वही अपने संप्रदाय से बाहर के लोगों के प्रति बुरा-से-बुरा काम करने में भी न हिचकेगा।

मन

अधिकांश मनुष्य पशु से बहुत थोड़े ही उन्नत हैं, क्योंकि अधिकांश स्थलों में तो उनकी संयम की शक्ति पशु-पक्षियों से कोई विशेष अधिक नहीं। हममें मन के निग्रह की शक्ति बहुत थोड़ी है। मन पर यह अधिकार पाने के लिए, शरीर और मन पर आधिपत्य लाने के लिए कुछ बहिरंग साधनाओं की—दैहिक साधनाओं की आवश्यकता है। शरीर जब पूरी तरह अधिकार में आ जाएगा, तब मन को हिलाने-डुलाने का समय आएगा। इस तरह मन जब बहुत कुछ वश में आ जाएगा, तब हम इच्छानुसार उससे काम ले सकेंगे, उसकी वृत्तियों को एकमुखी होने के लिए मजबूर कर सकेंगे।

जिस मनुष्य का मन उसके अधीन होगा, निश्चय ही वह दूसरों के मनों को भी अपने अधीन कर सकेगा।

जो अपने मन को जानता है और स्व-अधीन रख सकता है, वह हर मन का रहस्य जानता है और हर मन पर अधिकार रखता है।

मन एक अखंड वस्तु है, जैसा कि योगी कहते हैं। मन विश्वव्यापी है। तुम्हारा मन, मेरा मन—ये सब विभिन्न मन उस समष्टि मन के अंश मात्र हैं, मानो समुद्र में उठनेवाली छोटी-छोटी लहरें हैं; और इस अखंडता के कारण हम विचारों को एकदम सीधे, बिना किसी माध्यम के, आपस में संक्रमित कर सकते हैं।

मन को पकड़ो। मन एक झील के समान है और उसमें गिरनेवाला हर पत्थर तरंगें उठाता है। ये तरंगें हमें देखने नहीं देतीं कि हम क्या हैं। झील के पानी में पूर्ण चंद्रमा का प्रतिबिंब है; पर उसकी सतह इतनी आंदोलित है कि वह प्रतिबिंब हमें दिखाई नहीं देता। उसे शांत होने दो। प्रकृति को तरंगें मत उठाने दो।

मन मानो सरोवर के समान है और हमारा प्रत्येक विचार मानो उस सरोवर की लहर के समान है। जिस प्रकार सरोवर में लहर उठती है, गिरती है, गिरकर अंतर्हित हो जाती है, उसी प्रकार मन में ये सब विचार-तरंगें लगातार उठती और अंतर्हित होती रहती हैं। किंतु वे एकदम अंतर्हित नहीं हो जातीं।

जिन लोगों ने अपने मन पर विजय नहीं प्राप्त की है, उनके लिए यह संसार या तो बुराइयों से भरा है या अधिक-से-अधिक अच्छाइयों और बुराइयों का एक मिश्रण है। परंतु यदि हम अपने मन पर विजय प्राप्त कर लें तो यही संसार सुखमय हो जाता है। फिर हमारे ऊपर किसी भी बात के अच्छे या बुरे भाव का असर न होगा—हमें सबकुछ यथास्थान और सामंजस्यपूर्ण दिखाई पड़ेगा।

मनुष्य

मनुष्य एक असीम वृत्त है, जिसकी परिधि कहीं भी नहीं है, लेकिन जिसका केंद्र एक स्थान है और परमेश्वर एक ऐसा असीम वृत्त है, जिसकी परिधि कहीं भी नहीं है, परंतु जिसका केंद्र सर्वत्र है। वह सब हाथों द्वारा काम करता है, सब आँखों द्वारा देखता है, सब पैरों द्वारा चलता है, सब शरीरों द्वारा साँस लेता है, सब जीवों में वास करता है, सब मुखों द्वारा बोलता है और हर मस्तिष्क द्वारा विचार करता है। यदि मनुष्य अपनी आत्मचेतना को अनंत गुनी कर ले तो वह ईश्वर-रूप बन सकता है और संपूर्ण विश्व पर अपना अधिकार चला सकता है।

मनुष्य तभी तक मनुष्य कहा जा सकता है, जब तक वह प्रकृति से ऊपर उठने के लिए संघर्ष करता है।

जिस प्रकार एक जलस्रोत स्वाधीन भाव से बहते-बहते किसी गड्ढे में गिरकर एक भँवर का रूप धारण कर लेता है और उस भँवर में कुछ देर चक्कर काटने के बाद पुनः एक उन्मुक्त स्रोत के रूप में बाहर आकर अनिर्बंध रूप से बह निकलता है, उसी प्रकार यह मनुष्य जीवन भी है।

पहले मनुष्य बनो, तब तुम देखोगे कि वे सब बाकी चीजें स्वबं तुम्हारा अनुसरण करेंगी। परस्पर के घृणित द्वेषभाव को छोड़ो और सदुद्देश्य, सदुपाय, सत्साहस एवं सद्वीर्य का अवलंबन करो। तुमने मनुष्य योनि में जन्म लिया है तो अपनी कीर्ति यहीं छोड़ जाओ।

मनुष्य बनो। उन पाखंडी पुरोहितों को, जो सदैव उन्नति के मार्ग में बाधक होते हैं, बाहर निकाल दो; क्योंकि उनका सुधार कभी न होगा, उनके हृदय कभी विशाल न होंगे। उनकी उत्पत्ति तो सैकड़ों वर्षों के अंधविश्वासों और अत्याचारों के फलस्वरूप हुई है। पहले उन्हें जड़मूल से निकाल फेंको। आओ, मनुष्य बनो। अपने अंधकूप से बाहर निकलो और बाहर दृष्टि डालो।

मुक्ति

एक परमाणु से लेकर मनुष्य तक, जड़ तत्त्व के अचेतन प्राणहीन कण से लेकर इस पृथ्वी की सर्वोच्चता—मानवात्मा तक, जो कुछ हम इस विश्व में देखते हैं, वे सब मुक्ति के लिए संघर्ष कर रहे हैं। वास्तव में यह समग्र विश्व इस मुक्ति के लिए संघर्ष का ही परिणाम है। हर मिश्रण में प्रत्येक अणु दूसरे परमाणुओं से पृथक् होकर अपने स्वतंत्र पथ पर जाने की चेष्टा कर रहा है; पर दूसरे उसे आबद्ध करके रखे हुए हैं। हमारी पृथ्वी सूर्य से दूर भागने की चेष्टा कर रही है तथा चंद्रमा पृथ्वी से। प्रत्येक वस्तु में अनंत विस्तार की प्रवृत्ति है। इस विश्व में हम जो कुछ देखते हैं, उस सबका मूल आधार मुक्ति-लाभ के लिए यह संघर्ष ही है। इसी की प्रेरणा से साधु प्रार्थना करता है और डाकू लूटता है। जब कार्य-विधि अनुचित होती है तो उसे हम अशुभ कहते हैं और जब उसकी अभिव्यक्ति उचित तथा उच्च होती है तो उसे शुभ कहते हैं। परंतु दोनों दशाओं में प्रेरणा एक ही होती है और वह है मुक्ति के लिए संघर्ष।

निस्स्वार्थ सेवा ही धर्म है और बाह्य विधि-अनुष्ठान आदि केवल पागलपन हैं, यहाँ तक कि अपनी मुक्ति की अभिलाषा करना भी अनुचित है। मुक्ति केवल उसके लिए है जो दूसरों के लिए सर्वस्व त्याग देता है; परंतु वे लोग हैं जो 'मेरी

मुक्ति', 'मेरी मुक्ति' की अहर्निश रट लगाए रहते हैं। वे अपना वर्तमान और भावी वास्तविक कल्याण नष्ट कर इधर-उधर भटकते रह जाते हैं।

मानव-हृदय की समस्त उदात्त स्पृहाओं की चरम गति—मुक्ति को प्राप्त करने का केवल एक ही उपाय है और वह है इस जीवन का त्याग, इस क्षुद्र जगत् का त्याग, इस पृथ्वी का त्याग, स्वर्ण का त्याग, शरीर का त्याग एवं सीमाबद्ध सभी वस्तुओं का त्याग। यदि हम मन एवं इंद्रियगोचर इस छोटे से जगत् से अपनी आसक्ति हटा लें तो उसी क्षण मुक्त हो जाएँगे। बंधन से मुक्त होने का एकमात्र उपाय है—सारे नियमों के बाहर चले जाना, कार्य-कारण शृंखला के बाहर चले जाना।

मुक्ति का अर्थ है—पूर्ण स्वाधीनता, शुभ और अशुभ दोनों प्रकार के बंधनों से मुक्त हो जाना। लोहे की शृंखला भी शृंखला ही है और सोने की शृंखला भी शृंखला है। श्री रामकृष्ण देव कहते थे, "पैर में काँटा चुभने पर उसे निकालने के लिए एक दूसरे काँटे की आवश्यकता होती है। काँटा निकल जाने पर दोनों काँटे फेंक दिए जाते हैं। इसी तरह सत् प्रवृत्ति के द्वारा असत् प्रवृत्तियों का दमन करना पड़ता है; परंतु बाद में सत्प्रवृत्तियों पर भी विजय प्राप्त करनी पड़ती है।"

मुक्ति के लिए सबसे आवश्यक वस्तु है—मनुष्यत्व। इसके बाद चाहिए मुमुक्षुत्व—हमारे संप्रदाय और व्यक्ति-भेद से साधन-प्रणालियाँ भिन्न-भिन्न हैं, किंतु यह निस्संकोच कहा जा सकता है कि मुमुक्षुत्व के बिना ईश्वरोपलब्धि असंभव है। मुमुक्षुत्व क्या है ? इस संसार के सुख-दुःख से छुटकारा पाने की तीव्र इच्छा, इस संसार से प्रबल घृणा! जिस समय भगवान् के लिए यह तीव्र व्याकुलता होगी, उसी समय समझना कि तुम ईश्वर-प्राप्ति के अधिकारी हुए हो। इसके बाद चाहिए महापुरुष का संग—अर्थात् गुरु-लाभ। गुरु-परंपरा से जो शक्ति प्राप्त होती है, उसी के साथ अपना संयोग स्थापित करना होगा। उसके बिना मुमुक्षुत्व रहने पर भी कुछ न हो सकेगा—अर्थात् गुरु करना आवश्यक ही नहीं, अनिवार्य है।

मुक्ति-लाभ करने के लिए हमें इस विश्व की सीमाओं के परे जाना होगा;

मुक्ति यहाँ प्राप्त नहीं हो सकती। पूर्ण साम्यावस्था का लाभ अथवा ईसाई लोग जिसे 'बुद्धि से अतीत शांति' कहते हैं, उसकी प्राप्ति इस जगत् में नहीं हो सकती और न स्वर्ग में अथवा न किसी ऐसे स्थान में जहाँ हमारे मन और विचार जा सकते हैं, जहाँ हम इंद्रियों द्वारा किसी प्रकार का अनुभव प्राप्त कर सकते हैं अथवा जहाँ हमारी कल्पना-शक्ति काम कर सकती है। इस प्रकार के किसी भी स्थान में हमें मुक्ति नहीं प्राप्त हो सकती।

हम दुःखों से, प्रतिदिन के दुःख-कष्टों से छूटना चाहते हैं और मुक्ति पाने के लिए—भौतिक, मानसिक एवं आध्यात्मिक मुक्ति-लाभ के लिए छटपटा रहे हैं। संसार-चक्र इसी भावना को लेकर प्रवर्तित हो रहा है। उद्देश्य एक ही होते हुए भी वहाँ तक पहुँचने के मार्ग भिन्न-भिन्न हो सकते हैं। ये मार्ग हमारी प्रवृत्ति की विशेषताओं के अनुसार निश्चित किए जाते हैं।

मृत्यु

मृत्यु से छुटकारा पाने का एकमात्र उपाय यही है कि जीवन के प्रति आसक्ति का त्याग कर दो। जीवन और मृत्यु, दोनों पृथक् दृष्टिकोणों से देखी जाने वाली एक ही वस्तु है।

जितने क्षण हमारा जीवन समस्त जगत् में व्याप्त रहता है, दूसरों में व्याप्त रहता है उतने ही क्षण हम जीवित रहते हैं। इस क्षुद्र जीवन में अपने को बद्ध कर रखना तो मृत्यु है और इसी कारण हमें मृत्यु-भय होता है। मृत्यु-भय तो तभी जीता जा सकता है, जब मनुष्य यह समझ ले कि जब तक जगत् में एक भी जीवन शेष है, तब तक वह भी जीवित है। ऐसे व्यक्तियों को यह उपलब्धि होती है कि मैं सब वस्तुओं में, सब देहों में वर्तमान हूँ—सब प्राणियों में मैं ही वर्तमान हूँ। मैं ही जगत् हूँ। संपूर्ण जगत् ही मेरा शरीर है।

मैं और मेरा

'मैं और मेरा' ही समस्त क्लेश की जड़ है। भोग की भावना के साथ ही स्वार्थ आ जाता है और स्वार्थपरता से ही क्लेश उत्पन्न हुआ है। स्वार्थपरता का प्रत्येक कार्य और विचार हमें किसी-न-किसी वस्तु से आसक्त कर देता है और हम तुरंत ही उस वस्तु के दास बन जाते हैं। चित्त की प्रत्येक लहर, जिसमें 'मैं और मेरे' की भावना रहती है, हमें उसी क्षण जंजीरों से जकड़कर गुलाम बना देती है। हम जितना ही 'मैं' और 'मेरा' कहते हैं, दासत्व का भाव हममें उतना ही बढ़ता जाता है और हमारे क्लेश भी उतने ही अधिक बढ़ जाते हैं।

राष्ट्र

राष्ट्र क्या है, व्यष्टि की समष्टि के सिवा और कुछ नहीं। इसीलिए प्रत्येक राष्ट्र का एक अपना जीवन-व्रत है, जो विभिन्न जाति-समूहों की सुशृंखल अवस्थिति के लिए विशेष आवश्यक है—और जब तक वह राष्ट्र उस आदर्श को पकड़े रहेगा तब तक किसी तरह भी उसका विनाश नहीं हो सकता। किंतु यदि वह राष्ट्र उक्त जीवन-व्रत का परित्याग कर किसी दूसरे लक्ष्य की ओर दौड़े तो उसका जीवन निश्चय ही समाप्त हुआ समझना चाहिए और थोड़े ही दिनों में अंतर्हित हो जाएगा।

सर्वसाधारण को शिक्षित बनाइए एवं उन्नत कीजिए, तभी एक राष्ट्र का निर्माण हो सकता है। हमारे समाज-सुधारकों को तो घाव के स्थान का भी ज्ञान नहीं है। वे विधवाओं का विवाह कराके राष्ट्र का उद्धार करना चाहते हैं। क्या आप यह मानेंगे कि किसी देश की रक्षा इस तथ्य पर आश्रित है कि उसकी विधवाओं के लिए कितने पति प्राप्त होते हैं? यथार्थ राष्ट्र जो झोंपड़ियों में निवास करता है, अपना पौरुष विस्मृत कर बैठा है, अपना व्यक्तित्व खो चुका है। हिंदू, मुसलमान या ईसाई के पैरों से रौंदे वे लोग यह समझ बैठे हैं कि जिस किसी के पास पैसा हो, वे उसी के पैरों से कुचले जाने के लिए ही हुए हैं। उन्हें उनका खोया हुआ व्यक्तित्व प्रदान करना होगा, उन्हें शिक्षित बनाना होगा।

किसी राष्ट्र में यदि तुम्हें कुछ कार्य करना है तो उसी राष्ट्र की विधियों को अपनाना होगा, हर आदमी को उसी की भाषा में समझाना होगा। अगर तुम्हें अमेरिका या इंग्लैंड में धर्म का उपदेश देना है तो तुम्हें राजनीतिक विधियों के माध्यम से काम करना होगा, संस्थाएँ बनानी होंगी, समितियाँ गढ़नी होंगी, वोट देने की व्यवस्था करनी होगी, बैलेट के डिब्बे बनाने होंगे, सभापति चुनना होगा इत्यादि; क्योंकि पाश्चात्य जातियों की यही विधि है और यही भाषा है। पर यहाँ, भारत में यदि तुम्हें राजनीति की बात कहनी है तो धर्म की भाषा को माध्यम बनाना होगा। तुमको इस प्रकार कुछ कहना होगा—"जो आदमी प्रतिदिन सवेरे अपना घर साफ करता है, उसे इतना पुण्य प्राप्त होता है, उसे मरने पर स्वर्ग मिलता है, वह भगवान् में लीन हो जाता है।" जब तक तुम इस प्रकार उनसे न कहो, वे तुम्हारी बात समझेंगे ही नहीं। यह प्रश्न केवल भाषा का है। बात जो की जाती है, वह तो एक ही है। हर जाति के साथ यही बात है। परंतु प्रत्येक जाति के हृदय को स्पर्श करने के लिए तुम्हें उसकी भाषा में बोलना पड़ेगा—और यह ठीक भी है। हमें इसमें बुरा नहीं मानना चाहिए।

मेरे विचार से हमारे राष्ट्रीय पतन का वास्तविक कारण यह है कि हम दूसरे राष्ट्रों से नहीं मिलते-जुलते यही अकेला और एकमात्र कारण है। हमें कभी दूसरों के अनुभवों के साथ अपने अनुभवों के मिलान करने का अवसर नहीं प्राप्त हुआ। हम कूपमंडूक—कुएँ के मेढक—बने रहे।

हमारा समाज खराब नहीं, वह अच्छा है। मैं केवल चाहता हूँ कि वह और भी अच्छा हो। हमें झूठ से सत्य तक अथवा बुरे से अच्छे तक पहुँचना नहीं है, पर सत्य से उच्चतर सत्य तक, अच्छे से अधिकतर अच्छे तक—यही नहीं, अधिकतम अच्छे तक पहुँचना है। मैं अपने देशवासियों से कहता हूँ कि अब तक जो तुमने किया सो अच्छा ही किया है, अब इस समय और भी अच्छा करने का अवसर आया है।

विचार

अपने व्यापारी हिसाब-किताब करनेवाले विचारों को छोड़ दो। यदि तुम किसी एक वस्तु से भी अपनी आसक्ति तोड़ सकते हो तो तुम मुक्ति के मार्ग पर हो।

किसी वेश्या या पापी अथवा साधु को भेद-दृष्टि से मत देखो। वह कुलटा नारी भी दिव्य माँ है।

यदि हम अपने को एक सुसंगठित राष्ट्र के रूप में देखना चाहते हैं तो हमें यह जानना चाहिए कि दूसरे देशों में किस प्रकार की सामाजिक व्यवस्था चल रही है, और साथ ही हमें मुक्त हृदय से दूसरे राष्ट्रों से विचार-विनिमय करते रहना चाहिए।

लेन-देन ही संसार का नियम है और यदि भारत फिर से उठना चाहे तो यह परमावश्यक है कि वह अपने रत्नों से बाहर लाकर पृथ्वी की जातियों में बिखेर दे और इसके बदले में वे जो कुछ दे सकें, उसे सहर्ष ग्रहण करे। विस्तार ही जीवन है और संकोच मृत्यु; प्रेम ही जीवन है और द्वेष मृत्यु। हमने उसी दिन से मरना शुरू किया, जब से हम अन्यान्य जातियों से घृणा करने लगे—और यह मृत्यु बिना इसके किसी दूसरे उपाय से रुक नहीं सकती कि हम फिर से विस्तार को अपनाएँ, जो कि जीवन है।

धोखेबाज और जादूगरों का शिकार बनने की अपेक्षा नास्तिकता में जीवन बिताना कहीं अच्छा है। विचार-शक्ति तुम्हें उपयोग करने के लिए दी गई है। तब यह दिखा दो कि तुमने उसका उचित उपयोग किया है। तभी तुम उच्चतर बातों की धारणा कर सकोगे।

मनुष्य को सर्वोपरि बल विचार-शक्ति से प्राप्त होता है। जितना ही सूक्ष्मतर तत्त्व होता है उतना ही अधिक वह शक्ति-संपन्न होता है। विचार की मूक शक्ति दूरस्थ व्यक्ति को भी प्रभावित करती है, क्योंकि मन एक भी है और अनेक भी। विश्व एक जाल है और मानव-मन मकड़ियाँ।

विज्ञान

विज्ञान एकत्व की खोज के सिवा और कुछ नहीं है। ज्यों ही कोई विज्ञान पूर्ण एकता तक पहुँच जाएगा त्यों ही उसकी प्रगति रुक जाएगी, क्योंकि तब वह अपने

लक्ष्य को प्राप्त कर लेगा। उदाहरणार्थ—रसायन-शास्त्र यदि एक बार उस एक मूल तत्त्व का पता लगा ले, जिससे और सब द्रव्य बन सकते हैं तो फिर वह और आगे नहीं बढ़ सकेगा। भौतिक-शास्त्र जब उस शक्ति का पता लगा लेगा—अन्य शक्तियाँ जिसकी अभिव्यक्ति हैं, तब वह वहीं रुक जाएगा। वैसे ही धर्म-शास्त्र भी उस समय पूर्णता को प्राप्त कर लेगा, जब वह उसको खोज लेगा जो मृत्यु के इस लोक में एकमात्र जीवन है, जो इस परिवर्तनशील जगत् का शाश्वत आधार है, जो एकमात्र परमात्मा है, अन्य सब आत्माएँ जिसकी प्रतीयमान अभिव्यक्तियाँ हैं। इस प्रकार अनेकता और द्वैत में होते हुए इस परम अद्वैत की प्राप्ति होती है। धर्म इससे आगे नहीं जा सकता। यही समस्त विज्ञानों का चरम लक्ष्य है।

सच्चा विज्ञान हमें सावधान रहना सिखाता है। जिस तरह पुरोहितों से हमें सावधान रहना चाहिए, उसी तरह वैज्ञानिकों से भी। पहले अविश्वास से आरंभ करो। छानबीन करो, परीक्षा करो और प्रत्येक वस्तु का प्रमाण माँगने के बाद उसे स्वीकार करो। आजकल के विज्ञान के बहुत से प्रचलित सिद्धांत, जिनमें हम विश्वास करते हैं, सिद्ध नहीं हुए हैं। गणित जैसे शास्त्र में भी बहुत से सिद्धांत ऐसे हैं, जो केवल कामचलाऊ परिकल्पना के सदृश ही हैं। जब ज्ञान की वृद्धि होगी तो ये फेंक दिए जाएँगे।

विश्व-बंधुत्व

जाड़ों में कभी-कभी बादल आता है, बड़ा गर्जन-तर्जन करता है, लेकिन बरसता नहीं। किंतु वर्षा ऋतु में बादल गरजता नहीं, वह संसार को जल से प्लावित कर देता है। इसी प्रकार जो लोग यथार्थ कर्मी हैं और अपने हृदय में विश्व-बंधुत्व का अनुभव करते हैं, वे लंबी-चौड़ी बातें नहीं करते, न उस निमित्त संप्रदायों की रचना करते हैं; किंतु उसके क्रिया-कलाप, गतिविधि और सारे जीवन के ऊपर ध्यान देने से यह स्पष्ट समझ में आ जाएगा कि उनके हृदय सचमुच ही मानव-जाति के प्रति बंधुता से परिपूर्ण हैं। वे सबसे प्रेम और सहानुभूति करते हैं। वे केवल बातें बनाकर काम कर दिखाते हैं—आदर्श के अनुसार जीवन व्यतीत करते हैं। सारी दुनिया लंबी-चौड़ी बातों से परिपूर्ण है। हम चाहते हैं कि बातें बनाना कम हो, यथार्थ काम कुछ अधिक हो।

व्यक्तित्व

मनुष्य जाति के बड़े-बड़े नेताओं की बात यदि ली जाए तो हमें सदा यही दिखाई देगा कि उनका व्यक्तित्व ही उनके प्रभाव का कारण था।

शक्ति

शक्ति के बिना संसार का उद्धार नहीं हो सकता। क्या कारण है कि संसार के सब देशों में हमारा देश ही सबसे अधिक बलहीन और पिछड़ा हुआ है? इसका कारण यही है कि यहाँ शक्ति का निरादर होता है। उस अनुपम शक्ति को भारत में पुन: जाग्रत् करने के लिए माँ का जन्म हुआ है और उन्हें केंद्र बनाकर फिर से गार्गी एवं मैत्रेयी जैसी नारियों का जन्म संसार में होगा।

हमारे आनंद-पुलकित होकर आँखों से प्रेमाश्रु बरसाने का अब समय नहीं है। हमने बहुत-बहुत आँसू बरसाए हैं। अब हमें कोमल भाव धारण करने का समय नहीं है। कोमलता की साधना करते-करते हम लोग रुई के ढेर की तरह कोमल और मृतप्राय हो गए हैं। हमारे देश के लिए इस समय आवश्यकता है—लोहे की तरह ठोस मांसपेशियों और मजबूत स्नायुवाले शरीरों की। आवश्यकता है इस तरह के दृढ़ इच्छाशक्ति-संपन्न होने की कि कोई उसका प्रतिरोध करने में समर्थ न हो।

क्या तुम जानते हो कि वास्तविक शक्ति या शक्ति का पुजारी कौन है? जो यह जानता है कि जगत् में सर्वव्यापक महाशक्ति ईश्वर ही है और जो स्त्रियों को इस शक्ति का स्वरूप मानता है, वही शक्ति का पुजारी है।

शक्ति-संचय जितना आवश्यक है, शक्ति-प्रसार भी उतना ही या उससे भी अधिक आवश्यक है। हृत्पिंड में रक्त का एकत्र होना तो आवश्यक है ही, पर यदि सारे शरीर में उसका संचालन न हुआ तो मृत्यु निश्चित है। समाज के कल्याण के लिए

कुल तथा जाति विशेष में विद्या और शक्ति का एकत्र होना कुछ समय के लिए परम आवश्यक है; परंतु वह शक्ति सर्वत्र फैलने के लिए ही एकत्र हुई है। यदि ऐसा न हुआ तो समाज-शरीर अवश्य तुरंत ही नष्ट हो जाएगा।

शब्द की शक्ति

शब्द में कितनी शक्ति है! एक स्त्री बिलख-बिलखकर रो रही है। इतने में एक दूसरी स्त्री आ जाती है और वह उससे कुछ सांत्वना देने के शब्द कहती है। प्रभाव यह होता है कि वह रोती हुई स्त्री उठ बैठती है, उसका दुःख दूर हो जाता है और वह मुसकराने लगती है। देखो तो, शब्द में कितनी शक्ति है! उच्च दर्शन में जिस प्रकार शब्द-शक्ति का परिचय मिलता है उसी प्रकार साधारण जीवन में भी इस शक्ति के संबंध में विशेष विचार और अनुसंधान किए बिना ही हम रात-दिन इस शक्ति का उपयोग कर रहे हैं।

शिक्षा

मैं परिभाषाएँ देने के विरुद्ध हूँ। परंतु इस संबंध में यह कहा जा सकता है कि सच्ची शिक्षा वह है, जिससे मनुष्य की मानसिक शक्तियों का विकास हो। वह शब्दों को रटना मात्र नहीं है। वह व्यक्ति की मानसिक शक्तियों का ऐसा विकास है, जिससे वह स्वयमेव स्वतंत्रतापूर्वक विचार कर ठीक-ठीक निश्चय कर सके।

शिक्षा का मतलब यह नहीं कि तुम्हारे मन-मस्तिष्क में ऐसी बहुत सी बातें इस तरह ठूस दी जाएँ कि अंतर्द्वंद्व होने लगे और तुम्हारा मन-मस्तिष्क उन्हें जीवन भर पचा न सके। जिस शिक्षा से हम अपना जीवन-निर्माण कर सकें, मनुष्य बन सकें, चरित्र-गठन कर सकें और विचारों का सामंजस्य कर सकें, वही वास्तव में शिक्षा कहलाने योग्य है। यदि तुम पाँच ही भावों को पचाकर तदनुसार जीवन और चरित्र

गठित कर सके हो तो तुम्हारी शिक्षा उस आदमी की अपेक्षा बहुत अधिक है, जिसने एक पूरे पुस्तकालय को कंठस्थ कर रखा है।

शिक्षा किसे कहते हैं? क्या वह पठन मात्र है? नहीं। क्या वह नाना प्रकार का ज्ञानार्जन है? नहीं, यह भी नहीं। जिस संयम के द्वारा इच्छा-शक्ति का प्रवाह और विकास वश में लाया जाता है और वह फलदायक होता है, वह शिक्षा कहलाती है। अब सोचो, शिक्षा क्या वह है, जिसने निरंतर इच्छा-शक्ति को बलपूर्वक पीढ़ी-दर-पीढ़ी रोककर प्रायः नष्ट कर दिया है, जिसके प्रभाव से नए विचारों की बात ही जाने दो, पुराने भी एक-एक करके लुप्त होते चले ज़ा रहे हैं—क्या वह शिक्षा है जो मनुष्य को धीरे-धीरे यंत्र बना रही है? जो स्वयंचालित यंत्र के समान सुकर्म करता है, उसकी अपेक्षा अपनी स्वतंत्र इच्छा-शक्ति और बुद्धि के बल से अनुचित कर्म करनेवाला मेरे विचार से श्रेयस्कर है।

शिक्षा स्वयं दरवाजे-दरवाजे क्यों न जाए? यदि खेतिहर का लड़का शिक्षा तक नहीं पहुँच पाता तो उससे हल के पास या कारखाने में अथवा जहाँ भी हो, वहीं क्यों न भेंट की जाए। जाओ उसी के साथ—उसकी परछाईं के समान।

हमारे लड़के जो शिक्षा पा रहे हैं, वह बड़ी निषेधात्मक है। स्कूल के लड़के कुछ भी नहीं सीखते, बल्कि जो कुछ अपना है उसका भी नाश हो जाता है। और इसका परिणाम होता है—श्रद्धा का अभाव। जो श्रद्धा वेद-वेदांत का मूल मंत्र है, जिस श्रद्धा ने नचिकेता को प्रत्यक्ष यम के पास जाकर प्रश्न करने का साहस दिया, जिस श्रद्धा के बल से यह संसार चल रहा है—उसी श्रद्धा का लोप।

प्रत्येक मनुष्य ज्ञान प्राप्त करने में सक्षम है, यदि उसे शिक्षा उसकी ग्रहण-शक्ति के अनुसार दी जाए। यदि कोई शिक्षक किसी को कुछ समझा नहीं सकता तो उसको स्वयं अपनी ही अयोग्यता पर रोना चाहिए कि वह लोगों को उनकी ग्रहण-शक्ति के अनुसार शिक्षा नहीं दे पाता, बजाय इसके कि वह उन लोगों को कोसे और

कहे, ''तुम लोग अज्ञान और कुसंस्कार के बीच पड़े सड़ते रहो, क्योंकि उच्चतर ज्ञान तुम लोगों के लिए नहीं है।''

सारी शिक्षा तथा समस्त प्रशिक्षण का एकमेव उद्देश्य 'मनुष्य' का निर्माण होना चाहिए। परंतु हम यह न करके केवल बहिरंग पर ही पानी चढ़ाने का सदा प्रयत्न किया करते हैं। जहाँ व्यक्तित्व का ही अभाव है, वहाँ सिर्फ बहिरंग पर पानी चढ़ाने का प्रयत्न करने से क्या लाभ? सारी शिक्षा का ध्येय है—मनुष्य का विकास। वह मनुष्य जो अपना प्रभाव सब पर डालता है, जो अपने संगियों पर जादू-सा कर देता है—शक्ति का एक महान् केंद्र है। और जब यह मनुष्य तैयार हो जाता है तो वह जो चाहे कर सकता है। यह व्यक्तित्व जिस वस्तु पर अपना प्रभाव डालता है उसी को कार्यशील बना देता है।

शुभ या अशुभ

इस संसार में ऐसी कोई भी वस्तु नहीं, जिसे केवल शुभ-ही-शुभ या केवल अशुभ-ही-अशुभ कहा जा सके। एक ही घटना—जो आज शुभजनक मालूम पड़ती है, कल अशुभजनक मालूम प्रड़ सकती है। एक ही वस्तु—जो एक व्यक्ति को दुःखी करती है, दूसरे को सुखी बना सकती है। जो अग्नि बच्चे को जला देती है, वही भूख से मरते व्यक्ति के लिए स्वादिष्ट भोजन भी पका सकती है। जिस स्नायुमंडल के द्वारा दुःख का संवेदन हमारे अंदर पहुँचता है, सुख का संवेदन भी उसी के द्वारा भीतर जाता है।

तुम्हारे भीतर अशुभ न रहने पर तुम अशुभ किस तरह देखोगे? तुम्हारे भीतर यदि चोर न हो तो तुम किस प्रकार चोर देखोगे? तुम स्वयं यदि खूनी नहीं हो तो किस प्रकार खूनी देखोगे! साधु हो जाओ तो असाधु भाव तुम्हारे अंदर से एकदम चला जाएगा। इस प्रकार सारे जगत् का परिवर्तन हो जाएगा।

यद्यपि शुभ और अशुभ दोनों एक ही आत्मा के आंशिक प्रकाश मात्र हैं, फिर भी अशुभ मनुष्य के वास्तविक स्वरूप का—उसकी आत्मा का बाह्यतम आवरण है, और शुभ अपेक्षाकृत निकटतम आवरण है। जब तक मनुष्य अशुभ के स्तर को छिन्न नहीं कर लेता तब तक वह शुभ के स्तर पर नहीं पहुँच सकता—और जब तक वह शुभ एवं अशुभ दोनों के स्तरों को पार नहीं कर लेता तब तक आत्मा तक नहीं पहुँच सकता।

श्रद्धा

आवश्यक गुण है 'श्रद्धा'। जब तक मनुष्य में धर्म और परमेश्वर के प्रति अटूट श्रद्धा उत्पन्न नहीं होती तब तक वह 'ज्ञानी' होने की सम्यक् आकांक्षा नहीं कर सकता।

श्रद्धा का मूल है प्रेम। हम जिससे प्रेम नहीं करते, उसके प्रति कभी भी श्रद्धालु नहीं हो सकते।

हमें जो कुछ चाहिए वह यह श्रद्धा ही है। दुर्भाग्यवश भारत से इसका प्रायः लोप ही हो गया है, और हमारी वर्तमान दुर्दशा का कारण भी यही है। एकमात्र इस श्रद्धा के भेद से ही मनुष्य-मनुष्य में अंतर पाया जाता है। इसका और दूसरा कोई कारण नहीं। यह श्रद्धा ही है, जो एक मनुष्य को बड़ा और दूसरे को छोटा बना देती है। इस श्रद्धा को तुम प्राप्त कर लो।

संप्रदाय

कोई भी धर्म लोगों के जीवन पर तभी असर कर सकता है, जबकि वे बिलकुल उसी में लवलीन हो जाएँ। पर सतर्क रहकर चेष्टा करनी होगी कि इससे किसी

संकीर्ण संप्रदाय की सृष्टि न होने पाए। इससे बचने के लिए हम अपने को एक असांप्रदायिक संप्रदाय बनाना चाहते हैं। संप्रदाय से जो लाभ होते हैं, वे भी उसमें मिलेंगे और साथ-ही-साथ सार्वभौमिक धर्म का उदार भाव भी उसमें रहेगा।

क्षुद्र, ससीम वस्तु असीम होने का दावा करती है। छोटे-छोटे संप्रदायों पर एक बार विचार करो—केवल कुछ शताब्दियों से ही भ्रांत मानव-मस्तिष्क से उनका जन्म हुआ है, फिर भी उनका उद्दंड दावा यह है कि वे ईश्वर के सारे अनंत सत्य को जान गए हैं। इस उद्दंडता की कल्पना तो करो। इससे यदि कुछ प्रकट होता है तो केवल यह कि मनुष्य कितना अहम्मन्य हो सकता है। इसमें कुछ भी आश्चर्य नहीं है कि ऐसे दावे सर्वदा ही व्यर्थ हुए हैं और प्रभु की कृपा से वे सर्वदा ही व्यर्थ होंगे।

संस्कार

यदि एक मनुष्य निरंतर बुरे शब्द सुनता रहे, बुरे विचार सोचता रहे, बुरे कर्म करता रहे तो उसका मन भी बुरे संस्कारों से पूर्ण हो जाएगा और बिना उसके जाने ही वे संस्कार उसके समस्त विचारों एवं कार्यों पर अपना प्रभाव डालते रहेंगे। वास्तव में ये बुरे संस्कार निरंतर अपना कार्य करते रहते हैं। अतएव बुरे संस्कार संपन्न होने के कारण उस व्यक्ति के कार्य भी बुरे होंगे। वह एक बुरा आदमी बन जाएगा, वह इससे बच नहीं सकता। इन संस्कारों की समष्टि उसमें दुष्कर्म करने की प्रबल प्रवृत्ति उत्पन्न कर देगी। वह इन संस्कारों के हाथ एक यंत्र-सा होकर रह जाएगा। वे उसे बलपूर्वक करने के लिए बाध्य करेंगे।

क्या भारतवर्ष में भी संस्कारकों का अभाव था? क्या तुमने भारत का इतिहास पढ़ा है? रामानुज, शंकर, नानक, चैतन्य, कबीर और दादू कौन थे? ये बड़े-बड़े धर्माचार्यगण, जो भारत-गगन में अति उज्ज्वल नक्षत्रों की भाँति एक के बाद एक उदय हुए और फिर अस्त हो गए—कौन थे? क्या रामानुज के हृदय में नीच जाति के लिए प्रेम नहीं था? क्या उन्होंने अपने सारे जीवन में चांडाल तक को अपने संप्रदाय में

लेने का प्रयत्न नहीं किया ? क्या उन्होंने अपने संप्रदाय में मुसलमान तक को मिला लेने का प्रयत्न नहीं किया ? नानक ने मुसलमान और हिंदू दोनों को समान भाव से उपदेश कर समाज में नए भाव लाने की चेष्टा नहीं की ? इन सब लोगों ने प्रयत्न किया और उनका काम आज भी जारी है। भेद केवल यही है कि वे आजकल के समाज-संस्कारकों की तरह दांभिक नहीं थे। वे अपने मुँह से कभी शाप का उच्चारण नहीं करते थे। उनके मुँह से केवल आशीर्वाद ही निकलते थे। उन्होंने कभी समाज पर दोषारोपण नहीं किया। उन्होंने लोगों से कहा कि जाति को धीरे-धीरे उन्नत करना होगा। उन्होंने अतीत की ओर दृष्टि फेरकर कहा कि "हिंदुओ ! तुमने अभी तक जो किया, अच्छा ही किया; पर भाइयो, तुम्हें इससे भी अच्छा करना होगा।" उन्होंने यह नहीं कहा कि पहले तुम दुष्ट थे और अब तुम्हें अच्छा होना होगा। उन्होंने यही कहा कि "पहले तुम अच्छे थे, अब और भी अच्छे बनो।"

सत्य

एकमात्र ईश्वर ही सत्य है, एकमात्र आत्मा ही सत्य है और एकमात्र धर्म ही सत्य है। इन्हें ही सत्य समझो।

यह निश्चय जानो, यदि तुम प्रलोभनों को ठुकराकर सत्य के सेवक बनोगे तो तुममें ऐसी दैवी शक्ति आ जाएगी, जिसके सामने लोग तुमसे उन बातों को कहते डरेंगे, जिन्हें तुम सत्य नहीं समझते। यदि तुम बिना किसी विक्षेप के लगातार चौदह वर्ष तक सत्य की अनन्य सेवा कर सको तो तुम जो कहोगे, लोग उस पर विश्वास कर लेंगे। तब तुम जनता का सबसे बड़ा उपकार करोगे और उनके बंधनों को छिन्न कर संपूर्ण राष्ट्र को उन्नत कर दोगे।

सत्य का स्वरूप ही ऐसा है कि जो कोई उसे देख लेता है, उसे एकदम पूरा विश्वास हो जाता है। सूर्य का अस्तित्व सिद्ध करने के लिए मशाल की जरूरत नहीं होती—यह तो स्वयं ही प्रकाशवान् है। अगर सत्य को भी प्रमाण की आवश्यकता हो तो उस प्रमाण को फिर कौन सिद्ध करेगा ? अगर सत्य को साक्षी के रूप में किसी वस्तु की आवश्यकता हो तो उसके साक्ष्य के लिए फिर क्या साक्षी होगा ?

सत्य ज्ञानी

जिन्होंने सत्य को प्रत्यक्ष कर लिया है, उन्हें फिर सत्य को समझने के लिए न्याय-युक्ति, तर्क-वितर्क आदि बौद्धिक व्यायामों की आवश्यकता नहीं रह जाती। उनके लिए तो सत्य का जीवन प्रत्यक्ष से भी प्रत्यक्ष हो जाता है।

सुख

मनुष्य का अंतिम लक्ष्य सुख नहीं, वरन् ज्ञान है। सुख और आनंद विनाशशील हैं। अत: सुख को चरम लक्ष्य मान लेना भूल है। पर कुछ समय के बाद मनुष्य को यह बोध होता है कि जिसकी ओर वह जा रहा है, वह सुख नहीं वरन् ज्ञान है तथा सुख और दुःख दोनों ही महान् शिक्षक हैं और जितनी शिक्षा उसे शुभ से मिलती है उतनी ही अशुभ से भी।

सच्चा सुख तो केवल आत्मा में मिलता है। अतएव आत्मा में इस सुख की प्राप्ति ही मनुष्य का सबसे बड़ा प्रयोजन है।

सुख-दुःख

इस जगत् की शक्ति समष्टि मानो एक सरोवर के समान है। उसमें जैसी तरंग का उत्थान होता है, ठीक उसी के अनुसार पतन भी होता है—समष्टि पूर्णतया वही रहती है। अतएव एक व्यक्ति को सुखी करने का अर्थ है, एक दूसरे व्यक्ति को अ-सुखी करना। बाहर का सुख केवल जड़ सुख है और उसका परिणाम निर्धारित है। अतएव सुख का एक कण भी दूसरे के पास से छीने बिना हमें प्राप्त नहीं हो सकता। केवल वही सुख जो जड़ जगत् से अतीत है, बिना किसी को कुछ हानि पहुँचाए प्राप्त किया जा सकता है। भौतिक सुख केवल भौतिक दुःख का रूपांतर मात्र है।

यह सोचना भूल है कि सभी मनुष्यों के लिए सुख ही प्रेरणा होता है। उतनी ही बड़ी संख्या तो उनकी भी है, जो दु:ख की खोज करने के लिए जन्म लेते हैं। आओ, हम लोग भी 'कराल' की उपासना 'कराल' के निमित्त करें।

सुख के प्रत्येक तोले के साथ सेर भर दु:ख भी आता है। वस्तुत: वही शक्ति है, जो एक समय सुख बनकर व्यक्त होती है और दूसरे समय पर दु:ख बनकर। ज्यों ही संवेदनाओं की एक सरणि समाप्त हुई, त्यों ही दूसरी शुरू हो जाती है। परंतु कुछ अधिक पिकसित व्यबितयों गें एक दो नहीं, एक साथ सैकड़ों विभिन्न विचार एक ही समय सक्रिय रूप से काम कर सकते हैं।

हम सभी सुख के पीछे दौड़ रहे हैं—यह सत्य है; किंतु कोई-कोई व्यक्ति दु:ख के अंदर ही आनंदानुभव करते हैं—क्या यह नितांत अद्भुत नहीं है? इसमें हानि कुछ भी नहीं है; केवल विचार करने का विषय इतना ही है कि सुख-दु:ख दोनों संक्रामक हैं।

स्वाधीनता

उन्नति की पहली शर्त है—स्वाधीनता। जैसे मनुष्य को विचारने और उसे व्यक्त करने की स्वाधीनता मिलनी चाहिए वैसे ही उसे खान-पान, पोशाक-पहनावा, विवाह-शादी—हर एक बात में स्वाधीनता मिलनी चाहिए, जब तक कि वह दूसरों को हानि न पहुँचाए।

विकास की पहली शर्त है—स्वाधीनता। जिसे तुम बंधनमुक्त नहीं करोगे, वह कभी आगे नहीं बढ़ सकता। अपने लिए शिक्षक की स्वाधीनता रखते हुए यदि कोई सोचे कि वह दूसरों को उन्नत कर सकता है, उनकी उन्नति में सहायता दे सकता है और उनका पथ-प्रदर्शन कर सकता है तो यह एक अर्थहीन विचार है, एक भयानक मिथ्या बात है, जिसने संसार के लाखों-लाख मनुष्यों के विकास में अड़ंगे डाले हैं।

तोड़ डालो मानव के बंधन, उन्हें स्वाधीनता के प्रकाश में आने दो—बस, यही विकास की एकमात्र शर्त है।

स्वाधीनता के बिना किसी प्रकार की उन्नति संभव नहीं। हमारे पूर्वजों ने धार्मिक विचारों में स्वाधीनता दी थी और उसी से हमें एक आश्चर्यजनक धर्म मिला है। पर अब उन्होंने समाज के पैर बड़ी-बड़ी जंजीरों से जकड़ दिए हैं और इसके फलस्वरूप हमारा समाज एक शब्द में—भयंकर और पैशाचिक हो गया है।

स्वार्थ

"मैं कार्य के लिए ही कार्य करता हूँ", यह कहना तो बहुत सरल है, पर इसे पूरा कर दिखाना बहुत ही कठिन है। कर्म ही के लिए कर्म करनेवाले मनुष्य को देखने के लिए मैं बीसों कोस सिर के बल जाने को तैयार हूँ। लोगों के काम में कहीं-न-कहीं स्वार्थ छिपा ही रहता है। कहीं उसका रूप धन-प्राप्ति होती है, कहीं अधिकार-प्राप्ति और कहीं अन्य कोई लाभ। कहीं-न-कहीं, किसी-न-किसी रूप में स्वार्थ रहता अवश्य है।

जिस चीज को दूर करने की आवश्यकता है, वह स्वार्थपरता है। मैं देखता हूँ कि अपने जीवन में मैंने जब कभी कोई भूल की है तो सदैव ही मूल्यांकन में मेरा 'स्व' सम्मिलित हो गया था। जहाँ 'स्व' ने हस्तक्षेप नहीं किया, वहाँ मेरा निर्णय सीधे अभीष्ट पर पहुँच गया।

हिंदू

हिंदू का यह विश्वास है कि वह आत्मा है। "उसको शस्त्र काट नहीं सकते, अग्नि दग्ध नहीं कर सकती, जल भिगो नहीं सकता और वायु सुखा नहीं सकती।" हिंदुओं की यह धारणा है कि आत्मा एक ऐसा वृत्त है, जिसकी परिधि कहीं नहीं है, किंतु जिसका केंद्र शरीर में अवस्थित है; और मृत्यु का अर्थ है—इस केंद्र का एक

शरीर से दूसरे शरीर में स्थानांतरित हो जाना। यह आत्मा जड़ की उपाधियों से बद्ध नहीं है। वह स्वरूपतः नित्य-शुद्ध-बुद्ध मुक्त स्वभाव है। परंतु किसी कारण से वह अपने को जड़ से बँधी हुई पाती है और अपने को जड़ ही समझती है।

संसार की सब जातियों में एक हमारी जाति ने लड़ाई-झगड़ा करके किसी अन्य जाति को पराजित नहीं किया है। इस शुभ कर्म के कारण ही हमारी जाति अब तक जीवित है।

हिंदू जाति ने कभी धन को श्रेय नहीं माना। धन उन्हें खूब प्राप्त हुआ—दूसरे राष्ट्रों से कहीं अधिक धन उन्हें मिला, पर हिंदू जाति ने धन को कभी श्रेय नहीं माना। युगों तक भारत शक्तिशाली बना रहा, पर तो भी शक्ति उसका श्रेय नहीं बनी। कभी उसने अपनी शक्ति का उपयोग अपने देश के बाहर किसी पर विजय प्राप्त करने में नहीं किया। वह अपनी सीमाओं से संतुष्ट रहा, इसलिए भी उसने किसी से युद्ध नहीं किया। उसने कभी भी साम्राज्यवादी गौरव को महत्त्व नहीं दिया। धन और शक्ति इस जाति के आदर्श कभी न बन सके।

हिंदुओं की दृष्टि में समस्त धर्म-जगत् भिन्न-भिन्न रुचिवाले स्त्री-पुरुषों की विभिन्न अवस्थाओं एवं परिस्थितियों में से होते हुए एक ही लक्ष्य की ओर यात्रा है, प्रगति है। प्रत्येक धर्म जड़भावापन्न मानव से एक ईश्वर का उद्‍भव कर रहा है और वही ईश्वर उन सबका प्रेरक है। तो फिर इतने परस्पर विरोध क्यों हैं ? हिंदुओं का कहना है कि ये विरोध केवल आभासी हैं। उनकी उत्पत्ति सत्य के द्वारा भिन्न अवस्थाओं और प्रकृतियों के अनुरूप अपना समायोजन करते समय होती है।

हृदय

तुम चाहे समस्त पुस्तकों को कंठस्थ कर डालो, परंतु फिर भी विशेष लाभ न होगा। वह हृदय ही है जो अंतिम ध्येय तक पहुँच सकता है। इसलिए हृदय का ही अनुगमन करो। शुद्ध हृदय बुद्धि के परे देख सकता है, पर अंतःस्फूर्त हो जाता है।

हृदय वे बातें जान लेता है, जिसे तर्क कभी नहीं जान सकता। और यदि बुद्धि एवं शुद्ध हृदय में विरोध हो तो तुम अपने शुद्ध हृदय का ही अनुसरण करो, भले ही तुम्हें हृदय का कथन तर्क-विरुद्ध मालूम हो। जब हृदय परोपकार करने की इच्छा करे तो बुद्धि तुम्हें बता सकती है कि ऐसा करना तुम्हारे अपने हित में नहीं है; लेकिन तुम हृदय की सुनो और इससे तुम देखोगे कि बुद्धि की सुनकर तुम जितनी गलतियाँ करते थे, उससे कम गलतियाँ करोगे।

हृदय, केवल हृदय के द्वारा ही संसार के मर्म को छुआ जा सकता है।

□□□